U0619380

周应恒◎等著

中国
梨产业经济研究

PEAR INDUSTRY IN CHINA

经济管理出版社
ECONOMY & MANAGEMENT PUBLISHING HOUSE

图书在版编目（CIP）数据

中国梨产业经济研究/周应恒等著 . —北京：经济管理出版社，2016.7
ISBN 978 - 7 - 5096 - 4460 - 7

Ⅰ. ①中⋯　Ⅱ. ①周⋯　Ⅲ. ①梨—产业经济—研究—中国　Ⅳ. ①F326. 12

中国版本图书馆 CIP 数据核字（2016）第 135209 号

组稿编辑：曹　靖
责任编辑：张巧梅
责任印制：黄章平
责任校对：超　凡

出版发行：经济管理出版社
　　　　　（北京市海淀区北蜂窝 8 号中雅大厦 A 座 11 层　100038）
网　　址：www. E - mp. com. cn
电　　话：（010）51915602
印　　刷：北京九州迅驰传媒文化有限公司
经　　销：新华书店
开　　本：720mm×1000mm/16
印　　张：19. 5
字　　数：372 千字
版　　次：2016 年 11 月第 1 版　　2016 年 11 月第 1 次印刷
书　　号：ISBN 978 - 7 - 5096 - 4460 - 7
定　　价：68. 00 元

参加本书写作的人员有：

周应恒　耿献辉　葛继红　王　艳

严斌剑　尹　燕　周　德

序

　　梨果因其鲜甜可口、香脆多汁而成为世界范围内深受消费者喜爱的水果之一，在全球约 85 个国家和地区广泛栽培。虽然梨的品种资源十分丰富，但总体可分为两大种群，即亚洲梨（又称东方梨）和西洋梨（又称西方梨）。亚洲梨主要包括白梨、砂梨、秋子梨和新疆梨，主产国为中国、日本、韩国等亚洲国家；而西洋梨主要分布于欧洲、美洲、非洲和大洋洲，主产国有美国、意大利、西班牙、阿根廷等。

　　梨起源于中国，作为我国仅次于苹果、柑橘的第三大水果，在全国范围内除海南省外的南北区域广泛种植。梨的栽培文化历史可追溯到 3000 多年前，作为传统水果产业，一直以来梨在满足消费者需求、提高农民收入、促进区域经济发展等方面都发挥了重要作用。近年来，随着经济发展水平的提高，城乡居民对水果的消费需求增长迅速，对梨果需求量和品质提升需求不断增长。此外，在城镇化进程中，农民转化为市民而引起的消费习惯的变化也带来了梨果消费的增长。从生产方面来看，与苹果、柑橘的种植受气候条件因素限制而分别分布于北方和南方种植不同，梨的品种多样性和广泛适应性使其可在全国各地种植，成为栽培最为广泛的果树树种之一，因此梨产业的发展对各地农民增收和区域发展都起到了积极作用。在新时期，由工业化带动下的农民就业非农化以及全国农地改革流转的稳步推进，为扩大梨果种植规模，在梨产业内部发挥规模经济效益提供了有利条件。同时，在国家以及各省市科研部门对梨的产业技术研发以及梨的新品种、新技术的推广和支持下，梨种植单位面积产量在不断提高，梨果品质在不断提升，梨种植效益在不断增长，流通主体不断成长，产业链日益丰富完善，由此我国梨产业体系在不断壮大升级。

　　在欣喜于梨产业发展的同时，我们也深刻认识到未来梨产业发展的巨大挑战。与我国农业现代化进程中面临规模偏小、劳动力老龄化、生产成本上升、竞争压力大、相对经济效益仍较低等问题和挑战相似，我国梨产业也面临着规模小、梨农老龄化、劳动力和土地等生产成本上升、在全球化下竞争压力大、梨农相对收入不高等问题和挑战。虽然有规模经营的梨农存在和发展，但仍无法改变我国梨种植以小农为主的局面。由于年轻人向往城市生活，对从事梨的种植意愿不高，梨农老龄化现象不断加剧。随着中国经济越过刘易斯拐点，非农工资上升较快，使得梨种植效益相对不具吸引力。同时，农村土地改革以及城镇化的推进使得规模经营户对流转入的土地支付的租金不断提高，雇用劳动力成本稳步增长，农业生产资料也随之上涨，生产效益低下。此外，随着经济全球化的深入，国外梨果因口味独特和品质优良，其进口不断增长，对国内梨果市场带来一定压力。

面对国内和国际市场竞争挑战，我国政府以及从事梨产业研究的专家和技术人员，通过新品种研发、技术升级、经营组织创新等多种方式积极应对，并寻求产业稳步健康发展的道路。为了满足消费者对梨果的品质需求，梨科研工作者则在不断改良梨果品质；为了应对生产成本上升，梨农积极采用新品种、新技术，改进种植经营方式，提高生产效率，优化成本结构；为了解决小梨农与大市场的对接，梨合作组织等新型农业经营主体应运而生；为了应对国际市场的竞争，梨产业组织在与市场主体和政府的合作中不断优化升级。

为了更好地梳理和了解我国梨产业经济发展，国家梨产业技术体系产业经济岗位的专家团队撰写了这本《中国梨产业经济研究》一书，该书不仅介绍了梨产业的国际和国内发展状况，还从梨的种植、流通、加工、贸易、市场、消费等方面，全面分析了梨的产业经济状况，为梨种植户、梨产业科研人员、梨产业经济人士以及相关政策制定者提供了系统的梨产业经济参考资料。我相信这部书籍的出版，将对我国乃至世界梨的产业经济研究具有重要的指导意义，也将为推动我国梨产业的健康可持续发展发挥重要作用。特此作序以表示衷心祝贺！

国家现代农业产业技术体系　梨产业首席科学家

南京农业大学教授　张绍铃

2015 年 12 月于江苏南京

目　　录

第一章 绪论

第一节 研究背景与意义

一、研究背景

梨在我国的栽培历史悠久，有文献记载的栽培历史就达到了 3000 多年，是我国仅次于苹果、柑橘的第三大果树产业。作为世界梨起源中心之一，中国梨的品种资源十分丰富，涵盖白梨、秋子梨、砂梨、新疆梨和西洋梨五大品种，遍布于全国大部分省份。长期以来我国是世界第一产梨大国，特别是改革开放以后，我国梨生产迅猛发展。近年来，梨的栽培面积和产量均占全球近 70%，稳居世界首位。同时，我国也是世界梨出口大国，在国际梨产业和贸易中占有举足轻重的地位。2009 年我国梨出口量 18.95 万吨，排世界第一。

随着城镇化、市场化、全球化的推进，梨产业发展面临新的机遇和挑战。具体主要包括以下三个方面：

第一，随着城镇化和居民收入水平的提高，消费者对梨果的需求不断增加且更注重品质。表 1-1 显示，随着城镇居民收入增长，对包括梨果在内的水果支出额不断增加，且水果支出额占食品支出额的份额也在不断提高。同时，中国对美国、比利时等国梨进口量逐年提升，2014 年从美国进口 3609 吨，从比利时进口 3417 吨，总进口量是 7026 吨，远高于 2004 年的 234 吨。在增加梨果消费的同时，消费者也更加追求梨果的品质。从果形看，越来越重视梨果的形状美观度，要求无药斑、无果锈；从口感和营养价值看，越来越重视口感脆、新鲜、甜、有香味、水分充足、石细胞较少、果核较小的梨果；从消费形式看，一些地区开始以自驾出游的方式采摘梨果，并将其作为重要的礼品；从食品安全角度看，越来越重视无残留、无病虫害、无公害的食用安全性高的梨果；从消费者地区差异看，各地居民对梨果的偏好不同，使得地方特色品种优势显露。

表 1-1　2000~2012 年我国城镇居民水果消费支出　　　单位：元，%

年份	水果支出额	水果支出额占食品支出额份额
2000	127.51	6.51
2001	131.26	6.52
2002	167.76	7.38
2003	174.89	7.24
2004	189.59	7.00
2005	206.31	7.08
2006	240.15	7.72
2007	272.24	7.50
2008	293.48	6.89
2009	332.73	7.43
2010	378.75	7.88
2011	449.14	8.16
2012	506.30	8.38

数据来源：《中国统计年鉴》（2013）。

第二，劳动力成本上升，抬高了梨生产成本。自改革开放以来，随着城镇化进程的加快，农村劳动力大量向城镇转移，农业劳动力向非农就业转移，并在近年来跨越"刘易斯拐点"，这意味着劳动力继续非农转移将提高农业劳动成本，进而提高农业生产成本。作为农业劳动力机会成本的农民工工资可以反映出农业劳动力价格的变化。从国家统计局对全国农民工工资的调查数据看，20 世纪 90 年代中期，农民工月工资在 500 元左右，随后 7~8 年中农民工名义工资增长缓慢，2003 年以后工资增长较快，2007 年超过 1000 元，2010 年达到 1690 元，并在 2014 年达到 2864 元。农业劳动力价格的上涨导致劳动力成本占农业生产总成本比重不断提高。以三种粮食平均成本收益为例，劳动力成本份额从 2008 年的 31% 增加到 2013 年的 42%。梨果生产成本中劳动力成本份额的变化也呈现这一趋势。

第三，全球化下市场竞争加剧，梨产业利润空间有限。近年来，粮、棉、油、糖、肉、奶等农产品国内价格突破国际价格天花板，丧失价格国际竞争力。我国大米、小麦、玉米、大豆、油菜籽、棉花、糖、牛羊肉、猪肉等产品进口海关完税价格均低于我国国内市场价格,其中,牛羊肉、猪肉进口价格相当于国内价格的一半,其余产品进口价格相当于国内价格的60%～88%。同样是劳动密集型的梨产业,在全球化的市场竞争下,尤其是没有粮、棉、糖等国内支持保护的情况下,面临的竞争压力更大。

同时,随着社会经济的发展,我国梨产业总体上存在单产低、质量差、档次低的问题,品种与结构、数量和质量、小生产与大流通大市场、品质与安全的矛盾日益突出。在成本上涨和市场竞争加剧的冲击下,如何提高梨产业竞争力,关系到我国梨产业的健康发展,也关系到消费者的利益,值得产业从业人员和政策制定者重视。此外,近年来环境污染、资源恶化、气候变化等全球性问题日益严峻,由此也导致我国梨种植环境适应性问题。由此看来,目前我国只是梨生产大国,而不是梨生产强国。而世界许多国家正在或已经从技术及政策层面纷纷调整发展战略,推进梨产业创新与升级,抢占产业发展制高点。从这个意义上来说,通过梨产业经济研究,分析把握我国梨产业生产、流通、消费、市场、组织、贸易的一般性规律,是维护我国梨产业发展权益、赢得梨产业发展主动权的基础,有利于推动我国梨产业经济健康持续发展,提高梨产业国际竞争力,为我国梨产业实现"少投入、多产出、保护环境"可持续战略构想提供理论指导和现实经验。

二、研究意义

第一,通过对梨产业经济状况的系统分析,有利于对我国梨产业经济的全面认知。产业经济运行有其一般性规律,作为重要经济作物的梨及其相关产业也有其自身的特点。在产业经济理论的指导下,结合梨产业特点,以覆盖国内外的空间广度,以考察过去、现在和未来的时间宽度,以综合生产、流通、市场、贸易、消费、组织等全产业链的深度,在国内首次系统分析梨产业经济,有利于提升对梨产业经济的认知水平,并为产业调整与发展提供分析基础。

第二,通过对梨产业发展演变的经济分析,有利于对梨产业发展内在动力和影响因素的深入理解。梨产业发展既有梨种植特征和满足消费者偏好的供求内在动力,也受到城镇化、全球化、工业化等宏观环境带来的劳动力成本上升、资源环境趋紧、市场竞争压力等外在因素的影响。通过考察梨产业发展演变规律和特点,尤其是分析科技、消费者需求、劳动力成本上升等因素对梨产业生产、流通、消费、市场、贸易、组织等方面的影响,对深入理解梨产业发展的内在动力和外部影响因素大有裨益。

第三,通过对梨产业发展中针对各种冲击和挑战的应对行为分析,有利于完善对梨产业可持续发展的政策支持体系。对梨产业的经济分析不仅在于理解内在规律，更希望能够实现梨农增收、消费者受益、梨产业健康可持续发展，这就离不开由政府主导、各利益主体共同参与的梨产业政策支持体系。通过对梨产业发展历程的经济分析，尤其是对梨产业应对各类冲击和挑战所采取的有意识或无意识、集体或个体的行为分析，总结经验教训，有利于完善梨产业发展的政策支持体系。

第二节　研究目标与方法

一、研究目标

我国是世界梨种植第一大国，梨也是我国第三大水果，梨产业的健康发展关乎国内众多消费者和梨农的切身利益，故而对梨产业的经济分析重要而迫切。本书作者作为我国梨产业技术体系产业经济研究室核心成员，长期从事梨产业经济分析，在研究中深感系统、全面、理论地联系实际的梨产业经济分析文献缺乏，与梨产业在农业和国民经济中的地位不相称。因此，本书的主要目标是提供一部既有理论深度又有现实把握的梨产业经济分析著作，从空间、时间和产业链环节三个维度综合分析梨产业发展历程和态势，并为梨产业可持续发展提供政策建议。

二、研究方法

为了对梨产业的理论联系实际做全面系统分析，本书采取了以下研究方法：

一是系统分析方法。系统分析方法通常把分析对象作为一个系统，对系统要素进行综合分析，分析研究对象的内在关联，剖析各个要素在系统中所承担的功能，得到解决问题的可行方案。梨产业是一个包含生产、流通、市场、贸易、消费的产业体系，每个环节都是系统不可分割的一部分，需要采用系统方法加以分析。

二是理论研究方法。梨产业经济分析离不开理论研究的指导。本书研究的理论基础包括指导梨种植适度规模的生产理论、指导梨果消费需求的消费者需求理论、指导梨国际贸易的国际贸易理论、指导梨产业流通和组织的产业组织理论、指导梨市场分析的供求理论等。

三是实证研究方法。实证研究为了解梨产业的实际提供工具。本书既有来自于官方统计数据的实证分析，比如梨市场价格波动分析、梨国际贸易分析、梨区域布局分析等，也有来自于梨产业技术体系的区县和梨种植户的调查数据，比如梨生产规模分析、成本收益分析等，还有来自于一些区域的消费者调查分析，比如居民的梨果消费需求分析等。

第三节　研究框架

　　本书第二、第三章主要介绍世界和我国梨产业发展的基本情况。第二章介绍世界梨产业发展状况，从世界梨产业区域布局、生产、消费和国际贸易四个方面展开。第三章介绍我国梨产业发展状况，主要分析我国梨产业发展历史、生产与区域布局、加工与流通，以及进出口贸易状况。

　　本书第四章至第九章分别从梨生产、流通、消费、市场、组织和国际贸易六个方面展开论述。第四章分析梨生产规模与成本收益，利用官方统计资料和梨体系调研资料，分析梨生产成本和收益结构变化，并探析生产要素价格变化对梨生产的影响，以及梨生产适度规模经营的理论与实证分析。第五章分析梨产品流通情况，在回顾梨产品流通发展历程的基础上，分析了梨产品流通渠道现状、特点、存在的问题，以及主要对策建议。第六章分析梨产品消费，在分析我国梨产品消费变迁历程与现状的基础上，利用梨体系的消费调查数据，分析了我国居民消费特征、消费行为、消费者认知等内容，并以南京为例对梨果消费者的市场细分做了实证分析。第七章分析梨价格与市场行情，在回顾了我国近年来梨价格变动趋势的基础上，总结梨价格波动特点，并从供给、需求弹性、市场宽度、成本和生产方式等方面剖析梨价格波动。同时，结合我国当前农产品市场对品牌重视的大背景，采取理论与案例相结合的方式分析我国梨品牌建设，并提出相关政策建议。第八章是梨产业组织分析，总结了我国梨生产经营组织类型和特点，分析了梨果销售渠道及销售组织程度，并针对我国梨产业组织存在的问题提出相应的政策建议。第九章是梨贸易特点与变化趋势，在介绍了我国梨贸易概况的基础上，分析了我国梨贸易竞争力和出口潜力，并对梨国际贸易政策做了探讨。

　　本书第十章是我国梨产业发展战略与前景分析。在分析我国梨产业发展存在的问题及面临机遇的基础上，对我国梨产业发展趋势做了基本判断，进而提出我国梨产业发展战略，以及在这一战略下的政策选择。

第二章　世界梨产业发展状况

第一节　世界梨产业区域布局

一、世界梨品种概况

梨是世界五大水果之一，也是最受消费者喜爱的水果之一。在植物分类学上，梨是蔷薇科（Rosaceae），梨亚科（Pomaceae），梨属（Pyrus）植物，为乔木落叶果树（张绍龄，2013）。梨在全球栽培分布广泛，亚洲、欧洲、美洲、非洲和大洋洲等国家均有种植。世界梨属植物代表种约有 30 余种，其中，梨的栽培品种可分为东方梨和西方梨两大种群（俞德浚，1979）。东方梨系有 16 种，西方梨系有 12 种（蒲富慎等，1989），各种下面还有丰富的品种。东方梨主要产于中国、日本、韩国等亚洲国家，包括砂梨（P. pyrifolia Nakai）、白梨（P. bretschneideri Rehd）和秋子梨（P. ussuriensis Maxim）等；西方梨主要产于欧洲、美洲、非洲和大洋洲等，主产国有美国、意大利、西班牙、德国等（李秀根等，2006）。

西方梨按照种植区域大致可以分为欧洲、北非和西亚三个种群。欧洲种群以西洋梨、雪梨和心叶梨为主要代表；北非种群以朗吉普梨、哈比纳梨和马摩仑梨为主要代表；西亚种群以变叶梨、叙利亚梨、桃叶梨、胡颓子梨和柳叶梨为主要代表（蒲富慎等，1989）。其中，西方梨是欧洲、北美、南美、非洲和大洋洲的主要栽培种，其余种仅有少量栽培。西方梨喜冷凉干燥，但不抗寒，果柄粗短，大多瓢形，果实经过后熟变软后才可食用。果肉变软后呈奶油质地，味甜香浓。

东方梨仅有一个种群，包含砂梨、秋子梨、白梨等代表种。中国梨品种资源十分丰富，包括鸭梨、雪花梨、砀山酥梨、库尔勒香梨、秋白梨、黄冠等；日本盛产丰水、幸水等；韩国盛产黄金梨、圆黄等。东方梨与西方梨最大的差别是肉脆、耐贮藏，符合东方人的口味偏好。

梨的用途多样，既有食用功能，也有医疗功效。食用梨果不仅味美汁多，甜中带酸，而且营养丰富，含有多种纤维素和维生素，且不同品种的梨果味道和质感差别很大。在医疗功效上，梨果可以通便秘，有助于消化，并且对心血管也有好处。除了食用和药用之外，梨果还可以作为观赏之用。

二、主要梨品种生产布局

（一）西方梨

联合国粮农组织数据显示，2013 年西方梨的收获面积①为 31.5 万公顷，产量为 575.2 万吨。但是不同地区分布并不均匀，并且各地区表现出不同的变化趋势。

1. 收获面积分布状况

欧洲是西方梨的主要生产区域，联合国粮农组织数据显示，欧洲西方梨收获面积呈现先上升后下降的趋势，收获面积由 1961 年的 23.76 万公顷上升到 1975 年的 40.48 万公顷，年均增长率为 3.9%；1976 ~ 1985 年 10 年间，欧洲西方梨收获面积经历了下降又恢复的过程；1985 年后，欧洲西方梨收获面积呈现显著的下降趋势，由 1985 年的 40.33 万公顷下降到 2013 年的 18.69 万公顷，年均下降 3.3%。从收获面积占比来看，1990 年以前，收获面积占比在 70% 以上，1990 年以后呈现逐步下降趋势，到 2012 年降到最低，为 57.8%。

美洲是西方梨的第二大种植区域，1961 年以来，收获面积始终保持在 5 万公顷以上，与欧洲收获面积变化趋势不同的是，1961 ~ 1980 年美洲西方梨收获面积经历了显著的增长过程，由 1961 年的 5.07 万公顷增长到 1980 年的 7 万公顷，年均增长率为 1.7%，随后基本维持在 6.6 万 ~ 7.3 万公顷。美洲西方梨收获面积比重比较稳定，1995 年以后收获面积比重保持在 20%。

非洲是西方梨种植的第三大区域，1961 ~ 2013 年，收获面积呈现显著的增长趋势，由 1961 年的 0.9 万公顷增长到 2013 年的 5.4 万公顷，年均增长率为 3.5%。50 多年间，非洲与美洲的差距不断缩小。2013 年非洲收获面积比重上升到 17%，仅比美洲差 4.2 个百分点。大洋洲的西方梨种植面积较小，比重基本维持在全球 2% 左右。

---

① 西方梨的统计数据为欧洲、美洲、非洲和大洋洲数据的加总。

表 2 - 1　1961～2013 年西方梨收获面积分布与变化趋势

单位：公顷，%

年份	收获面积				收获面积比重			
	欧洲	非洲	大洋洲	美洲	欧洲	非洲	大洋洲	美洲
1961	237588	9120	7757	50738	77. 85	2. 99	2. 54	16. 62
1965	279320	9136	8459	52111	80. 03	2. 62	2. 42	14. 93
1970	349710	11480	9059	57485	81. 76	2. 68	2. 12	13. 44
1975	404771	15565	7716	55408	83. 72	3. 22	1. 60	11. 46
1980	303057	18613	5573	69629	76. 36	4. 69	1. 40	17. 54
1985	403302	33690	5561	68052	78. 99	6. 60	1. 09	13. 33
1990	353873	37384	8682	73398	74. 76	7. 90	1. 83	15. 51
1995	265762	44462	9139	75014	67. 39	11. 27	2. 32	19. 02
2000	235222	48153	9143	72546	64. 43	13. 19	2. 50	19. 87
2001	226120	47680	7162	73621	63. 77	13. 45	2. 02	20. 76
2002	209085	49435	9052	66891	62. 51	14. 78	2. 71	20. 00
2003	213836	47554	7955	64284	64. 09	14. 25	2. 38	19. 27
2004	214659	50032	7825	66165	63. 38	14. 77	2. 31	19. 54
2005	211565	51638	7570	69148	62. 24	15. 19	2. 23	20. 34
2006	208625	53062	7575	70102	61. 48	15. 64	2. 23	20. 66
2007	204748	53595	7791	67258	61. 41	16. 08	2. 34	20. 17
2008	196813	58185	7450	66200	59. 89	17. 70	2. 27	20. 14
2009	195658	54040	6923	68188	60. 24	16. 64	2. 13	20. 99
2010	187229	59941	7200	67367	58. 19	18. 63	2. 24	20. 94
2011	193738	60054	8119	65695	59. 14	18. 33	2. 48	20. 05
2012	177488	56726	7893	64951	57. 80	18. 47	2. 57	21. 15
2013	186885	53572	7827	67098	59. 26	16. 99	2. 48	21. 28
平均	248139	41960	7792	65970	67. 21	12. 09	2. 19	18. 50

数据来源：联合国粮农组织（FAO）。

2. 产量分布状况

欧洲西方梨的产量与收获面积基本保持相同的趋势，1961～1970 年，梨产量呈现显著的上升趋势，1970 年达到 533.5 万吨，随后呈现长期的下降趋势，到 2013 年为 300.7 万吨，下降了 232.8 万吨。欧洲梨产量的比重也呈现明显的下降趋势，由 1961 年的 75.7% 下降到 2013 年的 52.3%。

美洲西洋梨产量呈现上升的趋势，其中，1961～1995 年呈现快速的上升趋势，年均增长率为2.2%。1995年以后，美洲梨产量波动较小，基本维持在170万~190万吨。美洲梨产量的比重也经历了快速增长和基本稳定两个阶段，1995年以后，比重保持在30%左右。

非洲是西方梨产量增长速度最快的地区，可能与非洲不断提高的消费水平有关。非洲西方梨产量由1961年的7.9万吨增长到2013年的75.1万吨，达到西方梨产量的13.1%。

大洋洲西方梨产量基本稳定在15万吨左右，表现出先上升后下降的趋势。梨产量比重维持在3%左右。

表2-2　1961~2013年西方梨产量分布与变化趋势　　　单位：吨，%

年份	产量				产量比重			
	欧洲	非洲	大洋洲	美洲	欧洲	非洲	大洋洲	美洲
1961	3150860	79192	123314	811782	75.65	1.90	2.96	19.49
1965	3223998	103800	139345	694903	77.46	2.49	3.35	16.70
1970	5334808	132134	212160	772196	82.69	2.05	3.29	11.97
1975	4964212	168832	180374	963247	79.09	2.69	2.87	15.35
1980	4383051	200731	141848	1160014	74.47	3.41	2.41	19.71
1985	4176343	297370	156541	1074166	73.21	5.21	2.74	18.83
1990	3674034	331891	194248	1334928	66.38	6.00	3.51	24.12
1995	3328480	400983	199650	1723768	58.88	7.09	3.53	30.49
2000	3392609	525677	198369	1698180	58.34	9.04	3.41	29.20
2001	3031628	504904	202487	1842776	54.31	9.05	3.63	33.01
2002	3142021	605252	187192	1663995	56.12	10.81	3.34	29.72
2003	3198644	587052	175815	1799279	55.52	10.19	3.05	31.23
2004	3315851	618931	178548	1715726	56.88	10.62	3.06	29.43
2005	3251890	621660	183442	1820256	55.33	10.58	3.12	30.97
2006	3239925	664556	172036	1827015	54.88	11.26	2.91	30.95
2007	3207538	645472	169764	1823294	54.87	11.04	2.90	31.19
2008	2802011	694231	162992	1806274	51.27	12.70	2.98	33.05
2009	3274551	661914	152176	1851303	55.13	11.14	2.56	31.17
2010	2880556	764791	125111	1723037	52.44	13.92	2.28	31.37
2011	3338619	743570	150267	1976659	53.77	11.98	2.42	31.83
2012	2458221	719887	149274	1887081	47.14	13.81	2.86	36.19
2013	3006895	751386	137626	1855844	52.28	13.06	2.39	32.27
平均	3444398	492010	167845	1537532	61.19	8.64	2.98	27.19

数据来源：联合国粮农组织（FAO）。

（二）东方梨

1. 东方梨收获面积

东方梨主要是指分布于东亚地区的梨，主要分布在中国、日本、韩国，朝鲜也有少许。表2-3反映了1961~2013年东方梨的收获面积和产量情况。总体而言，东方梨的收获面积呈现出显著的上升趋势，由1961年的19.3万公顷增加到2013年的145.2万公顷，年均增长率为4%。其中，1961~1995年增长较快，34年间增长了4倍，1995年以后呈现缓慢增长趋势。

表2-3   东方梨收获面积和产量   单位：公顷，吨

年份	收获面积	产量	年份	收获面积	产量
1961	193445	1037169	2003	1241540	11816619
1965	216562	1194439	2004	1262312	12650799
1970	248714	1545129	2005	1300111	13503268
1975	377235	2151762	2006	1270230	14050785
1980	407967	2698085	2007	1251877	15049393
1985	464752	3597518	2008	1250737	15741425
1990	634907	4061792	2009	1253123	16490493
1995	1051868	6795529	2010	1256863	17139136
2000	1198451	10438092	2011	1344557	17826544
2001	1209250	10873893	2012	1449352	19096622
2002	1222121	11343706	2013	1451602	19452003

数据来源：联合国粮农组织（FAO）。

2. 东方梨产量

从表2-3还可以看出，东方梨产量以更高的速度在增长，由1961年的103.7万吨增长到2013年的1945.2万吨，年均增长率为5.8%，远远高于收获面积的增速，这表明东方梨的单产水平在显著提高。进一步可以看出，进入21世纪以来，东方梨产量基本上翻了一番，这得益于育种技术的进步以及化肥、农药等现代要素的投入。

在东方梨中，无论是收获面积还是产量，中国都占据着举足轻重的地位。我国是梨属植物中心发源地之一，东方梨属的梨大都源于亚洲东部，日本和朝鲜也是亚洲梨的原始产地；国内栽培的白梨、砂梨、秋子梨都原产我国。根据《诗经》、《齐民要术》等古籍记载，我国梨树栽培的历史在3000年以上。目前，我国栽培的梨品种在其他国家几乎无栽培。我国也是最早引进日本和韩国梨品种的国家。

中国梨的种植面积和产量占到亚洲的 85% 以上，我国梨的主要品种及分布在一定程度上能代表亚洲的整体情况。我国梨树分布范围很广，除海南省以外，全国各地均有栽培，并形成了栽培传统品种，且具有一定规模的梨产区。目前已初步形成了环渤海、西部地区、黄河故道、长江流域的各具特色的四大梨产区，但在次适宜区和非适宜区仍有大量梨的栽培，使得全国范围内梨种植依旧较为分散，跨区盲目引种问题仍然很突出，由此造成梨产区集中度低（耿献辉和周应恒，2010）。

三、全球梨品种分布变迁

以上内容分别分析了东方梨和西方梨的生产布局以及变动趋势。本部分将比较东方梨和西方梨相对变动趋势。表 2-4 反映了东方梨和西方梨收获面积和产量的相对变动趋势。

在梨产品的发展历史上，西方梨曾经占据主要地位，1961 年西方梨的收获面积占梨总收获面积的 61%，产量比重高达 80%。1961~1971 年，西方梨一直保持绝对优势地位，但是，从 1972 年开始，东方梨收获面积的比重呈现快速的上升趋势，在 1976 年，东方梨与西方梨的收获面积相等，之后，东方梨收获面积超越西方梨，到 2013 年，东方梨的收获面积占比达到 82%。与收获面积相比，东方梨的产量演绎出同样的超越路径，但是其超越过程相对滞后，直到 1994 年，东方梨的产量才超过西方梨产量，并且到 2013 年，东方梨的产量占比仍然低于 7%。东方梨产量比重发展滞后主要归因于梨苗生产的周期。

表 2-4 西方梨和东方梨收获面积和产量的相对变动趋势　　　　单位:%

年份	收获面积比重		产量比重		年份	收获面积比重		产量比重	
	西方梨	东方梨	西方梨	东方梨		西方梨	东方梨	西方梨	东方梨
1961	61	39	80	20	1971	63	37	79	21
1962	62	38	83	17	1972	58	42	73	27
1963	62	38	80	20	1973	58	42	76	24
1964	62	38	82	18	1974	55	45	72	28
1965	62	38	78	22	1975	56	44	74	26
1966	63	37	81	19	1976	50	50	72	28
1967	62	38	77	23	1977	48	52	70	30
1968	62	38	80	20	1978	48	52	67	33
1969	61	39	79	21	1979	47	53	69	31
1970	63	37	81	19	1980	49	51	69	31

续表

年份	收获面积比重		产量比重		年份	收获面积比重		产量比重	
	西方梨	东方梨	西方梨	东方梨		西方梨	东方梨	西方梨	东方梨
1981	48	52	68	32	1998	25	75	38	62
1982	46	54	67	33	1999	24	76	37	63
1983	47	53	66	34	2000	23	77	36	64
1984	46	54	63	37	2001	23	77	34	66
1985	52	48	61	39	2002	21	79	33	67
1986	49	51	60	40	2003	21	79	33	67
1987	42	58	59	41	2004	21	79	32	68
1988	43	57	58	42	2005	21	79	30	70
1989	45	55	58	42	2006	21	79	30	70
1990	43	57	58	42	2007	21	79	28	72
1991	42	58	54	46	2008	21	79	26	74
1992	37	63	55	45	2009	21	79	26	74
1993	35	65	53	47	2010	20	80	24	76
1994	30	70	48	52	2011	20	80	26	74
1995	27	73	45	55	2012	17	83	21	79
1996	26	74	42	58	2013	18	82	23	77
1997	21	79	40	60					

数据来源：联合国粮农组织（FAO）。

第二节　世界梨产业生产

一、全球梨种植面积、产量和单产

第一节主要从品种的角度将梨分为东方梨和西方梨两个大类，比较了两个品种的生产布局特征以及相对的变化趋势。本节将不再区分梨品种的差异，分析全球梨生产的总体情况以及梨主产国的情况。

（一）全球梨总的收获面积、产量和单产

1. 收获面积和产量

从总体上来看，近半个世纪以来，世界梨果总产量和收获面积都呈现出逐年攀升的趋势。联合国粮农组织数据显示，在1961～2013年，全球梨果产量经历了60年代到90年代的缓慢增长后步入大幅增长阶段，梨果总产量由1961年的520万吨增长到1991年的907万吨，进而快速增长到2013年的2520万吨，达到历史的最高点（见图2-1），年均增长率分别为1.9%和4.8%。与此同时，1961~2000年，梨果种植面积增长步调与产量增长步调基本一致，而进入21世纪以后，梨果种植面积基本稳定，而梨果产量继续保持高速增长，这在一定程度上表明全球梨果单产水平显著提高。

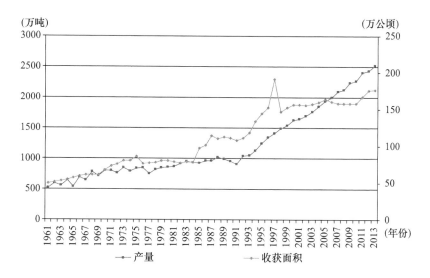

图2-1　1961~2013年世界梨收获面积和总产量变化趋势
数据来源：联合国粮农组织（FAO）。

　　然而，不同地区的梨产量和收获面积变化却表现出截然不同的特征。其中，亚洲和非洲梨果收获面积比重逐年上升，与全球梨果收获面积变化趋势一致。尤其需要指出的是，亚洲梨果收获面积表现出强劲的增长势头，其收获面积比重由1961年的39%增长到2013年的82%，成为全球梨果生产第一大区域。与此同时，欧洲、美洲和大洋洲梨果收获面积比重呈现明显的下降趋势，其中，欧洲梨果收获面积比重由1961年的48%下降到2013年的11%，美洲梨果收获面积比重下降约6个百分点（见图2-2）。

　　亚洲梨果收获面积迅猛上升主要是中国梨果收获面积上升造成的。中国长期以来是世界梨果最大的生产国，其收获面积比重由1961年的24%增长到2013年的70%，达到113.6万公顷[①]（FAO，2015）。中国梨果生产布局正由河北、辽

[①] 《中国农业年鉴》数据显示2011年为108.6万公顷。

宁、山东等主产省向四川、云南、陕西、新疆等西南和西北地区扩张。此外，从梨果产量来看，20 世纪 90 年代后期，中国、日本、韩国等亚洲国家生产的亚洲梨逐渐取代西方梨在世界市场中的地位，亚洲梨产量由 2000 年的 924 万吨增长到 2013 年的 1945 万吨。

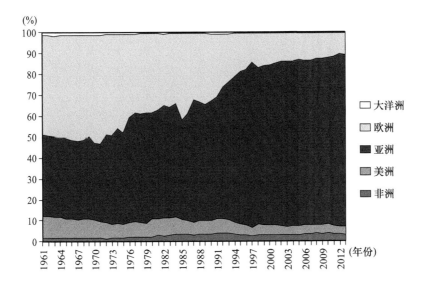

图 2 - 2 1961 ~ 2013 年五大洲梨收获面积份额变化趋势

数据来源：联合国粮农组织（FAO）。

　　欧洲和美洲是西方梨的主要生产国。其中，欧洲国家中意大利、西班牙、土耳其、荷兰、比利时和葡萄牙等国产量较高；在美洲国家中，美国、阿根廷、智利等国产量较高。欧洲国家梨果生产明显萎缩主要是由意大利、西班牙等生产大国产量萎缩造成的。此外，荷兰、比利时和葡萄牙等国梨果生产的上升趋势十分明显，但并没有扭转欧洲国家梨果生产萎缩的格局。美国和阿根廷是美洲梨果生产大国，两国梨果产量表现出相异的变化趋势，其中，1999 ~ 2013 年美国梨果产量萎缩 9.4%，而阿根廷梨果产量增长 28.3%，但是，从整体来看，美洲梨果生产仍然处于萎缩趋势。

　　2. 单产水平

　　依据表 2 - 5 的数据显示，总体来看世界梨平均单产水平基本稳定，为 10 吨/公顷，2003 年以后有缓慢的上升趋势。从各个区域的比较来看，梨单产水平差异较大，相对发展的欧洲、美洲和大洋洲梨单产水平较高，其中，美洲梨单产水平最高，2011 年达到 30 吨/公顷。亚洲梨单产水平一直较低，2000 年之前，亚洲梨单产水平仅为其他地区的 1/3～1/2，但亚洲梨单产水平呈现快速上升趋势，由 1961 年的 5.36 吨/公顷，增长到 2013 年的 13.40 吨/公顷，基本上达到非洲的单产水平，与欧洲、大洋洲和美洲单产水平的差距显著缩小。

表 2-5 各地区梨单产水平 单位：吨/公顷

年份	欧洲	非洲	大洋洲	美洲	亚洲	世界
1961	13.26	8.68	15.90	16.00	5.36	10.43
1965	11.54	11.36	16.47	13.34	5.52	9.47
1970	15.25	11.51	23.42	13.43	6.21	11.82
1975	12.26	10.85	23.38	17.38	5.70	9.79
1980	14.46	10.78	25.45	16.66	6.61	10.67
1985	10.36	8.83	28.15	15.78	7.74	9.54
1990	10.38	8.88	22.37	18.19	6.40	8.66
1995	12.52	9.02	21.85	22.98	6.46	8.61
2000	14.42	10.92	21.70	23.41	8.71	10.40
2001	13.41	10.59	28.27	25.03	8.99	10.52
2002	15.03	12.24	20.68	24.88	9.28	10.88
2003	14.96	12.34	22.10	27.99	9.52	11.16
2004	15.45	12.37	22.82	25.93	10.02	11.54
2005	15.37	12.04	24.23	26.32	10.39	11.82
2006	15.53	12.52	22.71	26.06	11.06	12.40
2007	15.67	12.04	21.79	27.11	12.02	13.18
2008	14.24	11.93	21.88	27.29	12.59	13.43
2009	16.74	12.25	21.98	27.15	13.16	14.22
2010	15.39	12.76	17.38	25.58	13.64	14.34
2011	17.23	12.38	18.51	30.09	13.26	14.37
2012	13.85	12.69	18.91	29.05	13.18	13.84
2013	16.09	14.03	17.58	27.66	13.40	14.26

数据来源：联合国粮农组织（FAO）。

如第一节所述，以亚洲为主要产区的东方梨产量增速大幅高于收获面积增幅主要是由于亚洲梨单产水平的提升。亚洲梨单产水平的提升主要归结为梨生产基础设施水平的提升、梨育种技术的改进以及化肥、农药等现代要素投入的增加。从当前的单产水平来看，亚洲梨产量还有较大的增长潜力。

（二）全球梨主产国收获面积、产量和单产比较

上一部分从全球和分区域的视角分析了全球梨的收获面积、产量以及单产水平的变化趋势。从全球来看，梨收获总面积、总产量和单产水平均呈现增长趋势。其中，亚洲地区尤其中国是世界梨收获面积、总产量和单产水平增长的主要驱动力。本部分将进一步分析梨主产国收获面积、产量和单产水平的变动趋势。

1. 梨主产国收获面积和产量

2013 年世界梨收获面积排名前 12 位的国家分别是中国、印度、土耳其、意大利、阿根廷、阿尔及利亚、西班牙、美国、乌兹别克斯坦、塞尔维亚、日本和韩国。产量排名与收获面积排名存在差异，其中，中国仍然排名第一，日本和韩国排名也没有发生变动；意大利、阿根廷、西班牙和美国产量排名较收获面积排名有所提升；印度、土耳其、阿尔及利亚、乌兹别克斯坦和塞尔维亚产量排名较收获面积排名有较大幅度的下降。排名变化最大的是单产，收获面积前 12 位中，仅有美国、阿根廷和意大利梨单产排名进入前 12 名，其余主产国单产排名均在15 名以后，中国、土耳其、印度、阿尔及利亚、乌兹别克斯坦和塞尔维亚等国单产排名甚至跌至 30 名以后（见表 2－6）。这反映了当前梨主产国粗放经营的现象以及相关技术水平较低。

表 2－6　2013 年梨主产国收获面积、产量和单产排名

国别	收获面积排名	产量排名	单产排名
中国	1	1	30
印度	2	8	46
土耳其	3	5	31
意大利	4	3	11
阿根廷	5	4	10
阿尔及利亚	6	14	44
西班牙	7	6	19
美国	8	2	4
乌兹别克斯坦	9	20	60
塞尔维亚	10	24	71
日本	11	11	16
韩国	12	12	15

数据来源：联合国粮农组织（FAO）。

按照 2013 年各国梨收获面积和产量的排序，表 2－7 和表 2－8 进一步分析

了收获面积和产量排名前 10 位国家在 1961~2013 年的变化趋势。

中国在世界梨生产格局中的地位不断加强。自 1961 年开始中国梨收获面积已经位居世界首位，但是与其他主产国不同的是，中国在此后 50 年的时间里收获面积和产量分别以年均 4.6% 和 7.1% 的速度扩张。梨收获面积在 2013 年达到 127.6 万公顷，产量达到 1744.1 万吨。

意大利是重要的梨生产国。从 20 世纪 60 年代开始收获面积和产量分别达到 5.7 万公顷和 79.1 万吨。但是，意大利梨的收获面积和产量在经历了短暂的上升趋势后进入下降趋势。其中，收获面积的下降幅度大于产量的幅度，可能是随着梨单产水平的提高，意大利可以以更少的土地满足国内消费者的需求。

作为梨主产国的美国，其梨收获面积经历了短暂上升后持续下降的趋势。与收获面积不同，梨产量在收获面积下降的阶段并没有显著下降，国内的供给水平基本稳定。日本、西班牙和韩国等国家梨收获面积基本上呈现出发达国家特有的趋势，即收获面积在 20 世纪后期达到最高点，然后呈现出下降趋势，而梨产量在进入 21 世纪后基本保持稳定。

与以上发达国家不同的是，印度、土耳其、阿根廷、南非等发展中国家梨的收获面积和产量均呈现增长的趋势。其中，印度和阿尔及利亚的梨收获面积年均增长率分别达到 3.6% 和 4.8%；印度和阿根廷梨产量的年均增长率分别达到 4.6% 和 4.5%。

综上分析，从总的变动趋势来看，可以将梨主产国生产演变趋势分为两类。一类是以意大利和美国为代表的发达国家，目前梨产量处于基本稳定的阶段，在满足国内供给后，梨收获面积呈现下降趋势；另一类是以中国为代表的发展中国家，目前梨产量处于扩张阶段，随着居民收入水平的提高，为了满足不断增长的梨消费需求，国内梨生产扩张趋势仍然在延续。此外，前 10 名梨主产国产出集中度高于 80%。根据 *World Pear Review* 的分析，中国目前的梨树活力相对旺盛，未来中国梨的产量潜力非常巨大，集中度进一步提高，可能进一步导致梨生产布局的区域失衡状况。

表 2-7　梨主产国收获面积变化趋势　　　　　　单位：公顷

年份	中国	印度	土耳其	意大利	阿根廷	阿尔及利亚	西班牙	美国	日本	韩国
1961	120127	6100	31837	56600	—	2200	6600	35770	19650	3905
1965	135627	7500	33333	63800	—	2000	12100	36740	21000	5091
1970	166181	8600	31567	78700	—	2400	27400	38360	19500	6701
1975	281934	9300	35833	65000	4900		38700	36340	20250	9274
1980	306557	10600	37333	50200	16400	3600	34600	32780	20751	9164

年份	中国	印度	土耳其	意大利	阿根廷	阿尔及利亚	西班牙	美国	日本	韩国
1985	346619	14000	38483	44626	17450	6600	38500	27760	21215	9022
1990	490340	29638	39667	44420	16987	8840	37600	28040	21360	9058
1995	868700	23082	39067	44167	18000	9930	37500	28130	19100	15752
2000	1023339	23335	35900	44502	21501	10940	40224	26730	18390	26206
2005	1120484	29574	34700	39089	25000	17218	33535	24504	16960	21807
2010	1087024	38586	33427	40233	26722	24649	27333	22662	15500	16239
2011	1176555	37970	32613	39428	26043	25743	27010	22015	15300	15081
2012	1270854	38500	34067	35195	26500	25057	25500	20760	14900	14353
2013	1276000	38500	34430	34241	28420	25272	24200	19840	14600	13740

数据来源：联合国粮农组织（FAO）。

表 2-8　梨主产国产量变化趋势　　　　　　　　　　单位：吨

年份	中国	美国	意大利	阿根廷	土耳其	西班牙	南非	印度	荷兰	日本
1961	481963	598000	791000	76000	145200	125000	55992	33000	125000	294800
1965	514296	453501	962000	87000	133500	169000	67554	45000	80000	360200
1970	677749	497865	1906000	93950	180000	240100	88400	52000	160000	463500
1975	1162418	678571	1453300	97200	240000	413300	106593	56000	65000	473600
1980	1580958	814100	1325500	155000	330000	437400	132879	64000	115000	495800
1985	2257347	675500	805600	192500	370000	594651	161661	85000	96000	469760
1990	2483809	874300	968370	236100	413000	449400	195237	157987	90000	443200
1995	5057189	860240	912756	481000	410000	522800	225489	140000	180000	401000
2000	8525981	861100	889861	513554	380000	669098	307249	188000	203000	392900
2005	11436697	746900	925905	748727	360000	639809	316142	231987	195000	394700
2010	15231858	738085	736646	704242	380003	476686	368495	336049	274000	284900
2011	15945013	876087	926542	812633	386382	502434	350527	334774	336000	312800
2012	17210911	772074	645540	825115	439656	407200	338584	340000	199000	299000
2013	17440751	795557	743029	722324	461826	425700	343203	340000	327000	294400

数据来源：联合国粮农组织（FAO）。

2. 主要国家梨单产水平

在分析梨主产国收获面积和产量的基础上，本部分进一步分析世界梨单产水平排名前 10 的国家。与表 2-9 的显示结果一致，梨单产水平排名前 10 的国家与梨收获面积和产量排名前 10 的国家重合度并不高。以 2013 年各国梨单产水平排序为标准，表 2 - 9 反映了 1961~2013 年主要国家梨单产水平的变化趋势。

表 2 - 9 主要国家梨单产水平
单位：吨/公顷

年份	新西兰	美国	荷兰	比利时	智利	南非	法国	阿根廷	意大利	丹麦
1961	24.82	16.72	—	—	9.50	11.20	13.14	—	13.98	—
1965	31.62	12.34	—	—	8.57	13.51	10.69	—	15.08	—
1970	34.66	12.98	—	—	10.34	14.73	18.66	—	24.22	—
1975	35.12	18.67	—	—	12.85	17.77	15.18	—	22.36	—
1980	38.81	24.84	—	—	13.06	18.98	19.25	9.45	26.40	—
1985	29.52	24.33	17.12	—	10.52	20.21	20.95	11.03	18.05	9.95
1990	18.27	31.18	17.65	—	9.09	21.42	21.94	13.90	21.80	12.55
1995	28.53	30.58	30.59	—	20.17	19.61	23.03	26.72	20.67	13.58
2000	36.75	32.21	33.73	30.12	20.27	21.95	18.79	23.89	20.00	9.07
2005	44.44	30.48	29.14	29.37	30.43	26.06	24.57	29.95	23.69	22.93
2010	42.86	32.57	34.27	37.43	28.92	30.20	24.79	26.35	18.31	15.01
2011	43.62	39.80	40.96	34.67	30.42	27.62	28.27	31.20	23.50	19.97
2012	43.29	37.19	24.36	27.49	30.46	26.04	20.83	31.14	18.34	19.83
2013	45.33	40.10	38.43	34.27	32.34	30.79	26.09	25.42	21.70	21.10

数据来源：联合国粮农组织（FAO）。

新西兰是梨单产水平最高的国家，1961 年梨单产水平就达到 24.82 吨/公顷，是世界平均水平的 2.4 倍（世界平均水平参见表 2 - 5）。但是，新西兰梨的单产水平在 1980~1990 年经历了短暂的下降趋势，1990 年仅为 18.27 吨/公顷，随后又逐渐恢复，并在 2013 年达到新高，为 45.33 吨/公顷，为世界平均水平的 3.2 倍。

美国、荷兰和比利时等国家梨单产水平仅次于新西兰，从 1961 年开始，美国梨单产水平一直保持相对稳定的增长趋势，并且在 2013 年首次突破 40 吨/公顷的重要关口。荷兰和比利时梨单产水平在 21 世纪后也超过 30 吨/公顷。

智利、南非和阿根廷等国家的梨单产水平在 1961~2013 年经历了快速增长的过程，2013 年单产水平分别为 32.34 吨/公顷、30.79 吨/公顷和 25.42 吨/公顷，年均增长率分别为2.4%、3%和2%，远远高于其他国家。

此外，从世界各国梨单产水平的差异来看，一部分可归结为品种的差异，另外一部分可归结为各国育种、栽培技术水平的差异。令人遗憾的是，亚洲地区梨单产水平普遍偏低，即使是经济发达、技术相对先进的日本也始终没有突破30吨/公顷，历史最高水平也仅为26.3吨/公顷（FAO，2015）。

二、世界梨产业生产面临的问题与挑战

（一）生产成本提高

由于劳动力成本、物质与服务费用以及土地租金的提高，梨果生产者价格指数逐年攀升。以中国为例，梨生产者价格由1991年的229.2美元/公顷增长到2011年的1406美元/公顷，增长了6倍。其中，2011年较之前年份有较大幅度的提高，一方面可能是中国劳动力、资本等投入要素价格迅速上升造成的；另一方面可能是人民币汇率上升导致以美元计价的生产者价格上升。与世界梨主要生产国相比，中国梨生产者价格在1995～2001年以及2010年以后不具有优势，其余年份优势比较明显（见图2-3）。此外，根据课题组2010～2013年观察点的数据显示，梨果出园价格由2010年的2.4元上升至2013年的3.5元，生产成本由2010年的1655元/亩增长到2013年的2504元/亩，2010～2011年也有较快的增长。其中，土地租金、肥料成本以及人工成本均有较大幅度提升，上升幅度依次为118%、49%、29%。

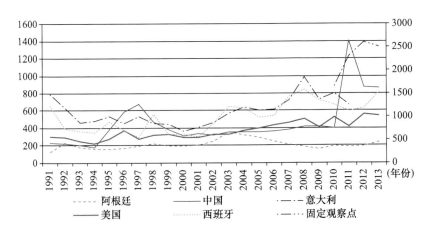

图2-3 梨主要生产国相对于中国的生产者价格指数

数据来源：联合国粮农组织（FAO）和梨产业技术体系固定观察点数据。

（二）梨果加工产业发展趋缓

近几年来，全球梨果加工产业发展趋缓。全球梨果加工产业发展停滞主要有以下几个原因：第一，消费者需求减少，很多消费者转向鲜食或者其他热带、亚热带水果；第二，生活方式的转变、对健康的追求使得罐装食品消费减少；第三，由于竞争更加激烈，很多梨果加工厂追求规模经济，一部分企业被淘汰，另一部分企业合并成大企业，使得规模细小的梨果生产者无法与生产企业对接，无法及时销售其产品；第四，冷冻储藏、运输技术的发展缩短了运输时间，并且延长了鲜食梨果的货架期。

表2-10列出了2006~2013年全球前十大梨果加工国，中国是全球梨果最大的加工国，并且加工量逐年增加，由2006年的136万吨增长到2013年的270万吨。在这段时间内，美国、阿根廷和智利梨果加工量基本维持不变，而南非、意大利、澳大利亚、法国、西班牙和波兰梨果加工量呈现下降趋势。表2-10中倒数第二列显示全球前10名梨果加工国的加工份额一直保持在90%以上，其中，中国梨果加工份额由2006年的35%增加到2013年的60%。

表2-10 2006~2013年梨果加工前十名国家加工量 单位：万吨

国家	2006	2007	2008	2009	2010	2011	2012	2013
中国	136	163.2	190	206	220.4	224	252.8	270
美国	57.6	60	58	58	63.8	51.2	56.4	55.2
阿根廷	40	34	35	48	34	48	51.2	40
南非	28.4	25.6	26.6	24.4	26.4	22.6	23.2	22.8
意大利	40	40	40	40	40	14	20.6	14.4
智利	12.4	11.8	12.6	13.6	12.8	14.4	14	14
澳大利亚	12	9.6	7.6	7	6.2	6	6	6
法国	9	8.4	6.2	4.8	6	6	6	4.2
西班牙	13.6	10	7	5	5	5	5	3.6
波兰	3.8	3.6	2.6	3	5.2	3.2	4.6	3.6
总量	352.8	366.2	385.6	409.8	419.8	394.4	439.8	433.8
前10比重（%）	90.4	92.5	91.3	94.9	95.5	95.9	97.5	97.9
中国比重（%）	35	41	45	47	50	54	56	60

数据来源：联合国粮农组织（FAO）。

三、世界梨产业生产的趋势和前景

（一）果形端正、果面光洁、肉质细脆、酸甜适度是梨果品质的发展趋势

圆形或扁圆形，且端正、规则的果实有利于分级和包装；果面光洁能提高果实外观品质，有利于吸引消费者。东方梨品种的果实，通常果点较大，易发果锈，肉质较粗，风味较淡，缺乏香气，培育果面光洁、肉质细脆、酸甜适度的品种是东方梨生产国育种者的长期目标。西方梨更注重果形规则和后熟期短或无后熟期的优质品种选育。数十年来，各国梨育种工作者不断推出符合上述目标的梨新品种。

（二）规范化操作和简化、低成本管理是栽培技术发展的两大趋势

适地适栽和按品种特性采取相应的标准化栽培技术，即按每个品种特性来制定整形修剪、疏花疏果及施肥灌水等具体方案，做到"一品一法"，这是获得优质高档梨果的重要保障。如日本对"丰水"、"幸水"等品种都制定了各自不同的规范化管理方法。另外，在果园管理人员不断老龄化和劳务费持续上升的形势下，如何简化、减少果园管理，是人们长期追求的目标。发达国家更是如此，如在美国、意大利等国，采用适合机械化操作的树形，简化果园管理；在日本，采用棚架树形，简化了修剪、人工授粉、疏花疏果、果园喷药等作业，不仅改善了果实品质，而且便于机械化作业。栽培自花结实性品种及果园养蜂、采用化学药剂疏花疏果等可在一定程度上减轻人工授粉和疏花疏果的繁琐工序。矮化砧木的选育和应用，在提高早期土地使用率的同时，矮化了树冠，方便了果园作业。对于发展中国家来说，虽然劳动力成本相对较低，实现果园机械化管理还有待时日，但寻求简化的果园管理途径仍然是主要研究方向之一，而且已经取得了可喜成果。

（三）食用安全性成为梨生产和消费者共同关注的问题

果品食用安全性已成为梨果国际贸易的制约因素，因为消费者不仅关心果品外观和内在品质，而且越来越关注果品的食用安全性。果品安全生产是各国生产者追求的目标，对此，果园综合管理（Integrated Pest Management，IPM，即综合应用栽培手段、物理、生物和化学方法将病虫害控制在经济可以承受的范围之内，从而有效减少化学农药用量）是未来水果生产的必然选择。日本在梨黑星病的监测、经济阈限的确定等方面都采用计算机模拟，使得IPM决策更准确、更迅速，明显地减少了喷药次数。此外，为减少化学肥料的过量使用，许多国家采用营养诊断的平衡配方施肥技术，以达到降低生产成本，减少果实中硝酸盐、亚硝酸盐等含量的目的。近年来，中国等发展中国家也在大力推广无公害水果的生产技术，禁止高毒、高残留农药的生产与使用，以求获得符合卫生标准的安全果品。

综上分析，未来世界梨树生产发展总趋势是：由栽培品种繁多到集中发展少数良种；由乔化稀植到矮化密植；由整形修剪的复杂化到简单化、省工化；由单一施用氮肥到复合配方施肥；由大水漫灌到喷灌、滴灌、渗灌；由单纯的化学防治病虫害到生物、物理和化学综合防治；由一般冷库贮藏到气调贮藏。果品质量向着优质、安全和无机方向发展。

第三节　世界梨产业消费

一、世界梨产业消费状况

全球梨果鲜食占梨总产量的 80% 以上，加工用梨占梨总产量的 10% 左右。近 5 年来，世界梨产量基本呈稳步上升趋势，梨消费量也稳步增加，年均增幅在 3% 左右。加工量有增有减，也基本稳定在 200 万吨/年以上（见表 2 - 11）。

表 2 - 11　世界梨消费与加工比例　　　　　　　　　单位：千吨，%

年份	产量	进口	总供给量	鲜食	加工	出口	鲜食占比	加工占比
2008～2009	19218	1569	20787	17077	2085	1622	82.15	10.03
2009～2010	20290	1605	21895	17955	2225	1708	82.01	10.16
2010～2011	20708	1680	22388	18574	2059	1750	82.96	9.20
2011～2012	21978	1655	23633	19321	2473	1827	81.75	10.46
2012～2013	21870	1649	23520	19441	2250	1821	82.66	9.57

数据来源：USDA - FAS（美国农业部海外服务局）。2008～2009 表示北半球国家为 2008 年，南半球国家为 2009 年。

美国农业部提供了各个国家梨消费的数据，主要包括鲜梨消费和加工消费数据。图 2 - 4 是全球年均梨果鲜食量以及加工梨消费量的变化趋势。图 2 - 4 显示：人均梨鲜食量由 2001 年的 2.1 千克增长到 2012 年的 2.76 千克；加工梨人均消费量由 0.21 千克增长到 0.32 千克，总体均呈现增长趋势。但是除中国以外，主要消费国加工梨人均消费量均呈现下降趋势，其原因主要是因为冷藏、运输技术的发展带来的鲜果货架期延长，生活方式的变化，在外进食比重的增加，以及对健康、营养的追求。

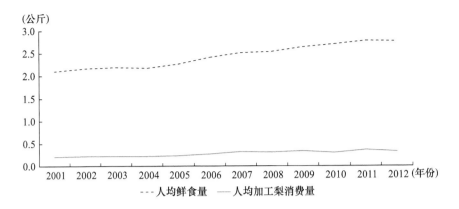

图 2 - 4　2001~2012 年全球人均梨消费量及鲜食比重

数据来源：USDA - FAS（美国农业部海外服务局）。

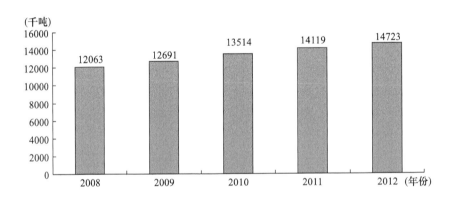

图 2 - 5　2008~2012 年中国鲜梨消费量

数据来源：USDA - FAS（美国农业部海外服务局）。

表 2 - 12　各国梨总供给量与消费量　　　　　　　　单位：千吨，%

国别	年份	总供给量	鲜食	加工	鲜食比例	加工比例
欧盟	2008	2773	2330	219	84	8
	2009	3033	2394	325	79	11
27 国	2010	2699	2179	172	81	6
	2011	3042	2197	382	72	13
	2012	2367	1904	123	80	5
美国	2008	872	432	290	50	33
	2009	930	446	319	48	34

续表

国别	年份	总供给量	鲜食	加工	鲜食比例	加工比例
美国	2010	817	410	256	50	31
	2011	938	456	292	49	31
	2012	853	396	272	46	32
阿根廷	2009	780	86	240	11	31
	2010	650	62	170	10	26
	2011	830	120	240	14	29
	2012	760	86	280	11	37
	2013	780	50	260	6	33
俄罗斯	2008	497	425	65	86	13
	2009	568	492	68	87	12
	2010	545	500	40	92	7
	2011	560	526	23	94	4
	2012	470	447	14	95	3
日本	2008	362	360	0	99	0
	2009	352	350	0	99	0
	2010	352	351	0	100	0
	2011	350	349	0	100	0
	2012	350	348	0	99	0
土耳其	2008	357	331	10	93	3
	2009	386	354	10	92	3
	2010	381	346	10	91	3
	2011	391	363	10	93	3
	2012	391	351	10	90	3
南非	2009	348	45	122	13	35
	2010	366	49	132	13	36
	2011	360	65	113	18	31
	2012	367	69	116	19	32
	2013	370	56	114	15	31
智利	2009	280	82	68	29	24
	2010	262	81	64	31	24

国别	年份	总供给量	鲜食	加工	鲜食比例	加工比例
智利	2011	290	84	72	29	25
	2012	287	83	70	29	24
	2013	288	88	70	31	24
巴西	2009	179	179	0	100	0
	2010	208	208	0	100	0
	2011	229	229	0	100	0
	2012	237	237	0	100	0
	2013	205	205	0	100	0
澳大利亚	2009	128	86	35	67	27
	2010	108	72	31	67	29
	2011	103	68	30	66	29
	2012	102	64	30	63	29
	2013	102	65	30	64	29
墨西哥	2009	99	97	2	98	2
	2010	109	107	2	98	2
	2011	100	96	3	96	3
	2012	121	118	3	98	2
	2013	115	112	3	97	3
新西兰	2009	18	10	3	56	17
	2010	18	10	3	56	17
	2011	18	10	3	56	17
	2012	16	10	3	63	19
	2013	16	10	3	63	19

数据来源：USDA – FAS（美国农业部海外服务局）。

2011 年中国梨产量占世界总产量的 66% 以上，中国消费的鲜梨也占世界总消费量的 75% 左右，欧盟 27 国占世界总消费量的 9.8%，美国占 3.9%。美国、阿根廷、智利、南非、澳大利亚、新西兰梨果的加工比例很高，达到 20% ~ 30%。与这些国家相比，中国梨加工比例非常低，但是加工总量比较高。2008 ~ 2012 年，只有中国梨消费表现出强劲的增长，欧盟 27 国梨消费下降，其他国家年消费量基本稳定，没有大幅度的变化。2010 年欧洲人均梨消费量减少了 11%，德国和英国每年人均梨消费量仅为 2 千克。

2000～2010 年 10 年间，世界鲜梨人均消费量从 4.81 千克上升到 6.11 千克。但是除中国外的世界其他地区，10 年间鲜梨人均消费量从 3.31 千克下降至 2.68 千克，人均鲜梨消费反而减少了 0.63 千克。中国鲜梨人均消费量从 6.26 千克增加至 10.24 千克。这充分说明中国人均鲜梨消费量的增加带动了世界鲜梨消费的增长，除中国、俄罗斯等少数地区外，世界其他地区的鲜梨消费疲软。

表 2－13 显示，在梨果消费中，意大利、西班牙、葡萄牙等欧洲国家鲜食消费比重较高，其中，意大利人均鲜食消费量一直保持在 10 千克以上，中国人均梨果消费同样以鲜食消费为主，但是两者差距不大，并且无论是鲜食还是加工，均呈现上升的趋势。此外，阿根廷、美国、澳大利亚等美洲国家梨果消费主要以加工消费为主，澳大利亚、美国人均每年消费 30 千克以上的梨加工品。从全球梨消费来看，梨鲜食消费总体呈现增长趋势，由 2001 年的人均 4.8 千克增长到 2012 年的 6.1 千克，而梨加工品消费则从 10.2 千克下降到 9.6 千克。从全球梨消费来看，除中国和澳大利亚以外，其他国家梨人均梨消费量有下降的趋势。其他水果产业发展对梨果生产与消费产生重要影响，以苹果产业为例，2010～2012 年 3 年平均消费数据显示，最高的德国人均苹果消费量是梨消费量的 8.36 倍，最低的西班牙是 1.65 倍，中国为 2.11 倍。

表 2－13　各主要国家人均鲜食与加工梨消费量（3 年平均）　　单位：千克

国家	2001 年人均鲜食	2012 年人均鲜食	变化量	2001 年加工梨人均消费量	2012 年加工梨人均消费量	变化量
法国	4.37	3.86	−0.51	13.1	8.9	−4.2
德国	2.47	2.18	−0.29	0.8	1.0	0.2
意大利	13.29	10.10	−3.19	13.7	9.6	−4.1
荷兰	7.81	6.44	−1.37	1.7	0.5	−1.2
西班牙	11.84	6.7	−5.14	6.4	4.9	−1.5
葡萄牙	11.94	7.67	−4.27	1.9	1.3	−0.6
美国	1.48	1.37	−0.11	37.9	31.1	−6.8
中国	6.26	10.24	3.98	5	7.9	2.9
日本	3.23	2.76	−0.47	0.1	0.1	0
阿根廷	3.03	2.71	−0.32	26.3	32.3	6.0
澳大利亚	3.78	2.83	0.95	40.9	29.5	−11.4
世界平均	4.81	6.11	1.3	10.2	9.6	−0.6

二、世界梨产业消费面临的问题与挑战

(一) 传统梨果消费受到挤压

近年来，苹果、葡萄等其他水果品质提升较快，由于运输和保鲜技术的提高，大量热带水果也逐步走上人们的餐桌，消费者对各类水果的偏好发生变化，梨果消费受到挤压。同时，消费者越来越追求水果的方便性、营养性和品牌。以日本为例，受年轻人吃水果不愿意削皮，以及嫌梨果太大吃不完等方面的影响，日本国内鲜梨消费需求明显减少，导致鲜梨价格近年来下降了30%。日本梨农收入受到较大影响，因此许多地方出现梨农砍树的现象。特别是传统产区的鸟取县、千叶县和茨城县较为严重。相反，走高端化、品牌化的梨果产区长野县所遇到的情况，则要好于其他地区，该县梨果以质量、品牌取胜，尽管在梨果消费下降的大背景下，也受到一定影响，但受影响程度有限，该县的梨果价格只下降了10%左右。可见，鲜梨消费品牌化、高端化，以质量取胜是梨产业发展的必由之路。

(二) 梨产业消费增长空间狭窄

梨果人均消费高的国家多具有较少的人口和相对较高的收入，因此人均世界梨果消费量的增长潜力已经很有限。事实上，如何防止梨果消费的进一步减少才是梨产业更大的挑战。与此相对应，包括美国、印度、印度尼西亚和巴西这些人口众多的国家，人均鲜梨消费相对较低，如果这些国家的梨果消费有小幅的增加，对世界梨产业消费总量也可能会带来大幅增加。然而美国也与其他高收入国家面临同样的问题，随着人均收入的增加，梨果的消费需求反而减少。对其他大国而言，增加人均消费量则具有极大的阻碍，这些阻碍包括其他水果产品的激烈竞争，高额的进口税，以及众多的、不断变化的非关税壁垒。增加不同市场上的梨果人均消费总量需要详细的市场调查和灵活的市场策略，这就需要产业部门持续有效的计划。

三、世界梨产业消费的趋势与前景

(一) 世界梨果消费品种发展趋势

世界梨分东方梨和西洋梨两大类。从各国消费习惯看，欧美和大洋洲、非洲国家的消费者，习惯于食用风味浓厚、肉质柔软、香甜溶口的西洋梨；而东方国家的消费者，习惯于食用肉质细脆、香甜爽口的东方梨。但近年来东方硬肉型梨逐渐进入欧美市场，硬肉梨由于甜脆多汁、耐贮运等特点，正在逐步获得美国、加拿大、英国、澳大利亚、新西兰等国家的软肉梨消费群体的认可，日本和中国每年都有相当数量的梨出口到上述国家。我国梨出口的传统品种为鸭梨、砀山酥

梨、库尔勒香梨，其出口量约占中国梨出口总量的90%。但近年来，我国自主选育的品种如早酥、黄花、翠冠、黄冠、绿宝石等出口量有所增加。另外，西方梨果软肉、风味浓厚的特点也逐步被亚洲国家的消费者接受，我国西洋梨的进口也快速增长。

从发展趋势看，东方梨以果实外观圆形或扁圆形，果皮绿（黄）色、褐色或红色，肉质细嫩，香甜爽口，单果重较大的果品最受欢迎；而西洋梨仍将以外观葫芦形，黄色、红色或黄红色，肉质柔软多汁，香甜溶口，单果重相对较小的果品为主。从我国周边市场看，由于气候条件限制，我国周边国家除日本、韩国能生产自给外，其他国家梨产量很少或几乎不能生产，尤其是南亚周边国家大多只能生产热带或亚热带水果，而北临的蒙古国、俄罗斯、哈萨克斯坦及部分独联体国家也较少产梨，因此我国梨出口的主要目标国是东南亚国家，其次为欧洲市场，俄罗斯是欧洲市场的最大买主，再次为北美市场。

（二）世界梨产业消费结构发展趋势

鲜梨消费仍将是梨消费的主要形式。尽管贮藏和加工技术不断成熟，人们在梨果消费时更偏好鲜梨。随着国内鲜果市场竞争的不断加剧和进口鲜果输入的增加，梨罐头及其他贮藏产品的市场份额不断萎缩。而随着人们生活水平的提高，梨果消费也与其他农产品的消费趋势一致，绿色、无公害、有机梨将受到消费者越来越多的青睐。如阿根廷有机梨消费近年来逐步增长，主要通过超市作为高端产品分销。由于贮藏和保鲜技术水平的提高，鲜梨可以实现周年供应；虽然梨罐头等产品不够新鲜和营养，其市场日益萎缩，但鲜梨汁等方便食用的梨加工品仍具市场潜力。

第四节　世界梨产业国际贸易

一、世界梨产业贸易现状

梨主要作为鲜食果品在全球市场流通、消费。据联合国粮农组织统计，2011年全球梨果出口贸易量约为263.9万吨，进口贸易量约为266.7万吨，总贸易量为530.6万吨，占当年产量的22.15%，贸易总额则达到了52.8亿美元，贸易总量和贸易总额分别比2000年的313.58万吨和19.07亿美元增加了69.21%和176.88%。因此，梨果的国际贸易活动相当活跃，全球梨贸易持续稳定发展，无论是贸易总量还是贸易总金额，总体均呈上升趋势。

（一）世界梨进口状况

随着梨产量的增加，梨的进口量也呈增加趋势。据 FAO 统计，2011 年世界范围内梨的进口量和进口贸易总产值分别为 266.78 万吨、27.6 亿美元，进口量比 2000 年增加 71.8%。近 10 年间，世界各国梨的进口量占总产量的比重由 9.55% 上升至 11.41%，增幅明显，随着国际市场的不断开放，梨果贸易量将会进一步加大。

从地区分布来看，世界梨的进口国家主要集中在欧洲。2011 年其进口量占世界总进口量的 60.6% 左右，其次为亚洲、美洲、非洲和大洋洲，分别占总进口量的 18.69%、18.99%、1.45%、0.24%。

表 2-14　近 10 年世界及各洲梨的进口量　　　　　单位：10 万吨

地区	2000 年	2002 年	2004 年	2006 年	2008 年	2011 年
世界	15.52527	17.33439	19.68005	21.81969	24.2586	26.67842
非洲	0.10191	0.12978	0.9475	0.12358	0.28445	0.38709
美洲	4.02791	3.88452	3.31916	4.28781	4.41588	5.06627
亚洲	2.25891	2.749	3.37473	3.65751	4.30925	4.98735
欧洲	9.09715	10.51998	12.79902	13.6678	15.17337	16.17250
大洋洲	0.03939	0.05111	0.09239	0.08299	0.07565	0.06521

数据来源：联合国粮农组织（FAO）。

从 1982～2012 年来看，欧盟、俄罗斯、墨西哥、巴西和美国等是世界主要梨果进口国。近 10 年间进口量增幅最大的国家是俄罗斯，2011 年进口量约为 2000 年的 5.45 倍，年均进口量增加 40.53%。进口量下降幅度最大的国家首先是美国，2011 年较 2000 年下降了 17.11%，年均下降幅度约为 1.55%，其次为墨西哥和加拿大，下降的幅度在 1% 以内。总的来说，俄罗斯、巴西进口比重不断提高；东盟国家进口也有所提高，其中印度尼西亚增长明显；欧盟、美国进口比重在下降，但仍处于较高水平。

从进口单位价格来看，从美国进口单位价格一直保持在较高水平；西欧国家进口单位价格低于美国，但高于全球平均水平；墨西哥进口单位价格在 1986～1996 年低于全球平均价格，之后超过全球平均价格，2008 年以来又低于全球平均价格；东南亚国家进口价格在 1996 年之前略低于全球平均水平，之后与全球平均价格差距不断扩大；俄罗斯进口价格一直较低，近年来价格上升很快，见图 2-6 和表 2-15。

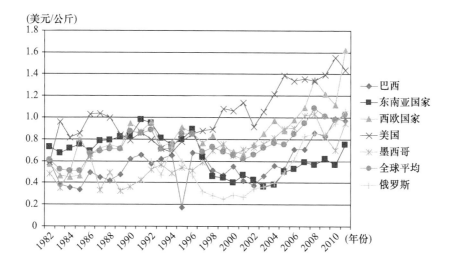

图 2 - 6 1982 ~ 2012 年世界梨主要进口国与经济体进口单价变化趋势

数据来源：联合国粮农组织（FAO）。

表 2 - 15 2011 年世界梨进口价值、进口单位价值排名

国家	进口价值 （万美元）	占世界份额 （%）	进口价值 排序	进口数量 （吨）	单位价值 （美元/吨）	进口单位 价值排序
俄罗斯	44863	16.22	1	419328	1069.9	10
德国	23358.9	8.44	2	169019	1382.0	2
荷兰	21781.6	7.87	3	190722	1142.1	6
巴西	20455.4	7.39	4	210328	972.5	15
意大利	14508.1	5.24	5	126375	1148.0	5
英国	14110	5.10	6	140709	1002.8	13
法国	13715.9	4.96	7	137515	997.4	14
美国	11184.6	4.04	8	77610	1441.1	1
加拿大	8477.7	3.06	10	68757	1233.0	4
西班牙	5260.1	1.90	12	48409	1086.6	9
中国	4368.5	1.58	13	43207	1011.1	11
立陶宛	3998.3	1.45	15	39676	1007.7	12
瑞典	3989.2	1.44	16	36708	1086.7	8
丹麦	3147.4	1.14	18	28799	1092.9	7
奥地利	2577.6	0.93	20	19120	1348.1	3

数据来源：联合国粮农组织（FAO）。

（二）世界梨出口状况

随着世界梨产量的增加，世界梨出口总量也会随之增加。据 FAO 统计，2011 年世界梨的出口量为 263.89 万吨，占世界梨产量的 11.04%，2000 年出口量占世界梨产量的比例为 7%，与 2000 年相比上升了 57.7%。近 10 年间，世界梨出口总量增长了 66.67%，年均增长 6.06%。

从地区分布上来看，2011 年出口量最高的地区是欧洲，占世界出口总量的比例达到 44.79%，其次为美洲，占世界出口总量的比例为 29.85%，亚洲出口量排在第三位，占世界出口总量的 17.94%，非洲占世界出口总量的比例为 7.06%，大洋洲在世界上的出口量最低，仅占 0.36%。

表 2-16　近 10 年世界及各洲梨的出口量　　　　　　单位：10 万吨

地区	2000 年	2002 年	2004 年	2006 年	2008 年	2011 年
世界	15.83268	17.59338	19.7902	21.75483	24.63709	26.3889
非洲	0.97633	1.2227	1.41887	1.21866	1.80436	1.86267
美洲	5.99927	6.09552	6.22957	6.552	7.71353	7.87757
亚洲	2.10917	3.07387	3.78583	4.47503	5.13442	4.73291
欧洲	6.41872	6.92537	8.19523	9.39001	9.87975	11.82036
大洋洲	0.32919	0.27592	0.1607	0.11913	0.10503	0.09539

数据来源：联合国粮农组织（FAO）。

据 FAO 统计，2011 年世界范围梨出口量最大的国家排名依次为阿根廷、中国、荷兰、比利时等，其中我国梨出口数量为 40.33 万吨，仅次于阿根廷，居世界出口总量的第二位，占世界总出口数量的 15.28%，如表 2-17 所示：

表 2-17　2011 年世界主要国家梨出口量排名

序号	国家	数量（万吨）	占世界份额（%）
1	阿根廷	47.24	17.9
2	中　国	40.33	15.28
3	荷　兰	35.03	13.24
4	比利时	28.84	10.93
5	南　非	18.16	6.88
6	美　国	17.82	6.75
7	意大利	16.28	6.17
8	智　利	13.47	5.10

续表

序号	国家	数量（万吨）	占世界份额（%）
9	西班牙	13.31	5.04
10	葡萄牙	9.86	3.74

数据来源：联合国粮农组织（FAO）。

从梨出口单位价格来看，西欧国家和美国梨出口单位价格一直处于较高水平，南半球的智利、阿根廷和南非出口单位价格处于中间水平，而中国梨出口单位价格处于最低水平。

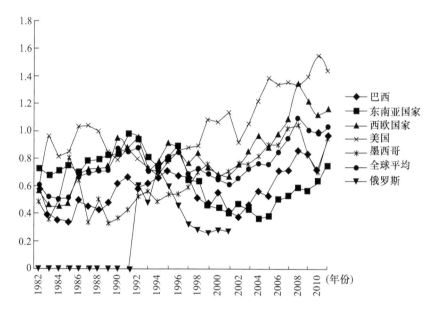

图 2 - 7　1982～2011 年世界梨主要进口国与经济体出口单价变化趋势

2011 年世界范围梨出口价值最大的国家依次为阿根廷、荷兰、中国、比利时等，如表 2 - 18 所示：

表 2 - 18　2011 年世界主要国家梨出口价值排名

序号	国家	出口价值（万美元）	占世界份额（%）
1	阿根廷	41180.6	16.39
2	荷　兰	38245.5	15.20

序号	国家	出口价值（万美元）	占世界份额（%）
3	中　国	28634.1	11.38
4	比利时	26283.2	10.47
5	意大利	20469.3	8.16
6	美　国	18770.8	7.48
7	南　非	16899.5	6.73
8	智　利	13692.4	5.45
9	西班牙	12421.8	4.93
10	葡萄牙	10592.6	4.22

数据来源：联合国粮农组织（FAO）。

（三）世界梨主要出口国竞争力状况

衡量国际竞争力的指标有很多，本书选择比较成熟的显示性比较优势指数（RCA）和贸易竞争力指数，并对中国及世界主要水果出口国国际竞争力进行分析。显示性比较优势指数（RCA）由巴拉萨（Balassa，1965，1989）提出，他认为，国家 i 在某个产业或产品贸易上具有比较优势，可以用该产业或产品在该国出口中所占的份额与世界贸易中该产品占总贸易的份额之比来表示，即：

$$RCA_{ia} = (X_{ia}/X_i)/(X_{wa}/X_w) \qquad (2-1)$$

（2-1）式中，RCA_{ia} 为 i 国 a 产业或者产品的显示性比较优势，X_{ia} 为 i 国 a 产业或产品的出口额，X_i 为 i 国所有产品的出口总额，X_{wa} 为 a 产业或产品的全球出口额，X_w 为全球所有商品的出口总额。如果 RCA_{ia} 指数大于1，表明 i 国在 a 产业或产品的出口中具有"显示"比较优势，反之，则说明 i 国在 a 产业或产品出口中不具有"显示"比较优势。贸易竞争力指数主要由国内的一些学者提出，将某一产业或产品的净出口额与其进出口总额的比值用来衡量国际竞争力，国内学者称之为"可比净出口指数"，即：

$$NTB_i = (X_i - M_i)/(X_i + M_i) \qquad (2-2)$$

（2-2）式中，NTB_i 为某个国家 i 产业或产品的贸易竞争力指数，该值的优点是作为一个贸易总额的相对值，它剔除了通货膨胀、经济膨胀等宏观总量方面的影响，并且比值介于 $-1 \sim +1$，因此，在不同时期，不同国家之间均可比较。该值为 -1 表示该国只进口不出口，该值为 $+1$ 表示该国只出口不进口，从出口角度来看，该指标越接近于1，表明国际竞争力越强。X_i 和 M_i 分别为该国 i 产品的出口额与进口额。

表2-19显示了梨主要出口国的 RCA 指数。从梨的 RCA 指数来看，美国的

RCA 指数一直在 1 以下，近年来还有下降趋势，其在梨出口方面的国际竞争力较弱。中国作为梨的生产大国和出口大国，并没有显示出较强的竞争力优势，RCA指数在 1997 年以前大于 1，自 1998 年开始下降，近些年只有不到 0.7，比较优势逐渐减弱。除了中国和美国，梨出口排名前 10 位的其他国家的 RCA 指数均大于 1，其中以西班牙和智利的 RCA 指数最高，各年均值在 18 以上，这两国梨出口有较强的国际竞争力。

表 2 – 19　主要出口国梨出口的 RCA 指数

年份＼国家	中国	墨西哥	荷兰	比利时	意大利	阿根廷	智利	西班牙	美国	南非
1992	1.58	1.75	3.29	—	—	—	26.14	4.15	0.79	—
1993	1.64	1.50	3.24	—	—	24.68	25.07	4.90	0.84	—
1994	1.53	1.78	3.66	—	3.00	16.74	24.35	4.90	0.78	—
1995	1.24	1.58	3.29	1.59	2.86	23.32	16.01	4.21	0.75	—
1996	1.26	1.66	3.09	1.83	2.85	23.59	21.42	4.27	0.74	—
1997	1.09	1.35	2.63	2.75	2.33	23.22	18.58	5.28	0.58	—
1998	0.73	1.66	3.31	3.21	2.26	23.79	26.95	4.84	0.63	—
1999	0.62	1.61	3.51	3.07	2.50	27.53	27.77	4.73	0.65	—
2000	0.68	2.02	3.04	3.05	2.60	29.39	30.49	4.50	0.71	11.33
2001	0.68	2.08	2.94	2.86	2.37	26.52	24.76	5.55	0.72	8.37
2002	0.83	2.58	3.02	2.60	2.43	21.58	29.20	4.77	0.74	12.40
2003	0.76	4.34	3.08	2.70	2.03	18.47	42.32	4.08	0.62	11.00
2004	0.73	4.59	3.62	3.04	2.00	18.36	27.03	4.57	0.70	12.62
2005	0.69	6.40	3.36	2.92	1.93	19.72	22.08	3.92	0.57	11.54
2006	0.77	5.73	3.56	3.13	2.38	20.05	14.86	4.58	0.68	9.18
2007	0.65	8.50	3.28	2.43	2.12	18.93	18.07	3.12	0.60	10.28
2008	0.73	7.67	3.85	2.73	2.05	18.96	17.99	4.36	0.65	9.10
2009	0.70	8.69	3.58	2.02	2.11	19.13	21.10	3.43	0.56	11.04
2010	0.69	7.29	3.54	2.53	2.28	18.29	15.43	3.66	0.64	12.42
2011	0.67	9.30	3.97	2.08	1.88	18.20	16.39	3.79	0.63	8.92
2012	0.20	18.08	2.69	0.27	—	0.53	17.02	3.90	0.45	7.81
平均	0.88	4.77	3.31	2.49	2.33	20.55	23.00	4.36	0.67	10.46

注：本表是作者根据 UNCOMTRADE 数据库计算所得。

表2-20列出了主要梨出口国的竞争力指数。只有美国的竞争力指数为负数，而且逐年下降。结合RCA指数看，美国梨的国际竞争力不强，是梨的净进口国。中国和南非的竞争力指数都接近于1，表明中国和南非都是梨的出口国，但结合前文RCA指数来看，中国梨的出口竞争力不强，而南非不仅是出口大国而且竞争力很强，但是竞争力逐年小幅度下降。墨西哥竞争力指数逐年上升，并且在2012年接近于1，结合RCA指数，表明墨西哥出口逐年增加，并且出口具有一定的比较优势。

表2-20 主要出口国梨出口的竞争力指数

年份\国家	中国	墨西哥	荷兰	比利时	意大利	阿根廷	智利	西班牙	美国	南非
1992	1.00	0.11	0.25	—	—	—	1.00	0.18	0.12	—
1993	1.00	-0.12	0.20	—	—	—	1.00	0.53	0.28	—
1994	1.00	-0.12	0.29	—	0.39	0.39	1.00	0.53	0.17	—
1995	0.99	0.33	0.31	0.49	0.40	0.40	1.00	0.59	0.35	—
1996	0.98	0.35	0.19	0.23	0.48	0.48	1.00	0.53	0.20	—
1997	0.99	0.27	0.28	0.28	0.29	0.29	1.00	0.76	-0.04	—
1998	0.88	0.21	0.22	0.30	0.35	0.35	1.00	0.71	-0.10	—
1999	0.96	0.12	0.18	0.35	0.32	0.32	1.00	0.65	-0.21	—
2000	0.98	0.12	0.23	0.38	0.34	0.34	0.99	0.68	-0.31	0.99
2001	0.99	0.12	0.23	0.38	0.28	0.28	1.00	0.62	-0.24	0.99
2002	0.99	0.20	0.23	0.29	0.30	0.30	0.99	0.69	-0.34	1.00
2003	0.99	0.48	0.27	0.40	0.22	0.22	1.00	0.52	-0.40	0.99
2004	0.99	0.51	0.35	0.45	0.20	0.20	0.99	0.56	-0.34	0.98
2005	1.00	0.70	0.25	0.50	0.27	0.27	1.00	0.45	-0.57	0.97
2006	1.00	0.60	0.25	0.50	0.36	0.36	0.99	0.46	-0.45	0.96
2007	1.00	0.74	0.26	0.56	0.37	0.37	1.00	0.34	-0.63	0.96
2008	1.00	0.71	0.27	0.56	0.29	0.29	1.00	0.43	-0.56	0.96
2009	1.00	0.81	0.18	0.50	0.18	0.18	0.99	0.37	-0.66	0.96
2010	1.00	0.80	0.20	0.64	0.23	0.23	1.00	0.33	-0.54	0.96
2011	0.99	0.83	0.18	0.66	0.20	0.20	0.98	0.45	-0.62	0.95
2012	0.98	0.99	0.00	-0.26	—	—	0.99	0.35	-0.82	0.92
平均	0.99	0.42	0.23	0.40	0.30	0.30	1.00	0.51	-0.27	0.97

注：本表是作者根据UNCOMTRADE数据库计算所得。

二、世界梨产业贸易面临的问题与挑战

（一）贸易数量占生产总量的比重偏小

通过 USDA FAS 的数据统计可以看出，世界梨贸易占生产总量的比重非常小，不到 10%。以 2011 年为例，世界梨总产量为 21978 千吨，较 2010 年增长6.13%，然而其进口占总产量的比重较 2010 年却下降了 0.58 个百分点，出口占总产量的比重仅为 8.31%。总的来说，梨贸易数量占生产总量的比重偏小，贸易规模有待进一步扩大。

表 2 - 21　2008 ~ 2012 年世界梨贸易占生产总量的比重

年份	产量（千吨）	进口（千吨）	出口（千吨）	进口占比（%）	出口占比（%）
2008	19218	1569	1622	8.16	8.44
2009	20290	1650	1708	8.13	8.41
2010	20708	1680	1705	8.11	8.23
2011	21978	1655	1827	7.53	8.31
2012	21870	1649	1821	7.54	8.32

数据来源：USDA - FAS（美国农业部海外服务局）。

此外，对于中国来说，近年来，随着梨生产技术的提高，梨生产总量也在不断地上升。2011 年我国梨生产总量为 1594.50 万吨，成为世界第一大梨生产国。然而我国梨出口单位价格为 709.98 美元/吨，仅为韩国梨单位出口价格的 1/3。生产地位与贸易地位的不对等，对于一些梨生产大国而言，会打击梨农的生产积极性。

（二）贸易政策的限制手段从关税壁垒转向非关税壁垒，限制了进口

国际贸易中，关税壁垒是最重要的贸易限制形式。然而经过关贸总协定的多次减让税谈判，各缔约成员方的进口关税水平已经降到了较低的水平，工业发达国家为 5% 以下，发展中国家为 10% ~ 13%。为此，许多国家纷纷将贸易政策的限制手段从关税壁垒转向了非关税壁垒，并把其作为限制进口的主要措施。因此，国家贸易中，贸易政策限制措施主要包括关税壁垒和非关税壁垒，本书也将从这两个方面对世界梨果出口展开分析。

1. 关税壁垒

（1）欧盟。欧盟形成了季节性的关税结构，在欧盟迎来最大的收获季节时，关税也达到了顶峰（价格准入系数）。欧盟也设立了配额和关税的各项具体措施，以此允许除其他事务外，政府机构采购的农产品能够快速地提高供应量（从

而能够保持价格），并且当供给下降时，能够将多余的产品释放回市场。这些政策对南非的直接影响是，当欧洲的梨市场是淡季时，对他们来说则是一个很好的时机，因为他们的生产不会直接与欧洲的生产者形成竞争，因此也就不容易被一系列的高额关税和保护机制限制。欧盟所适用的是广为人知的价格准入系统。在这个系统之下，欧盟设立了一个准入价格，在这个价格之下的生产者才有可能进入欧盟市场。准入价格不仅与往年以及本年度的市场价格有关（由供给和需求决定），也与国内生产者价格有关（国内生产者需要用来维持利润的价格）。准入价格是由监管当局计算出来的，以便能够和关税、配额组合起来保护欧盟内部的农业系统。准入价格是生产者能够进入市场的最低价格，如果农产品的价格比准入价格还要低，就非常容易被征收关税。农业税主要有以下几种应用：

一是当进口方的价值在准入价格的 92% ~ 94% 时，关税将加收准入价格的 8%；

二是当进口方的价值在准入价格的 94% ~ 96% 时，关税将加收准入价格的 6%；

三是当进口方的价值在准入价格的 96% ~ 98% 时，关税将加收准入价格的 4%；

四是当进口方的价值在准入价格的 98% ~ 100% 时，关税将加收准入价格的 2%。

关税适用之上的条目价资费取决于该种商品来自何处以及该国是否与欧盟签订过任何优惠的贸易协定。

（2）美国。美国对梨果进口关税基本为零，同时对最不发达国家农产品出口实施普惠制（GSP）原则。在对最不发达国家（LCDs）的普惠制（GSP）以及非洲增长与机会法案（AGOA）的优势条件下，南非的出口商有完全的自由进入美国市场的权利。南非的出口商必须以智利（美国的主要水果供应商以及南非的潜在竞争对手）出口水果给美国时的关税情况进行比较。智利能够进入美国水果市场的机会被公认是享受了优惠贸易协定（PTA）的极大福利。

2. 非关税壁垒

（1）欧盟。非关税壁垒主要可以分为两类，一类是由欧盟委员会立法所规定的强制性壁垒，另一类则是由生产者、零售商、进口商、分销商偏好共同作用形成的非强制性壁垒。欧盟制定了一系列的法规来控制可能进入欧盟并且在其内部销售的产品质量，这些法规主要包括：

通用食法法：该法律是在法规 EC178/2002 下制定的，涵盖了食品生产过程中的食品安全和卫生（微生物和化学），包括对食品可追溯性的规定（例如危害分析和关键点控制）。

欧盟市场标准：该条文是在法规 EC2200/96 下制定的，用来控制质量和水果标签管理。标签需表明产品直径、重量和等级分类，任何不符合标准的产品将不能在欧盟市场上出售。

合格证书：该证书需由任何想在欧盟境内销售水果并且水果符合欧盟管辖的市场标准的人申请。

此外，欧盟还设定了植物检疫法规和包装规定。国际检疫的国际标准是由国际植物保护委员会（IPPC）设立的，其目的是为了防止疾病和昆虫通过农产品进口传播。欧盟在 EC2002/89 设立了自己的特殊法规，该法规用来阻断欧盟的作物和来自世界其他地方的有害生物的接触。该指令的关键在于它授权植物保护服务组织检查大量到达欧盟的水果产品。检查包含对被认定为有植物检疫风险的检验，识别任何有害生物以及对任何植物检疫证书涵盖货物的有效性认证。如果货物不符合要求，一律不得进入欧盟。欧盟委员会对一些类别的材料做出了规定，包括与食品生产相关、可能危害人类健康或者会对食品的组合造成不可接受的变化的材料。该法律的立法框架是 EC1935/2004。可回收利用的包装材料在法规 EC94/62 法律下被着重强调，欧盟成员国必须对 50% ～ 65% 的包装材料进行回收再利用。如果出口商在发货时不使用可重复使用的包装，进口商就会因此而提高成本。木质包装受到植物卫生控制，并可能需要进行热处理、熏蒸等。

此外，欧盟还设立了严格的非法律要求。为了占有市场，进口商不仅要符合上文所列的法律规定，还必须符合市场的要求和需求。在大多数情况下，非法律需求围绕着质量以及欧洲消费者对环境、社会、产品和产品生产技术两方面的健康安全的看法。虽然在法律意义上来说，供给的水果符合上述要求不是强制的，但是却在欧洲变得越来越重要，并且决不能被目前的或潜在的出口商所忽略。首先，社会责任在产业中日趋重要，这不仅是对消费者来说，对于零售商和批发商来说更是如此。社会责任 8000 认证（SA8000）是基于国际劳工组织（ILO）约定的管理系统，主要用于处理童工、健康与安全、组社自由等问题，并且要求每年必须进行现场审核。该证书被视为成功准入欧洲市场的必要工具。其次，环境问题在欧洲消费者中也变得越来越重要。消费者运动正在游说反对购买非环保或不具有可持续性的产品。为此，政府和私人部门都制定了标准（例如 ISO14001 和 EUREGAP 欧洲良好农业操作规范）和标签以确保产品符合特定的规范。虽然生态标签是自愿的（例如欧盟生态标签、荷兰环境标签、德国蓝色天使和北欧白天鹅），但是他们为出口商提供了市场优势，因为消费者希望购买的是易于识别的环保产品。另一个新兴的重要标签是公平贸易，包括由 Max Haavelaar 基金会、TransFair 国际和 FLO（公平贸易标签组织）所提供的标签。最近，一个以 FLO

提出的国际公平贸易标准为基础的"万能"标识正在被广为接受，其涵盖了最低质量和价格标准。提高消费者对健康和安全问题的认知促成了一系列在欧洲的安全措施，如由欧洲主要零售商发起的欧洲良好农业规范（EUREGAP）和HAC-CP国际管理体系。其中，HACCP是独立认证，并且要求欧洲生产商和所有进口进入欧盟的厂商必须具有（EC852/2004）。除此之外还有由国际标准化组织（ISO）认证的ISO9000管理标准体系（为生产者制定）。

（2）美国。美国的植物检疫法规是由动植物卫生检验署分为九个子段进行的。植物保护检疫部和兽医服务部负责签发商品的许可证，并且决定商品是否可以进口。政策与项目开发部可以与这两个部门就确定长期发展计划和具体程序一起工作。

有些产品可以从驻扎在国际服务处的原产国人员或者出口的现场检查终端那里得到产品预检。植物保护检疫部的工作重点是防止病虫害危及美国农业资源，并且还派驻了人员入驻进口货物和监督检疫过程中的所有机场、港口和边境站。进口商或出口商必须提出货物进口国出口的请求，提供尽可能多的关于货物的信息，包括原产地、货物状态（对于特定的货物从特定地区运输是否有限制或规定）、进口或缓解措施（灭虫）条件。不可否认的是，在有充足的条件的情况下，或者是在过去10年未进行过风险评估的情况下，政府和公司可以要求被禁止的商品发生状态的变化（调查必须是由植物保护检疫部的科研小组进行）。大部分被认可的商品都可以单独检疫并进入，但是一些商品可能要经历削减措施，包括采后处理（热/冷温度处理，辐射或熏蒸取决于具体要求，以及哪一种方式是危害最小的）。

除了植物检疫法规，美国农业部食品安全服务部（FSIS）在食品包装上做出了卫生规定，而作为美国卫生部门一部分的食品药物管理局（FDA）规定了食品的包装和标签。HACCP的协议被广泛使用。美国农业部设置的水果蔬菜标准为国内和国际贸易奠定了基础，也提高了市场营销和采购的效率。

（3）其他国家。俄罗斯限制进口欧盟蔬菜和水果的措施是因为欧盟的产品没有通用的标准；欧盟禁止进口那些在采摘后使用杀菌剂的果蔬；中国限制进口美国苹果的措施是因为美国苹果在采摘前没有使用杀菌剂进行处理；我国台湾地区限制苹果和梨进口的措施是因为苹果和梨中可能含有蠹蛾；墨西哥采用关税措施针对包括新鲜梨在内的农产品；火疫病也被很多国家用来作为禁止梨进口的措施；澳大利亚从新西兰进口梨时，一方面澳大利亚当局要确认其没有火疫病的威胁，另一方面澳大利亚政府还有一系列其他措施，导致新西兰向澳大利亚出口梨变得无利可图；印度进口的成熟水果要求被熏制；印度尼西亚对新鲜水果设置新的配额以及检验检疫措施。

三、世界梨产业国际贸易的趋势与前景

（一）贸易中心逐渐向发展中国家转移

在梨的进出口贸易方面，主要贸易国也逐渐由发达国家转向发展中国家。据联合国粮农组织统计，作为传统梨贸易活跃地区的欧洲，自 1961 年以来，其贸易活动总体呈下降趋势，1961 年其进口量和出口量分别占全球贸易总量的 82.8% 和 64.4%，而进入 20 世纪 80 年代后，其出口量占世界的比重下降到了50% 以下，甚至于 2009 年底降到了 38.2%，同时进口量也下降并维持在 60% 左右。同期，作为典型发展中国家的中国，由于全球经济环境的变化，其梨的进出口贸易量虽有不小的波动，但总体呈迅猛上升的趋势，2011 年其进口量在全球总量的比重超过了 1961 年水平的 10 倍以上，而出口量更是 1961 年的 100 多倍。由此可见，无论是从生产规模还是从贸易活跃程度来看，世界梨的生产及贸易中心正由发达国家逐渐转移至发展中国家，而这种格局的变化将会使市场竞争变得更加激烈。

（二）鲜果品质向优质、特色化发展

随着社会经济发展和生活水平的提高，消费者越来越注重梨果的内外品质，梨果品质超越产量成为人们关注的焦点。外表光洁，形状整齐，肉质细腻，石细胞少，汁液丰富，甘甜味浓的梨果越来越受国内外市场的欢迎。如韩国在 20 世纪 90 年代以后由于优质品种"黄金梨"、"甘川梨"、"秋黄梨"、"华山"和"圆黄"等的育成，日本梨品种在韩国的栽培面积持续下降，只有优质的"新高"栽培面积保持增长，且依然占据绝对主导地位，占了梨总规模的近 80%。近年来，我国梨育种家也育成了"翠冠"、"黄冠"、"中梨 1 号"、"红香酥"和"玉露香"等一批品质优良且各具特色的梨新品种，迅速被消费者所接受，而我国传统的晚熟品种如"砀山酥梨"、"鸭梨"等种植面积则正慢慢缩小，我国的梨品种结构正在进一步优化。

（三）食用安全性受生产者和消费者共同关注

食用安全性已成为梨国际贸易的重要制约因素。因为消费者不仅关心果品外观和内在的品质，而且越来越关注果品的食用安全性。果品安全生产是各国生产者追求的目标。因此，综合应用栽培手段，物理、生物和化学方法将病虫害控制在经济可以承受的范围之内，从而有效减少化学农药用量，是梨产业发展的必然选择。推广无害梨果生产技术，禁止高毒、高残留农药的生产与使用，获得符合无公害生产标准的安全梨果成为梨产业发展的趋势之一。

第五节　世界梨市场竞争分析

一、技术分析

从育种来看，各国推出了综合各种优良性状的新品种。比如：新西兰采用欧洲西洋梨、日本梨和中国梨进行种间杂交，选育出"外观鲜艳、脆肉、多汁、具有香气、抗黑星病和火疫病、耐贮和货架期长"的鲜食梨品种。美国用西洋梨和中国梨做亲本，分别培育出抗火疫病的"雪兰多"、"马格里斯"、"蒙格诺"等新品种及"红安久"等红皮梨品种。意大利育成"菲阿兰诺"、"粉酪"等色泽鲜艳、品质优良的新品种。法国育成"列克麦克将军"等大果型新品种。日本梨的育种研究一直处于世界前沿，育成"大果水晶"、"吉香"、"金二十世纪"、"丰水"、"新星"、"南水"、"若光"、"秋荣"、"爱甘水"等新品种。韩国一批高商品价值的梨新品种也不断与世人见面，如"黄金梨"、"甘川梨"、"秋黄梨"、"华山"、"晚秀"和"圆黄"等。

在栽培生产研究方面，各国进行了多种创新。在栽培模式上，为了使梨树整形修剪简单化，日本科技人员发明了类似葡萄独龙干形的棚架树形，改进了已有树形的缺陷。为了有效利用土地，欧洲一些国家实行超高密度栽培。在土肥水管理上，为了提高梨树对氮肥的吸收，美国技术人员提出少量多次施用氮肥方式，西班牙研究人员开发更有效氮肥，很多国家采用滴灌、微喷等技术在产量不变的情况下减少肥料使用量。在花果管理上，施用蜜蜂授粉、化学疏花疏果剂，同时根据各国的实际，推广不同类型的果园机械装备，以解决劳动力紧缺问题。欧美等国果园机械装备呈现大型化、多样化、系列化、智能化、液压驱动自动化等特点，并与农业信息技术相结合。日韩等国侧重中小型果园机械装备的研发，具有小巧、灵活、外形美观、操作方便的特点。目前国际上注重农机与农艺相结合、果树规范化栽培，采用"精确定量"的控制理念，制定最佳方案，提高效益。

在病虫害防控研究方面，国际上围绕病虫害的高效、安全防治要求，对梨树病虫原，侵害机理及梨树抗性机制开展了大量研究，并针对真菌性病害、细菌性病害、病毒病害及虫害研发出了多种综合防治方法。

在梨贮藏方面，发达国家已基本普及梨果采后冷藏和气调贮藏，并且有多种技术成果集中于梨果贮藏保鲜中。

在采后处理方面，分等分级成为梨果优质优价的前提。目前，利用现代化无损检测设备对梨进行分级精选，并施用果心褐变测试技术，由此成为国外先进梨生产国采后处理的便捷高效物流的必要方式。世界各国重点细化、改进目前已经相对成熟的 1 - MCP 采后处理技术流程。同时，功能性 MA 包装和现代气调技术逐渐被接受，以高气体通透性的保鲜膜最为欢迎，尤其是日、韩国家发明的功能性 MA 包装材料逐渐受到重视。

在梨的加工产品方面，果汁和罐头加工依然是梨加工的主流，并多以西洋梨的加工为主。梨干制和鲜切技术开始受到重视，目前世界先进的梨加工技术，包括超高压杀菌技术、酶技术、高效膨化技术、膜分离技术、发酵技术，已经在先进国家应用，值得我国参考借鉴。

二、政策分析

梨果优质优价的实现，除了分等分级技术，还需要高效的流通和组织创新。目前国际的梨果流通可以分为欧美模式和东亚模式。欧美模式的流通渠道较短，直销占较大比例，物流服务组织发达。东亚模式的流通渠道较长，批发市场占较大比例，物流服务组织不太发达。

从流通环节效率来看，欧美模式的流通环节少，效率更高。日本的农产品流通渠道复杂，主要包括各类批发市场、供货组织、中间批发商和零售组织等。以东京为例，水果流通过程表现为"生产者—上市团体（农协等）—批发商—中间批发商—零售店—消费者"，水果产品一般需要通过两级或两级以上批发渠道后，才能把水果产品转移到零售商手中。而美国平均78.5%的农产品是从产地经物流配送中心直接到零售商，车站批发商销量仅占20%左右。较高的直销比例客观上大大减少了流通环节，由此提高了流通效率、降低了流通成本。

从批发市场的运作情况来看，东亚模式的批发市场运作有较多政府烙印。美国的批发市场是蔬果协会按照市场发展的总体布局组织建立起来的。蔬果生产者、加工商、批发商、零售商、进出口商都是蔬果协会的会员。市场建设资金来自批发市场的批发商。批发市场的交易活动全部由批发商自己决定，进货对象、进货渠道、经营方式也都由批发商自由选择。而日本将农产品批发市场视为完善市场体系的基础设施，将中央批发市场作为地方政府的公益事业来建设。把谷物、大豆、饲料等耐储存、易规格化的农产品放在交易所或期货市场内交易，批发市场主要是用来交易蔬菜、果品、水产品等鲜活农产品。在批发市场运作规则上，政府对批发市场的运作制定了详细的规则。

从城市水果流通的角度来看，纽约和东京的批发市场经由率都处于较高水平，东亚模式的东京表现出更高的水平。东京的水果流通主要以"市场流通"为主，东京蔬果等的鲜活农产品经由批发市场流通的比率高达80%。在纽约，蔬果等农产品的车站批发市场经由率达61％，明显高于全美平均水平（20％），批发市场仍是纽约水果流通的主渠道。

两种模式都有交易方式多样化的特点。在纽约果品批发市场上，可以采用定时的对手交易，有时也采用电话预约方式交易，用户可按所需产品的种类、数量、质量标准，通过电话向批发商询价、订货，成交后由批发商送货。东京果品批发市场可采用拍卖、投标、预售、样品交易等多种交易方式，甚至同一产品两家机构同时拍卖。

因此，为了通过提高流动渠道来实现我国梨果的优质优价，下面对我国梨果流动渠道建设提出若干建议：加快农产品物流基础设施建设的投入；培育和壮大多样化的农产品流通主体；加大政策扶持力度，强化政府的宏观调控和管理工作；加快农产品流通的信息化建设；加快农产品物流标准化进程；规范市场的品牌建设。

三、市场竞争力分析

技术创新和流通体系创新是提高梨市场竞争力的两个主要手段。*World Pear Review* 报告在技术与流通创新的基础上设计了一套包含生产效率、产业基础设施与投入状况以及金融与市场状况三大类18项指标，对全球梨主要生产国竞争力做出了如下评价。

表 2 - 22　各国竞争力评价结果

强竞争力国家	中等竞争力国家	弱竞争力国家
智利	德国	西班牙
美国	南非	葡萄牙
奥地利	法国	墨西哥
比利时	英国	俄罗斯
荷兰	阿根廷	中国
意大利	土耳其	
新西兰	澳大利亚	
	日本	

从表 2 - 22 可以看出，智利、美国、意大利、荷兰和新西兰具有较强的市场竞争力，其中，智利是唯一一个发展中国家，智利的较强竞争力主要体现在产业基础设施和投入状况，其排名仅次于美国，当然，智利在生产效率和金融与市场状况方面也具有较强的竞争力。竞争力主要包括三部分：生产效率——产量的变

化、抛荒的比重、种植密度、单产；产业基础设施与投入状况——库存量，包装设备，市场系统有效性，土地、劳动力、资本等可获性以及投入；金融与市场状况——利率水平、通货膨胀、汇率、知识产权保护、质量控制、出口价格与距离。

土耳其、南非和阿根廷的梨具有中等竞争力，其竞争力主要归因于较高的生产率，根据 *World Pear Review* 估算结果，阿根廷梨的生产效率全球排名第一，阿根廷梨生产效率的提升一方面得益于生产技术的进步，另一方面得益于国内较好的自然资源条件。作为欧洲的发达国家，西班牙梨竞争力较弱，从三项指标来看，西班牙梨生产效率类得分最低，是西班牙提升梨竞争力的短板，产业基础设施和投入状况得分相对较低，金融和市场状况得分相对较高。

中国作为世界梨第一生产大国并不具有市场竞争力。中国政府也在努力提升梨的竞争力，使其与梨第一生产大国的地位相匹配。但是，由于中国梨主要由数以万计的小规模农户在经营，组织化程度相对较低，新技术的普及率也不高。这也是未来中国梨产业提升竞争力所要重点考虑的问题。

第三章 中国梨产业发展状况

第一节 中国梨产业发展的历史回顾

一、我国主要梨品种概况

梨是我国传统的优势果树。由于经济价值、营养保健价值高及鲜食、加工多种用途，深受生产者和消费者欢迎。梨适应性强，结果早，丰产性强，经济寿命长，在我国栽培范围极广，在促进农村经济发展和增加农民收入方面发挥着重要作用。我国诸多梨产区，把梨果业作为农业产业结构调整的支柱产业，在振兴农村经济中做出了突出贡献。

我国幅员辽阔，南北横跨几个气候带，在复杂多样的气候条件下（陈尚漠等，1988），经世代繁衍，形成了适合于不同自然条件的多样化品种类群，产生了不少珍贵的梨树品种（王会昌，1992）。世界上梨属植物约有 30 多种，分布于我国的就有 13 种。曹玉芬（2014）对中国梨品种给予了详细介绍。当前我国栽培的梨树品种绝大部分属于白梨、砂梨、秋子梨、新疆梨、西洋梨五种，其中白梨、砂梨、秋子梨、新疆梨四种原产于我国（张绍龄，2013）。

1. 常见的五个梨品种

白梨系统的品种在我国栽培表现最好，可以与世界各地的优良品种相媲美。大多数品种果实较大，果皮黄色或黄绿色，果实多为长圆、卵圆、倒卵形，多数品种的萼片脱落。果肉脆甜、汁多，石细胞少，有香味，不经过后熟即可食用。果实一般耐贮藏。喜干燥冷凉气候，抗寒性比秋子梨差，比砂梨强，抗旱性较强。主要栽培地区有辽宁的东部和西部，河北、山东、山西等省，西北各地栽培面积也逐年增多（胡昌炽，1937）。

砂梨系统中大多数品种果实呈长圆形、扁圆形或近似圆形，成熟时果皮褐色，少数是黄绿色。萼片多数是脱落的，少数宿存，果肉脆，多汁，味淡甜，无香味，不经后熟即可食用。多数品种果实贮藏性不如白梨系统，体现果树生理变化特点（曾骧，1992）。砂梨主要栽培地区分布在长江流域和淮河流域，华北、东北地区也有栽培，喜温暖潮湿气候，抗寒能力较白梨系统差（藤崴等，1997）。

秋子梨系统中多数品种的果实呈圆形或扁圆形，果个较小，果皮黄绿色或黄色，萼片宿存（黄卫东等，1994）。采收时果肉硬，石细胞多，有的品种果肉还有涩味。多数品种果实必须经过存放后熟方能食用。经后熟的果实，肉变软，甜味增加，酸甜适口，香味浓郁，有些品种果实可以冷冻，冻后的果肉软化，变成黑褐色，酸甜风味好。少数梨果品种在采收时即可食用。秋子梨系统的品种抗寒力很强，风土适应性也很强，是寒冷地区栽培发展的梨品种。主要分布在东北、西北、华北地区的寒冷地带。多数品种的果实不耐贮藏（藤崴等，1997）。

新疆梨种植于我国新疆、甘肃等地区，主栽品种包括库尔勒香梨和兰州长把。库尔勒香梨是新疆南部古老地方品种，其叶片卵圆形，先端尖，基部楔形或圆形，叶面两侧微向上卷，主干灰褐色，纵裂。果实中等大，呈倒卵圆形或纺锤形。兰州长把主要分布在甘肃兰州、张掖一带，其叶片卵圆形，先端渐尖，基部圆形，叶面光滑，果实小，果皮绿黄色，较厚而韧，果点极少（张绍龄，2013）。

西洋梨原产欧洲，引入我国的西洋梨栽培面积很少，我国自己培育的品种也不多，主要分布在渤海湾、黄河故道和西北地区。西洋梨中多数品种果实是葫芦形或倒卵形、黄色或黄绿色，萼片宿存，果梗粗短，果实经过后熟，肉变软方能食用，风味变佳。果实不耐贮运，开始结果早，但植株寿命短、抗寒性较弱。

2. 各地的优良品种

全国栽培的梨品种估计在 1500 个以上。由于气候环境不同，在长期的栽培过程中各地形成了不同特色的地方优良品种，如北京的京白梨，河北的鸭梨、雪花梨、秋白梨，山东的莱阳茌梨、栖霞大香水梨、黄县长把，辽宁的南果梨、小香水梨、福安尖把梨，山西的万荣金梨、高平大黄梨，安徽的砀山酥梨、紫酥梨、马蹄黄梨、歙县金花早梨，新疆的库尔勒香梨、雪城冬黄梨，吉林的延边苹果梨、谢花甜梨，青海的酥木梨、贵德甜梨，河南的孟津天生伏梨，陕西的吴堡青梨，四川的金川金花梨、崇化大梨、苍溪雪梨，甘肃兰州的小冬果梨、大冬果梨，贵州威宁的大黄梨、兴义海子梨，福建古田的花皮梨、屏南六月雪梨，浙江义乌的早三花梨、严州雪梨，广西灌阳的雪梨，云南呈贡的宝珠梨、富源黄梨，江西上饶的细花麻壳梨等。20 世纪 80 年代后各地新发掘出来并推广栽培的梨品种有山东宝山酥梨，湖北金秋梨，云南兰坪依主梨、云龙麦地湾梨、漾濞玉香梨、巍山红雪梨、云红梨 1 号等。上述这些品种，以河北鸭梨、雪花梨，安徽砀山酥梨，四川金花梨，新疆库尔勒香梨等栽培面积最大、产量最多、声誉最高。

3. 各地新育成的品种

新中国成立后，国内有关科研院所和大专院校采用杂交方法育成、用于生产的梨优良新品种有：中国农业科学院果树研究所育成的早酥（苹果梨×身不知）、锦丰（苹果梨×茌梨）、锦香（苹果梨×谢花甜梨）、华酥（早酥×八云）、向阳红（京白梨×西洋梨）；中国农业科学院郑州果树研究所育成的中梨1号（又名绿宝石，新世纪×早酥）、中梨2号（新世纪×雪花梨）、七月酥（幸水×早酥）、八月酥（大香水×鸭梨）、早美酥（新世纪×早酥）、金星（大香水×兴隆麻梨）、美人酥（幸水×火把梨）、满天红（幸水×火把梨）、红酥脆（幸水×火把梨）、红香酥（库尔勒香梨×雪花梨）；河北省农业科学院石家庄果树研究所育成的黄冠（雪花梨×新世纪）、早冠（鸭梨×青云）、早魁（雪花梨×黄花）；湖北省农业科学院果树茶叶研究所育成的金水1号（长十郎×江岛）/金水2号（长十郎×江岛）/鄂梨1号（伏梨×金水酥）、鄂梨2号［中香×（伏梨×启发）］、金水酥（金水2号×兴隆麻梨）；浙江省农业科学院园艺研究所育成的翠冠［幸水×（杭青×新世纪）］、清香（新世纪×早三花）、翠绿（杭青×新世纪）；浙江农业大学育成的黄花（黄蜜×三花）、青云（八云×二十世纪）、西子绿（新世纪×翠云）、新杭（新世纪×杭青）、雪青（雪花梨×新世纪）、新雅（新世纪×鸭梨）；陕西省农业科学院果树研究所育成的秦酥（砀山酥梨×长把梨）、早酥蜜（新世纪×太白）、八月红（早巴梨×早酥）；山西省农业科学院果树研究所育成的晋酥（鸭梨×金梨）、玉露香（库尔勒香梨×雪花梨）、硕丰（苹果梨×砀山酥梨）；黑龙江省农业科学院园艺分院育成的红金秋（大香水×苹果梨）、龙园洋梨（龙香梨×混合花粉）、伏香梨（龙香梨×混合花粉）；塔里木农业大学育成的新梨1号（库尔勒香梨×早酥）、新梨7号（库尔勒香梨×砀山酥梨）；吉林省农业科学院果树研究所育成的大茌梨（大梨×茌梨）、苹香梨（苹果梨×谢花甜）、寒红梨（南果梨×晋酥）；辽宁省农业科学院果树研究所育成的早金梨（早酥×金水梨）；甘肃省农业科学院果树研究所育成的甘梨早（四百目×早酥）；四川省成都市龙泉驿果树研究所育成的龙泉酥（翠伏×崇化大梨）；黑龙江友谊农场育成的友谊1号（鸭蛋香×大梨）；云南省林业科学研究院广南研究站育成的云岭早香梨（丰水×广南小雀梨）等。这些品种中，推广区域较广、栽培面积较大、在市场和消费者中声誉较高的为翠冠、黄花、早酥、中梨1号和雪青等。

4. 国外引进的品种

洋梨系中，表现较好的有法国伏茄梨、三季梨，英国巴梨（又名香蕉梨），甘肃省武威地区农业科学研究所从巴梨实生苗中选出的武巴梨、美国茄梨、比利时日面红梨等。

日本梨，主要有二十世纪、博多青、吾妻锦、二宫白、菊水、幸水、丰水、新水、南水、爱甘水、江岛、长十郎、新世纪、明月、湘南、今村秋、金二十世纪、爱宕、南月和新高等。韩国梨，主要有黄金梨、圆黄、早黄金、大果水晶、秋黄梨和甘泉等。

日、韩梨具有适应性广，树冠较矮小紧凑，成枝力强，适于密植等特点，成花易，结果早，着果率高，丰产性好，缺点是果实不耐贮藏。栽培上应加强肥水管理和疏花疏果，不然树势易早衰，果实个头小。

二、我国梨产业发展历史

梨是人类最早栽培的果树之一，我国古代人称为"果宗"，意思就是所有水果的祖宗。梨还有玉乳、蜜父、快果等名称，自古以来梨以品质好、产量高、品味极佳而见珍于世。一般认为梨的原种（Stock Species）起源于第三纪的我国西部或西南部的山区（Rubtsov，1944）。在以采集、渔猎经济为主的原始社会，某些树木的果实已是人类赖以生存的食物来源之一。中国的一些新石器时代遗址中就有果实、果核出土。梨的栽培在原始农业诞生之初，经历了对野生梨驯化、培育和选择的过程，人们将野生梨果直接食用后，把吃剩下的种子丢在住处周围，当这些种子能够长出植株时，驯化这一历史过程就开始了（张宇和，1982）。梨树在我国有着悠久的栽培历史，在《庄子》一书中就有"三皇帝之礼义法度不同，譬其犹楂、梨、桔、柚，其味相反而皆于口"的记载。古籍《韩非子》、《吕氏春秋》、《周礼》以及《尔雅》等也都记载了梨树方面的情况。公元前10世纪前后，我国著名的诗歌集《诗经·召南》篇中，有"蔽芾甘棠，勿剪勿伐，召伯所茇"；《诗经·晨风》中也有关于树檖的记载。陈启源注释："召之甘棠，秦之树檖，皆野梨也"（辛树帜，1983）。由此根据文献记载分析，梨树在我国已有3000多年的栽培历史（周振鹤，1997；赵志军，2005）。近代在陕西岐山县发现了保存完好的"召伯甘棠"石碑，如果确实是召伯所种植，则当地种植梨树的历史至少已经3000多年了。

早在2000年前，当时的黄河流域各地如山东、河南的北部、河北南部以及淮河流域梨树栽培已很兴盛，梨在农业经济中就占有重要的地位，公元前1世纪司马迁（公元前145～公元前85）在《史记·货殖列传》的记载中有"千树梨，其人与千户侯等"。把拥有上千棵梨树与当时的千户侯相提并论，可见当时梨树的种植规模和产量之高了。到3世纪末，郭义恭的《广志》记载了"河南洛阳北邙山"、陕西"弘农、京兆"等地盛产品质优良的梨果，并作为御用果品，可见秦汉时期梨树得到大量种植，形成了一定规模。在《史记》、《广志》、《三秦记》和《花镜》等古籍中，记载了我国许多地方优良品种，如蜜梨、红梨、白梨、鹅梨等，有的沿用至今。

西汉时期长江流域已经开始栽培梨树，1972 年在湖南长沙马王堆汉墓中，发掘出距今 2100 年的梨核及一些关于梨的竹简史料。此外，《山海经》、《湖北荆州土地志》中也有"江陵有名梨"的记载。公元 630 年唐代高僧玄奘在《大唐西域记》中记载了我国梨传入印度的情景，公元 1 世纪左右，印度斯奇特国王伽尼色加很有声望，甘肃一带的族人经常到印度经商，带去丝绸制品和蔬菜瓜果，伽尼色加十分高兴，让他们住在华丽的房舍，待以丰盛的食品，中国人在那里种上自己带去的蔬菜和果树，其中就有盛产我国西北的梨树，数年之后，梨树开花结果，硕大美味的梨果受到印度人民的赞誉，于是国王将中国人居住的地方称为"至那仆底"，意思就是"中国之地"，并把梨树称为"至那罗阇弗亚逻"，意思就是"汉王子"，这个故事至今在印度旁遮普省东部一带流传，同时也表明，在甘肃西北地区距今 2000 多年就有梨树种植了。近年来伴随考古工作的新进展，在新疆吐鲁番盆地发掘出公元 557 年左右的唐代墓葬，发现了梨干遗物以及一些关于梨的竹简史料，这些史料证明，新疆也是梨树的原产地之一。公元 9 世纪《云南记》中，记载云南等地有梨、桃、杏等水果。公元 12 世纪梁克家撰写的《三山志》中，记载了福建栽培梨树和各种梨树品种，南宋王安石《送李宣叔卒漳州诗》中，也有"焦黄荔子丹，又胜祖梨酢"，表明梨果在福建也很早种植并受到广大人民的欢迎（佟屏亚，1983）。

关于梨树栽培技术，早在 1400 多年前即已达到比较发达的程度。后魏贾思勰在《齐民要术》中对梨树嫁接、栽植、采收、贮藏等均有较详尽的记载，充分说明我国古代对栽培技术的重视和其达到的水平。

我国栽培的西洋梨原产于地中海沿岸至小亚细亚的亚热带地区，1870 年左右，美国传教士倪氏自美国将西洋梨带入山东烟台之后，在各地得到传播种植，由于我国气候、品种适应性和市场等原因，至今尚未广泛形成规模栽培。

抗日战争和解放战争期间，梨树生产遭到毁灭性的破坏，果园不整，树势衰弱，产量大为降低。新中国成立后，党和政府加强了对果树生产的领导，并且在各重点梨产区建立了示范园，从技术上和经济上对农户给予了大力支持。梨树生产得到了迅速恢复和提高。仅用四五年的时间，梨树生产就超过了解放前的最高水平。

自新中国成立至今，果树生产的发展变化特征是：树冠由大变小，栽植密度由大变小，由追求高产到高产稳产再到优质丰产，修剪技术由粗到细再到简化，栽培品种由相对单一到多样化。变化历程大致可分为以下三个阶段：

1949～1978 年，这一阶段是梨树生产追求产量阶段。由于市场梨果供不应求，产量成为效益的代名词。梨树种植面积、梨产量由 1952 年的 150 万亩、40

万吨发展到 1978 年的 460 多万亩、160 多万吨,梨单产由每亩 267 公斤提高到 351 公斤;生产重点推广应用技术为整形修剪技术、人工辅助授粉技术、梨园丰产施肥技术、病虫害防治技术等,实现了梨园低产变高产。

1979~2000 年,这一阶段是梨树生产追求高产稳产阶段。梨树面积突破 1500 万亩,梨产量突破 850 万吨,分别比 1979 年增长了 2.2 倍和 4.5 倍,单产由 1979 年的每亩 320 公斤提高到 2000 年的 553 公斤;生产重点推广应用技术为树体改造技术、乔砧密植技术、幼树早果丰产技术、精细修剪技术、人工辅助授粉和疏花疏果技术等。

2000 年至今,这一阶段是梨树生产追求优质丰产阶段。由于该阶段产量的大幅提升,出现了梨果供应的相对过剩,梨树生产由产量型向质量效益型转变。2012 年为 1705 万亩,产量大幅度增长,达到 1627 万吨,梨单产由 2000 年的 553 公斤/亩提高到 2012 年的 954 公斤/亩。重点推广的技术为树体改造技术、大树高接技术、果实套袋技术、配方施肥技术、省力化栽培技术。

按产量看,梨是继苹果、柑橘之后我国的第三大水果。图 3-1 中显示:改革开放以来我国梨产量增长迅速,从 1978 年的 151.7 万吨增加到 2012 年的 1707.3 万吨,年平均增长率为 9.6% 左右。从 1991 年以来的梨产量年增长率变化来看,1991~1998 年是我国梨产业的快速扩张期,年增长率都在 10% 以上,其中,1993~1994 年的梨产量年增长率高达 25.7%;1998 年之后,梨产业进入温和增长期,年增长率在 4%~9%,尤其是 2008~2011 年,我国梨产量年增长率波动很小,在 5% 左右。

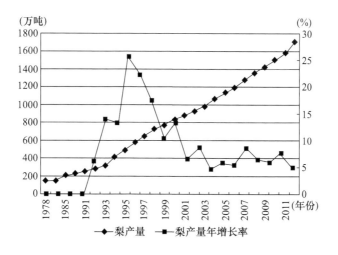

图 3-1 1978~2012 年我国梨产量及年增长率

数据来源:《中国统计年鉴》。

总体上说，我国梨产业现正处于由粗放经营向集约经营转变的过程中，但地区间发展不平衡，差异较大。

第二节 我国梨产业生产状况与区域布局

一、我国梨产业生产状况

近30年来，我国梨产业发展总体上呈现出逐年稳步上升态势，根据2012年FAO的数据，梨种植面积由1980年的30.7万公顷增加到2012年的113.7万公顷（见图3-2），占世界梨树总面积的70.04%，年均增长率为4.86%，增幅37%左右。2012年，我国梨产量为1626.6万吨，占世界梨产量的68.98%，梨的单产水平也由1980年的5.16吨/公顷增加到2012年的14.3吨/公顷，接近14.5吨/公顷的世界平均水平。

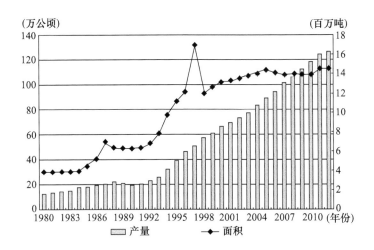

图3-2 1980~2012年我国梨面积和产量变动趋势

数据来源：联合国粮农组织（FAO）。

就产量而言，2012年排名前十的省份依次为河北（445.1万吨）、辽宁（154.7万吨）、山东（119.1万吨）、安徽（106.9万吨）、河南（104.4万吨）、四川（96万吨）、新疆（95万吨）、陕西（89.7万吨）、江苏（74.8万吨）、山西（66.4万吨）。就种植面积而言，2011年排名前十的省份依次为河北（19.34

万公顷）、辽宁（9.88 万公顷）、四川（8.19 万公顷）、新疆（6.99 万公顷）、河南（4.96 万公顷）、陕西（4.92 万公顷）、云南（4.89 万公顷）、湖北（4.88 万吨）、贵州（4.54 万公顷）、山东（4.38 万公顷）〔数据来源：《中国农业统计年鉴》（2012，2013）〕。其中，河北省的种植规模和出口量具有明显优势。近年来，南方早熟梨因其较高的经济效益呈现良好的发展势头。与此同时，梨种植面积在 1997 年达到顶峰，为 131.76 万公顷，之后有所回落，说明我国梨生产已经开始逐步进行调整，由重视数量规模向强调品质效益转变，由粗放式外延性扩张道路转向以稳定面积、提高单产为主的发展道路。

梨作为我国传统的出口创汇果品，加入 WTO 后出口范围和出口量均呈现明显增长趋势。出口量由 2000 年的 14.8 万吨增至 2013 年的 45 万吨，出口国家和地区由东南亚国家和中国港澳地区，拓展到美国、加拿大、澳大利亚、中东和其他欧洲市场。年出口量居世界第 1 位，但出口量占生产总量的比例相对较小。出口品种主要为鸭梨、酥梨和库尔勒香梨。近年来，我国引种的日本、韩国梨和国内培育的新品种如黄冠、中梨 1 号、红香酥等出口量逐年增加。河北省梨出口量最多，每年 21 万 ~24 万吨，占全国梨出口总量的 40% ~45%，其次为山东、陕西等地。

我国梨树资源丰富，而梨树对气候和土壤的适应性又强，因此它一向是我国南北各地区栽培最为普遍的果树，北起黑龙江，南至广东，西自新疆维吾尔自治区，东至海滨，几乎到处都有梨树栽培。其栽培范围之广，为其他各种果树所不及。又因梨树对栽培管理条件要求较低，而产量较高，因此，新中国成立以来我国梨果产业一直在不断发展。表 3-1 是 2012 年我国各省份的梨产量数据，可以看出：我国梨种植范围很广，除了海南省，其余省市自治区都有一定的规模。从各大区域来看，华北地区梨产量最高，达 538.9 万吨；其次是华东地区，为 378.4 万吨；其余几大地区的产量除了东北地区为 169.7 万吨，产量较低外，剩下的都比较接近，在 190 万 ~220 万吨。从各省份来看，河北省梨产量最高，为 445.1 万吨；其次是辽宁、山东、安徽、河南，都在 100 万吨以上；广东、内蒙古、黑龙江、上海、天津、宁夏、青海、西藏等省份的产量较少，都在 10 万吨以下。

表 3-1　2012 年我国各省份梨产量　　　　　　　单位：万吨

省份	产量	省份	产量	省份	产量
北 京	16.3	上 海	3.7	辽 宁	154.7
天 津	3.6	江 苏	74.8	吉 林	11.3
河 北	445.1	浙 江	39.1	黑龙江	3.7
山 西	66.4	安 徽	106.9		

省份	产量	省份	产量	省份	产量
内蒙古	7.5	福 建	20.6		
		江 西	14.1		
		山 东	119.2		
华北合计	538.9	华东合计	378.4	东北合计	169.7

省份	产量	省份	产量	省份	产量
河 南	104.4	重 庆	34.1	陕 西	89.7
湖 北	53.6	四 川	96.0	甘 肃	33.3
湖 南	15.4	贵 州	21.7	青 海	0.5
广 东	7 8	云 南	41.6	宁 夏	1.4
广 西	25.8	西 藏	0.1	新 疆	95.0
海 南					
华中华南合计	207	西南合计	193.5	西北合计	219.9

数据来源:《中国统计年鉴》(2013)。

二、我国梨产业区域布局

(一) 我国梨树的分布

根据《中国果树志》第三卷(梨)和我国梨的分布实况,主要划分为七个产梨区。

寒地梨区:主要是沈阳以北、呼和浩特以东的内蒙古地区,实际上齐齐哈尔以北已很少有梨的分布。本区主要是冬季低温,易发生冻害。本区年均气温为0.5~7.3℃,冬季绝对低温 -45.2 ~ -25℃,年降水量 400~729mm,无霜期 125~150 天。秋子梨宜干燥寒冷的气候,能耐 -35 ~ -30℃,只有局部地区可以栽培,此外,苹果梨、明月、青皮梨及砂梨、白梨中较耐寒的品种在本区栽培较为广泛。

干寒梨区:主要是内蒙古西南、甘肃、陕北、宁夏、青海西南及新疆等地,相当于我国 250mm 雨量的等雨线地区。年均气温 6.9 ~ 10.8℃,降水量均在400mm 以内,无霜期 125 ~ 150 天。本区气温虽比寒地梨区略高,但干寒并行,而且以旱为主导,易造成冻害与抽条。这里季节变化与昼夜温差都很大,日照充足,对梨树营养物质的积累、品质色泽发育都很有利,所以果品品质很高,如砀山酥梨。本区主栽秋子梨、白梨和部分西洋梨,是很有发展前景的梨商品基地,鸭梨、茌梨、苹果梨、抗性较强的一些日本梨品种和巴梨,在有灌溉条件的地区都生长良好。冬果梨、库尔勒香梨等原著名品种，在大力栽树种草及引雪山水、开发黄河工程中可大量发展。

温带梨区：为我国的主要梨区，产量占全国梨总产量的 70%。主要是淮河秦岭以北，寒地梨区以南，干寒梨区东南的大片地区，本区年均气温 10～25℃，绝对低温 -29.5～ -15℃，年降水量 319.6～860mm，无霜期 200 天左右，著名的鸭梨、雪花梨、茌梨、酥梨、秋白梨、红梨、蜜梨等均原产本区。该区向西与干寒地区气候相近，向北与寒地梨区相近，向南与暖温梨区相近。

暖温带梨区：主要是长江流域、钱塘江流域，包括上饶以北、福建西北部地区。年均气温 15～18.6℃，绝对气温 -5.9～ -13.8℃，年降水量 685.5～1320.6mm，大多在 1000mm 左右，无霜期 250～300 天。本区气候温暖多雨，为我国砂梨、日本梨的主产区，白梨也有栽培。著名的有严州雪梨、细花麻壳、半男女梨等品种。该区现已成为日本梨主要产区。

热带和亚热带梨区：主要是闽南、赣南、湘南以南地区。年平均气温 17～20℃，亚热带梨区最低气温为 -4℃，热带地区全年无霜，年降水量在 1500～2100mm。本区多雨、炎热潮湿，白梨很少，主栽砂梨。热带可见梨树周年生长，四季开花结果，但仍以立春开花、立秋前采收为主。著名的淡水红梨、灌阳雪梨、早禾梨等产于本区。日本梨栽培亦多。

云贵高原梨区：主要是云、贵及四川西部、大小金川以南地区，海拔 1300～1600m 的高山地带，因海拔较高的影响，成为温带落叶果树分布地带。这里雨量多，气候温凉，栽培品种以砂梨为主，有少数白梨和川梨品种。著名的有宝珠梨、威宁黄梨、金川雪梨等。

青藏高原梨区：主要以西藏为主，包括青海西南高原地区。多数地区海拔在 4000m 以上，气候寒冷，春迟冬早，梨 4 月萌动，10 月即被迫休眠。生长期 200 天左右，砂梨、白梨都可生长。而在拉萨以东的雅鲁藏布江地带，气候较好，解放后大量引入鸭梨、茌梨、酥梨、苹果梨及日本梨品种。

目前，我国已形成了多个以名优品种为特色的栽培区，如河北中南部鸭梨、雪花梨栽培区；山东胶东半岛茌梨、长把梨、栖霞大香水梨栽培区；黄河故道及陕西乾县、礼泉、眉县酥梨栽培区；辽西秋白梨、小香水等秋子梨栽培区；长江中下游早酥、黄花、金川雪梨栽培区；四川金川、苍溪等地金花、金川雪梨、苍溪雪梨栽培区；新疆库尔勒、喀什等地库尔勒香梨栽培区；吉林延边、甘肃河西走廊苹果梨栽培区等。

（二）优势产区布局

1. 华北白梨优势区

该区域主要包括冀中平原、黄河故道及鲁西北平原，是我国晚熟梨的最大商品生产区，重点包括河北的泊头、赵县、定州、晋州、深州、辛集、曲阳、藁城，山东的阳信，河南的宁陵、西华，安徽的砀山、萧县，以及江苏的丰县、铜山、睢宁等。本区为我国梨传统主产区，梨产量和出口量分别占全国的50%和60%左右。

本区属温带季风气候，介于南方温湿气候和北方干冷气候之间，光照条件好，热量充足，降水适度，昼夜温差较大。本区科研、推广力量雄厚，梨的栽培和整体管理水平较高。同时，本区具有较多出口和加工企业，产业发展基础较好。存在的主要问题是，梨品种单一且退化严重，鸭梨、砀山酥梨、雪花梨比例过大，存在品种结构不合理问题，果品整体质量水平不高。

2. 长江中下游砂梨优势区

该区域主要是指长江中下游及其支流的沿岸地区，包括四川盆地、湖北汉江流域、浙江中北部地区等，重点包括四川的龙泉驿、新津、苍溪，湖北的老河口、枝江、钟祥，浙江的桐庐、松阳等。该区梨收获面积和产量均占全国的20%左右。

本区是我国南方砂梨的集中产区，气候温暖湿润、有效积温高、雨水充沛、土层深厚肥沃，同一品种的成熟期较北方产区提前20~40天，季节差价优势明显，具有较好的市场需求和发展潜力。

3. 西北白梨优势区

本区主要包括山西晋南地区、陕西黄土高原、甘肃陇东，重点包括陕西的礼泉、延长、彬县、浦城、洋县，山西运城市盐湖区、芮城，甘肃的景泰等。该区梨收获面积和产量分别占全国的近20%和16%。

本区海拔较高，光热资源丰富，气候干燥，昼夜温差大，病虫害少，土壤深厚、疏松，易出产优质果品；生产规模大且集中连片，具有进一步发展的潜力。

4. 辽中、辽西秋子梨优势点

本点主要包括辽宁中南部和辽西地区，重点包括辽阳、海城、建昌、绥中4个县（市）。南果梨为该区独有品种，面积、产量分别占辽宁省梨面积、产量的30%和25%。该区梨的品种独特、色泽艳丽、风味较好，适宜加工，加之产品价位较低（3.0元/公斤），并有一定的竞争能力。

5. 新疆香梨、云南红梨和胶东西洋梨优势点

该点主要包括新疆库尔勒和阿克苏、云南泸西和安宁、山东烟台等地，三个优势点均为特色梨果产地。新疆香梨为我国独特的优质梨品种，栽培历史悠久，国内外知名度较高，为主要出口产品；云南红梨颜色鲜艳、成熟期较早、风味独特、货架寿命长，出口潜力大；山东西洋梨肉质细腻、柔软、多汁、香甜可口，在未来市场竞争中具有较强的优势。

（三）梨生产布局变迁

从时间序列角度看，我国梨产区慢慢由渤海湾等传统梨产区向西北地区、长江中下游及云贵地区集中，梨生产布局逐步开始调整。传统梨产区的河北，其综合比较优势尽管高于其他地区，但呈现缓慢下降趋势；陕西、新疆、河南的综合优势指数逐年不断上升；同时江苏、安徽、四川、云南等长江中下游及云贵地区的综合指数不断上升。近 20 年来，山西、浙江、安徽、四川、陕西、新疆的综合比较优势上升很快，跨入具有较强综合比较优势行列；福建、河南、广西的综合比较优势也都跨入 AAI > 0.5 的行列。

表 3 - 2　1990 年和 2010 年梨生产综合比较优势区域差异分析

	处于较强综合比较优势区域（AAI > 1）	处于较弱综合比较劣势区域（0.5 < AAI < 1）	处于明显综合比较劣势区域（AAI < 0.5）
1990 年	6 个 北京、河北、辽宁、山东、云南、甘肃	13 个 天津、山西、吉林、上海、江苏、安徽、湖北、四川、贵州、陕西、青海、宁夏、新疆	9 个 内蒙古、黑龙江、浙江、福建、江西、河南、湖南、广东、广西
2010 年	11 个 北京、河北、辽宁、山东、山西、甘肃、浙江、安徽、四川、陕西、新疆	11 个 天津、吉林、上海、江苏、湖北、福建、贵州、河南、广西、云南、宁夏	6 个 内蒙古、黑龙江、江西、湖南、广东、青海

我国梨优势区呈现出往长江流域、西北地区转移趋势。从行政层面上看，四川、新疆和云南等地梨栽培面积不断上升，四川梨种植面积从 1998 年开始一直呈现增长趋势，由 1998 年的 11.6 千公顷增加到 2010 年的 82.7 千公顷，年均增长率为 16.31%，新疆梨栽培面积由 1980 年的 13.7 千公顷增加到 2010 年的 68.8 千公顷，年均增长率为 5.34%；河北省梨种植面积则逐年开始下降，由 1996 年的 233.7 千公顷下降到 2010 年的 189.2 千公顷。同时，据农业部 2012 年初步统计，我国梨栽培面积最大的五省分别为河北、辽宁、四川、新疆和云南；河南、安徽、陕西和新疆等地梨产量也不断上升，这五个省的梨果产量占到当年全国总产量的近 40%；山东、北京和天津等地梨种植面积尽管有一定变化，但变动不大，甚至呈现缓慢下降的趋势。

从图 3 - 3 可以看出，渤海湾地区梨种植面积从 1997 年开始逐渐下降，长江流域及西北地区梨种植面积逐年不断上升，特别是长江流域具有强劲的发展势头。1990 ~ 2010 年，梨种植面积由 12.31 万公顷上升到 42.54 万公顷，增长近

3.46 倍，年均增长率为 6.08%，占全国梨种植面积的比例由 25.11% 上升到 39.13%。西北地区由于得天独厚的自然环境条件，梨种植面积由 10.10 万公顷 增加到 23.86 万公顷；而渤海湾地区由于受自然及社会经济条件等因素的制约，梨种植面积由最高的 42.68 万公顷下降到 34.30 万公顷。现实数据表明，我国梨生产正由集中走向分散，由传统优势区向长江流域及西北地区转移的生产区域布局。

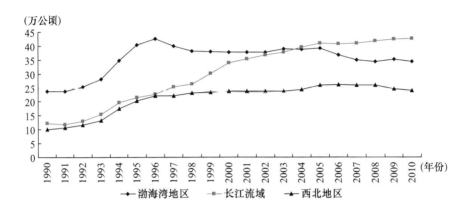

图 3－3　1990～2010 年我国区域梨种植面积变化趋势

数据来源：《中国农业年鉴》（1990～2010）计算整理得出。

第三节　我国梨产业加工状况

一、国内外梨加工现状

梨是我国三大水果之一，含有丰富的营养物质及独特的风味，梨果及其加工品还具有助消化、润肺止咳、退热解毒、利尿润便等良好的保健作用。随着果品加工技术和对外贸易的发展，鲜果及其加工品的市场需求增加，尤其是外贸出口对果品深加工品的需求增加。

全球梨的加工主要集中在北半球，加工比重为世界梨总产量的 10%，主要生产梨罐头，其次为梨浓缩汁、梨酱、梨酒、梨醋，还有少量的梨保健饮料、梨夹心饼、蜜饯及梨丁等。西洋梨的巴梨是最主要的罐藏与鲜食兼用品种，其次为康富伦斯（Conference）。日本梨主要是鲜食，兼用于加工的品种有二十世纪、长十郎、独逸等；我国白梨、砂梨的主栽品种适合于鲜食，秋子梨的一些品种具有鲜食加工兼用的优点。全球 90% 的梨浓缩汁来自美国和阿根廷，因其能保持西洋梨原有风味、营养，深受欢迎。国外果品加工企业很多，其中兼营加工梨的企业主要有美国的 The Coca - Cola Company、The National Research Corporation (NRC)、MUIRHEAD Canning Company、Georgia Fruit Cake Company，英国的 The New England Baklava Company，澳大利亚的 Apple & Pear Australia Limited (APAL)，土耳其的 Oguzcan Fruit Company，日本的鸟取食品工业有限公司等。

根据全国梨重点区域发展规划（2009~2015 年），到 2015 年，我国梨果品分级、清理、包装、贮藏等采后商品化处理率提高到 30%，产品加工率提高到 8%。梨加工业是梨产业面向市场的重要后续阶段，与农民关系密切，对推动梨产业化作用巨大，对全面调整梨产业结构、提高梨产业整体效益，增加果农收入和增强中国梨产业的国际竞争力具有积极的促进作用。

我国梨加工业起步较晚，滞后于栽培业发展。由于受经济和技术多方面原因的影响，产业发展不均衡现象十分突出，目前我国 90% 以上的梨是鲜食品种，缺少加工品种；同时，我国梨加工水平低，加工产品少。梨浓缩汁和梨罐头依然是最主要的梨加工品，其他如梨干、梨脯、梨膏、梨蜜饯、梨酒与梨醋，生产规模很小。由于原料性能和品质不专一、加工技术水平不高、加工品种有限、综合利用率低等问题，造成国际市场竞争力不高，资源浪费严重，不利于产业的可持续发展。

近些年来，我国梨加工业发展步伐加快，梨利用率得到了提高，梨加工产品出口呈增长趋势。梨浓缩汁在国内外市场比较受欢迎，其在国际市场上的价位较高，如美国东部报价 730~900 美元/吨，苹果浓缩汁只有 650 美元/吨，因而梨浓缩汁生产线不断增加，产量也不断提高。除此之外，梨清汁、浊汁也有生产。梨罐头也是出口梨加工产品之一，根据联合国商品贸易数据库资料表明，我国是全球第一大梨罐头出口国。近 5 年我国梨罐头的出口市场变化不大，市场数量基本维持在 70 个左右，年出口量维持在 5.40 万~6.30 万吨，出口价格存在不同幅度上涨。出口量在 1000 吨以上的国家主要有美国、泰国、德国、希腊、西班牙等。

二、我国梨加工业布局状况

目前，我国梨加工产业集群和基地建设逐步向布局集中、产业集聚的方向发展。特色梨加工区域化显著，逐步形成优势产业带。面向国际市场，建设绿色优质梨生产基地，重点发展优质梨加工基地。

梨汁。目前，我国的浓缩梨汁加工占有非常明显的优势，形成了非常明显的浓缩梨汁加工带。另外，正逐步形成高端产品与低端产品、半成品与终端产品、出口与内销产品共存的产品结构布局。

脱水梨品。目前我国的脱水梨品加工主要分布在梨主产区，重点在东部沿海出口基地进行加工业布局。在梨主产地及沿海贸易发达地区，脱水梨品产业发展迅速。一些新的脱水产品相继出现，例如梨脆片，最近几年很受市场欢迎，产业日益扩大。同时向西部地区发展，形成"优势品种、优势产区加工"的"双优"布局。

梨罐头。我国梨罐头继续走向优化区域布局和调整品种结构的发展之路，立足区域布局和产品布局，考虑原料基地和产品市场两大因素，进行企业的合理布局。各地根据自身的资源特色和优势以及原料的加工特性，同时根据国际市场对产品的要求，发展具有地方特色资源的梨罐头加工业。

速冻梨品。我国速冻梨品外向型加工产业布局已基本形成，出口基地大都集中在东部沿海地区。我国梨主产地及沿海地区，速冻梨产业发展迅速。

梨酒。目前，我国果酒已经从单一的葡萄酒发展到包括梨酒在内的数十种果酒。随着果品加工技术的发展，一些具有特色地域资源的梨酒发展迅速。

三、我国梨加工业发展与制约因素

目前，我国的梨加工业已具备了一定的技术水平和较大的生产规模，外向型梨加工产业布局已基本形成。

装备水平明显提高。高效榨汁技术、高温短时杀菌技术、无菌包装技术、酶液化与澄清技术、膜技术等在生产中得到了广泛应用。中国的大企业集成了国际上最先进的梨加工技术装备，如从瑞士、德国、意大利等的专业设备生产商，引进利乐、康美包、PET 瓶无菌罐装等生产线，具备了国际先进水平。广泛应用了低温连续杀菌技术和连续化去囊衣技术于酸性罐头（如橘子罐头）的生产中，引进了电脑控制的新型杀菌技术，包装方面 EVOH 材料已经应用于罐头生产。梨贮藏保鲜及流通技术的研究与应用方面基本成熟，MAP 技术、CA 技术等已在我国梨贮运保鲜业中得到广泛应用。

标准体系初步形成。我国在梨汁产品标准方面制定国家标准与行业标准（农业行业、轻工行业和商业行业），这些标准的制定以及 GMP 与 HACCP 的实施，为梨汁产品提供了质量保障；在果蔬罐头方面，制定梨罐头产品标准，对于出口罐头企业强制性规定必须进行 HACCP 认证，从而有效地保证了我国梨罐头产品的质量。

尽管我国的梨加工产业无论是加工能力、技术水平、装备硬件以及国内外市场都取得了较大的进步和快速的发展，但是与国外发达国家相比仍然存在一定的差距。梨汁业发展滞后，国内市场萎靡。国内的大超市少有梨汁产品，在橙汁、苹果汁、桃汁蓬勃发展的今天，这是一个无奈的事实。梨果汁液丰富，口味甘甜，适宜制汁，且梨汁有止咳润肺之效，所以梨汁有很大的市场潜力。以出口为主的果汁生产受世界经济情况影响较大，经济危机的爆发带来了浓缩梨汁出口的霜冻期，以后几年的生产情况难以预测，前景堪忧。

梨果加工品种单一，深加工不足。梨加工主要是浓缩梨汁和罐头制品，其他产品加工量少。总的来说，梨果加工品尚未打开局面，梨醋、梨酒产品在超市中很少发现。我国作为世界主要栽培区和品种化资源汇集区，我国的梨加工业发展潜力巨大，国外许多传统的果品加工业逐渐失去竞争力，国际市场需求正逐渐转向中国等发展中国家。目前我国正成为世界果品的主要出口国之一，可惜的是我国多数是以半成品的形式为主进行出口，到国外后进一步进行深加工或罐装，初级产品附加值较低，而高附加值产品少，更为严重的是对原料的综合利用程度低。浓缩梨汁是半成品，属于初级农产品，附加值低，耗费资源比较多而收益相对较少。而对梨深加工产品的研究较少。在我国，这些研究和生产尚处于初级阶段，还有很长的路要走。

专用加工品种缺乏和原料基地不足。我国在梨加工原料的选育方面取得了一定的进步，但是适合加工的梨品种仍然很少，制约了梨加工业的良性发展。例如，梨汁加工长期以来以鲜食品种为原料进行加工，制约了产品质量的进一步提高，产品的出口价格低，经济效益不高。

加工装备国产化水平低。尽管高新技术在我国梨加工业得到了逐步应用，加工装备水平也得到了明显提高，但由于缺乏具有自主知识产权的核心关键技术与关键制造技术，造成了我国梨加工业总体加工技术与加工装备制造技术水平偏低。无菌大罐技术、PET 瓶和纸盒无菌罐装技术、反渗透浓缩技术等没有突破；关键加工设备的国产化能力差、水平低，特别是在榨汁机、膜过滤设备、蒸发器、PET 瓶和纸盒无菌罐装系统等关键设备的国产化方面难度大，国内难以生产能够在设备性能方面相似的加工设备。梨罐头加工过程中的机械化、连续化程度低，对先进技术的掌握、使用、引进、消化能力差。

企业规模小，行业集中度低。梨加工行业通过资本运作，逐步进行企业的并购与重组，企业规模不断扩大，行业集中度日益增高，产生了一批农业产业化龙头企业，产业规模得以迅速扩张，但依然处于企业的加工规模小、抗风险能力差、产品单一、产品销路不畅、竞争力差的发展阶段。

加工企业竞争力不强。与国外农产品加工企业相比，我国果品加工企业无论是在产品质量上还是在生产成本上普遍缺乏竞争力，同时在生产设备、生产规模、市场意识，特别是产品营销上差距很大。国内绝大多数农产品加工企业都是在 20 世纪 90 年代中期建立和起步的，当时的建厂标准、设备技术参数、产品质量等要求低，许多生产企业仍处于初加工水平。虽然近年来我国加工行业通过资本运作，逐步进行企业的并购与重组，产业规模迅速扩张，出现了北京汇源果汁、国投中鲁、烟台北方安德利、三门峡湖滨、陕西省海升公司等优秀果蔬公司。

企业研发与创新能力薄弱。与国外的加工企业相比，我国企业的研发与创新能力总体仍然薄弱。在国外绝大部分企业都有自身的研发部门或研发中心，不断进行新产品的开发，而没有研发中心的企业则多是与科研院所建立了非常密切的合作关系，一般企业的研发费用占销售收入的2%~3%。但我国的大部分加工企业都不重视产品的研发，仅关注现有产品的市场份额，企业的研发费用远远不足销售收入的1%，企业愿意花巨资购进生产设备，但是不愿意花部分资金用于企业的研发硬件建设与人才培养与引进，造成企业研发人才与研发设施缺乏，从而导致企业研发与创新能力较差，技术水平落后，产品难以满足市场需求。

四、我国梨加工业的案例调查

（一）梨罐头

中国农业科学院果树研究所采后保鲜中心课题组分别对葫芦岛、北京、石家庄、烟台、青岛、太原、德州、西安、大连7个省市20家超市梨果加工制品进行了调研。对超市所有梨果加工品价格、品牌、生产企业等进行登记和相关数字记录，并采购部分梨加工品进行品质分析和品尝鉴定。

在各地超市共采购罐头样品36个，了解其品牌规格、价格、生产厂家、货架过程中存在的问题及罐头产品的感官和风味情况。罐头生产厂家（共18家）分布没有规律性，但以河北保定市、辽宁大连市及山东分布较多。一般每个超市都只销售其中的几个品牌，销售较好的品牌是河北保定芝麻官，大连真心、头牌等。从罐头产品的品种来看，20家超市共有18个罐头生产厂家的36个梨罐头样品，不同厂家的产品包装、规格各不相同，但总体趋势都是向着新颖包装、中型规格发展。梨罐头产品仍然存在需要改进的地方：

标签标示不规范，缺少制罐专用品种。目前市场上罐头产品虽多，但是标签标注不明确，很多甚至不标明品种。杂乱的制罐品种既不利于梨果生产也不利于罐头产业的发展和质量的进一步提高。另外不同梨品种制罐要求的工艺参数有差别，配方也各不相同，应加强适宜制罐品种的筛选和培育。

制罐软肉梨后熟技术需进一步加强。秋子梨、西洋梨等软肉梨风味浓郁，酸甜适中，非常适宜制罐。但是作为罐头加工原料时，必须经过后熟，因为后熟程度对软肉梨罐头的组织状态和口感至关重要，精准后熟不但能显著降低果实腐烂率，还可以使巴梨等西洋梨在作为罐头加工原料时，生产出的罐头软硬度适宜，风味达到最佳。

罐头原料调配比例不当，原有风味不足。感官鉴评时发现一些样品使用安赛蜜等甜味剂，调配甜度较高，造成罐头特征果味很淡甚至消失。另外安赛蜜、阿斯巴甜等甜味剂的使用目前还存在争议。1996 年，中国卫生部批准的食品添加剂标准中，规定阿斯巴甜可用于"各类食品（罐头食品除外）"（详见 GB2760—1996），所以添加阿斯巴甜的产品属于违规产品。

（二）梨汁

河北市场上的梨汁产品较少，发现两种梨汁产品：一种是吕梁野山坡的生榨雪梨汁（浊汁），另一种是赵县旭海果汁有限公司雪梨汁饮品，两者都是以雪花梨为原料，不同的是后者为梨汁饮料，雪梨果汁、果肉含量仅为 30%。调查走访了河北省邯郸永丰果蔬汁有限公司和河北国投中鲁果蔬汁有限公司，两企业都坐落于河北省梨的主产区，在梨果采收期一定程度上缓解了鲜果销售的压力，生产期为 7 月中旬到 10 月。梨浓缩汁的年生产能力都在 7000 ~ 8000 吨，产品 100% 出口。由此可以看出，国内的梨汁生产量也很可观，但多以浓缩汁形式出口，作为半成品为世界提供进一步加工的原料。

（三）梨果脯

果脯作为北京传统特产，广泛地分布于北京的各大超市，来往的旅客常作为"特产"买回家，包装精美，价格定位较高。梨果脯与其他水果如桃和杏的果脯一起在专柜成堆散售，也有什锦小包装和礼品装。北京御食园食品有限公司和北京红螺食品有限公司是两家规模较大、历史悠久的果脯生产企业。其产品遍布北京，推广各地。北京金山村食品厂生产的奶油味鸭梨果脯和北京雪花梨脯也逐渐走向市场。

（四）梨膏

所调查的超市中梨膏产品分别由北京天赐园、北京天福驰和北京信远斋三家公司生产，多以浓缩梨汁为主，配以蜂蜜、胖大海、川贝等中药材或枇杷等，信远斋的秋梨膏配料最为丰富，除秋梨汁、白砂糖、蜂蜜、冰糖外，还添加了果葡糖浆、生姜、百合、陈皮、杏仁等。总的来说，此类产品色泽较深，属保健食品，食用方法多和蜂蜜相似，温开水稀释冲调即可。另外，九寨沟天然药业集团有限公司（阿坝州汶川县）有一款川贝雪梨膏，为非处方药品，需按使用说明或在医师指导下使用，主治阴虚肺热、咳嗽、喘促、口燥咽干。

（五）地方特色梨产品

河北赵县是雪花梨的主产区，有很多特色梨产品，如梨汁饮料、梨干、雪梨茶、梨酒等，产品以当地梨文化为背景，虽然现在没有广泛地推广，但有很大的发展潜力。辽宁鞍山的千山庄园果业有限公司以南果梨为原料酿造了南果梨酒，色泽金黄诱人，酒瓶设计简约高雅，属梨果制品中附加值较高的产品。

（六）果冻型产品

福建亲亲股份有限公司主要致力于果冻布丁等休闲食品的研发，是一家集生产与销售为一体的中外合资股份制企业。在超市调研中发现了亲亲雪梨果肉果冻，塑料杯装，称重结算，单价为23元/公斤，是较为少见的梨果肉新产品。但此款产品依然以"冻"为主，果肉仅占15%。

五、我国梨加工业发展的思考

（一）加快梨加工专用品种选育与基地建设

基于我国目前梨加工原料短缺、加工适宜品种少的现实，加工原料的建设已成为制约加工业发展的瓶颈。因此，建设为配合中国梨果良种区域化，需要提供不同产区种植的优质、高产、鲜食品种和果品加工品种。国外果汁生产一般均采用专门的榨汁品种，因此其产品质量容易控制。而我国的梨汁生产几乎全部采用鲜食品种、加工性能差，各品种间内在成分差异较大，特别是原料中各品种混合比例很不稳定，许多指标达不到国际标准要求，给产品外销带来很大的麻烦。另外，由于加工原料的短缺，加工企业争抢原料，导致加工成本上升，利润下降，加工原料成为制约梨加工业发展的瓶颈。由此建议在优势梨产区调整品种结构，要尽快建立加工专用品种基地。

（二）调整梨加工产品结构与规模

在我国目前梨加工主要以浓缩汁、罐头等为主情况下，除了继续发挥优势外，还应努力研发新型加工产品，尤其是开发高技术含量和附加值的新产品，大力发展鲜榨梨汁、梨浆、功能性梨汁饮料、梨酒、梨醋等产品，并利用加工废弃物研发提取多酚、多糖、梨胶、膳食纤维等功能性成分，研制生物饲料等产品。

（三）加强研发先进的加工技术设备

近年来，高温瞬时杀菌技术、真空浓缩技术、膜分离技术、微波技术、无菌贮存与包装技术及相关设备等已在果汁果酒加工领域得到普遍应用。通过引进国外果品加工的新设备和新技术，如无菌大罐装技术、超低温速冻技术和装备、冷打浆技术等，可在短期内提高我国的果品加工能力，缩短与发达国家的差距。同时，也应加强自我研发能力，开发具有自主知识产权的果品加工设备，如自动罐头杀菌设备、多效蒸发器设备等，提高果品加工关键设备的国产化水平，使梨加工技术和设备国产化，减少对国外技术的依赖，从而提高梨加工品的竞争能力。

（四）完善产品标准体系和加工质量控制体系

基于发达国家食品加工企业大都有科学的产品标准体系和全程质量控制体系，我国梨加工企业应朝此方向发展，着眼国际市场，加强企业之间的合作与交流，建设具有中国特色的梨产品标准体系和加工质量控制体系。

（五）培育国内市场

我国生产的梨汁大部分用于外销。应该看到，随着我国人民生活水平的不断提高和消费习惯的改变，国内果汁和果汁饮料的消费量逐年增长。在"汇源"等名牌产品的带动下，国内罐装企业异军突起，已形成了每年消化2万吨浓缩果汁的能力。只要加大宣传力度，配合果汁成品的价格调整，国内果汁的消费量就将会大幅度提高。

（六）加强果品加工企业间协作

政府应加强对行业的调控，改变无序竞争的混乱局面，科学规划产业发展方向，组建果品加工行业协会，形成果品加工行业的"航母"，走集团化道路，既保证原料的共享和统一调度，又保证苹果加工产品的统一协调和互补，还要共同研究开发新技术新产品，提高果品加工产品的质量以及果品加工企业的抵御市场风险能力。

第四节　我国梨产业进出口贸易

一、产品结构

（一）我国梨的出口

我国长期以来是东方梨主产国，梨果产品以国内鲜销为主，出口比重很小，但近半个世纪以来出口量持续增长，由1961年的0.02万吨增至2013年的38.13万吨，远远大于进口量，且数量趋于平稳，并于2009年超越阿根廷成为全球第一的梨出口大国（见图3-4）。中国鲜梨在2013年出口金额为3.62亿美元，远超2000年的0.36亿美元，出口量在2000年为14.64万吨，到了2013年出口量达到38.13万吨，大约是2000年的2.6倍，居世界第一位，约占全球出口总量的1/5，紧接着是阿根廷、荷兰、比利时、南非、美国、意大利、西班牙、智利、葡萄牙等国家，这前10位出口大国中只有中国为亚洲国家，其他3个为美洲国家，5个为欧洲国家，1个为非洲国家。

随着社会发展和生活水平的提高，消费者越来越注重梨果实的内外品质，梨果品质超越产量成为人们关注的焦点，外表光洁、形状整齐、肉质细腻、石细胞少、汁液丰富、甘甜味浓的梨果越来越受国内外市场的欢迎。我国梨产品主要是鲜梨，只有少量的梨果加工成梨罐头、梨汁和梨醋等制成品。从出口量变化趋势来看（见图3-5），香梨近10年来的出口量一直保持不变，稳定维持在1.2万

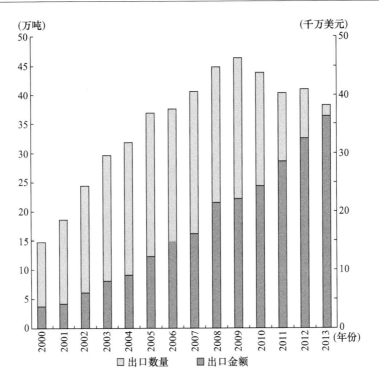

图 3 – 4　2000～2013 年中国鲜梨出口数量和出口金额变化趋势

数据来源：InfoBeacon 数据库。

吨左右，明显低于其他两类鲜梨，2000～2005 年间鸭梨（雪梨）和其他鲜梨的出口数量均平稳增长，其他鲜梨的出口量增速为 43.9%，明显快于鸭梨（雪梨）21.5% 的增长速度。但是在 2005 年以后，呈现出截然相反的变化趋势，鸭梨（雪梨）的出口量开始逐年下降，平均每年以 10.7% 的幅度下降，其他鲜梨的出口量则延续快速的增长势头，多年来保持 14.2% 的增长幅度。从出口量绝对差值来看，近 10 多年来，其他鲜梨与鸭梨（雪梨）、香梨的出口数量差额在逐年拉大，其他鲜梨与香梨的差值从 2000 年的 4.7 万吨扩大到 2013 年的 31.4 万吨，与鸭梨（雪梨）的差值从 2000 年的 – 2.6 万吨扩大到 2013 年的 29.04 万吨。由此说明国际上的消费者对"翠冠"、"黄冠"、"中梨 1 号"、"红香酥"、"玉露香"等梨的新品种有越来越高的需求，这些新品种不仅品质好，而且产量又高，深受广大梨生产者和消费者的偏好，而我国传统的晚熟品种如"鸭梨"、"香梨"等种植面积和出口数量正慢慢缩小，我国的梨品种结构得到进一步优化。随着梨优质品种的培育和选育以及标准化、集约化种植技术的推广应用，我国梨果的品质和安全质量有了很大的改善，生产高产量、高品质、高安全的梨果可以使我国梨产业获得更大的提升空间。可见，国家应继续加大品种更新和新技术、新栽培模式的推广应用力度。

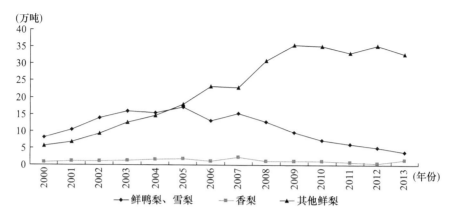

图 3 - 5 2000 ~ 2013 年我国三种鲜梨出口数量变化趋势

数据来源：InfoBeacon 数据库。

当前我国鲜梨出口贸易存在的主要问题是出口数量占生产总量的比重偏小，出口量与我国是生产大国的地位很不相称。通过联合国粮农组织（FAO）的数据分析可以看出，就产量和收获面积而言，我国无疑是世界上第一梨生产大国。然而，我国梨的出口数量所占生产总量的比重却非常小。以 2010 年为例，我国梨的出口数量仅占我国梨生产总量的 2.87%，居十大产梨国的最后一位，远低于世界平均 10% 的水平。在前五大梨生产国中，除了中国以外，其他四国的出口量占本国生产量均高于 18%。我国鲜梨贸易出口量与生产量比例严重不协调，也说明政府与企业在梨果出口方面还有很大的改善空间。

表 3 - 3 2010 年世界十大梨生产国产量与出口状况

国家	生产量 （万吨）	生产量排序	出口量 （万吨）	出口量占生产量 比重（%）	出口比重排序
中国	1523.19	1	43.79	2.87	10
美国	73.81	2	15.93	21.58	5
意大利	73.66	3	13.40	18.19	6
阿根廷	70.42	4	41.96	59.59	2
西班牙	47.34	5	12.97	27.40	4
印度	38.20	6	3.80	9.95	7
土耳其	38.00	7	2.46	6.47	9
南非	36.85	8	18.67	50.66	3
韩国	30.78	9	2.31	7.50	8
比利时	30.73	10	29.54	96.13	1

数据来源：联合国粮农组织（FAO）。

（二）我国梨的进口

我国是世界上梨主产国进口梨较少的国家之一，进口量远远小于出口量，常年来不足出口量的千分之一。进口贸易与出口贸易的趋势相反，2009 年以前我国进口贸易呈波动递减趋势，2010 年后快速增长（见图 3 - 6）。根据 InfoBeacon 数据库数据显示，2010 年以前，我国梨的进口数量较少，除 2000 ~ 2003 年的梨进口量相对较高，年均进口 647.8 吨左右，2002 年略有增长以外，其他年份均在下降，尤其是 2003 年以后，梨进口数量直线下降，2006 年、2007 年分别下降到15.67 吨和 13.80 吨，仅是 2000 年进口量的 2.5% 和 2.2%。2010 年以后，我国的梨进口呈现出快速增长的趋势，特别是 2012 年、2013 年增长势头迅猛，分别为 2478.77 吨和 3765.62 吨。进口来源主要为日本、泰国、新西兰、智利和韩国等少数几个国家。

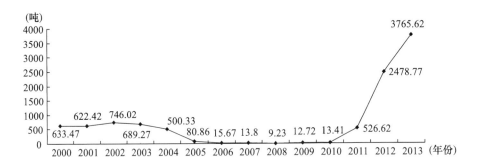

图 3 - 6　2000 ~ 2013 年我国鲜梨进口数量变化趋势

数据来源：InfoBeacon 数据库。

二、贸易区域

（一）出口去向

我国梨的出口市场逐渐向多元化方向发展，自 1986 年以来，由最初的加拿大、美国和英国 3 个出口市场发展成为 2013 年的 100 多个国家和地区。

我国梨的出口地区和出口量取决于国际消费者对梨的需求与偏好，消费偏好受社会风俗、饮食习惯、城市化进程等因素的影响比较大，梨的口味也是影响居民消费的重要因素。美国、加拿大、英国、澳大利亚等欧美国家的消费者，近年来对东方梨愈加喜爱，法国和意大利对果酒的消费需求也较高，只要中国能够生产出高质量的、符合国际标准的梨果，其市场潜力尤其是欧美市场潜力是巨大的；东南亚诸国以进口东方梨为主，尽管存在与日本、韩国的竞争，但由于我国梨果价格低廉，仍有巨大的市场机会；我国香港、澳门市场对国产梨果的需求量呈现上升趋势；日本对梨果及加工消费高而稳定，一定程度上要靠进口满足消费需求。

分地区来看，自 2000 年以后我国梨出口市场以东南亚国家为主，其次是欧洲市场，再次是中国港澳台地区和美洲以及中东市场（见图 3 - 7）。2000 ~ 2013 年，我国出口梨的主要去向地是东南亚市场，其每年的出口数量远超其他所有出口市场的总和，且一直以两位数的速度在迅猛增长，出口数量从 2000 年的 10. 16 万吨扩大到 2013 年的 27. 53 万吨，年均增长率达到 8. 4%。除东南亚以外，欧洲国家、我国港澳台地区、美洲国家和中东市场以及其他国家和地区，从我国进口鲜梨数量常年维持在相对较低的水平，我国出口到欧洲市场梨数量经历了先上升后下降的变化趋势，美洲地区在 2006 年超越了我国港澳台地区的出口量，但两个地区的出口量差异并不大，而对中东地区我国梨的出口量一直处于较低水平。

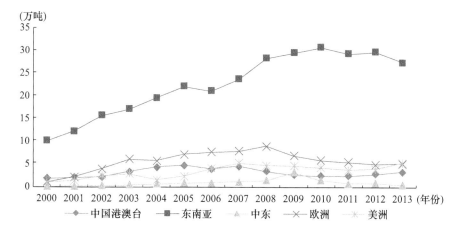

图 3 - 7　2000 ~ 2013 年我国梨出口市场变化趋势
数据来源：InfoBeacon 数据库。

以上分析表明，中国梨出口对传统的目标市场的依赖度较低，目标市场集中度呈现出明显的分散趋势。但也应看到，近些年来我国出口到东南亚与其他市场的鲜梨数量差异不断拉大，我国鲜梨的出口去向有往单一的东南亚市场集中的倾向，出口贸易风险很高。因此要积极开发新市场，主动细分市场，分散贸易风险，扩大市场的互补性，避免本国产品恶性竞争，特别要重视开拓欧盟、美国、俄罗斯及其他独联体国家市场。欧盟、美国是中国主要的贸易伙伴，也是梨果消费大国，其消费水平较高，中国梨果出口应该以欧盟、美国作为高端市场。中国梨果生产还应重视俄罗斯及其他独联体国家的消费市场，如哈萨克斯坦、吉尔吉斯斯坦等国是中国的近邻，具有地缘优势，而且对梨果的需求较大，开发潜力巨大。俄罗斯的水果供应缺口较大，每年均需大量从国外进口。我国要遵循对等开放市场的原则，与贸易伙伴的市场形成对称性依赖格局，以稳定贸易关系，并减少出口风险。

以2013年为例（见图3-8），我国出口鲜梨共38.13万吨，出口金额3.6亿美元，东南亚是我国最大的鲜梨出口市场，出口鲜梨27.5万吨，占出口总量的72.1%，贸易额达到2.69亿美元，占鲜梨出口交易总额的74.7%，主要出口到印度尼西亚、越南、泰国和马来西亚，分别占出口总量的32.7%、12.8%、11.6%和9.4%；其次是欧洲市场占13.8%，出口鲜梨5.26万吨，出口金额0.48亿美元，主要出口到俄罗斯，占出口总量的6.1%。按出口量的大小排序，居中国鲜梨出口前6位的国家（地区）分别是印度尼西亚、越南、泰国、马来西亚、中国香港和俄罗斯，其中印度尼西亚是我国最大的出口目的国，2013年，其从中国进口鲜梨12.5万吨，占我国出口总量的32.8%，贸易额达1.02亿美元。

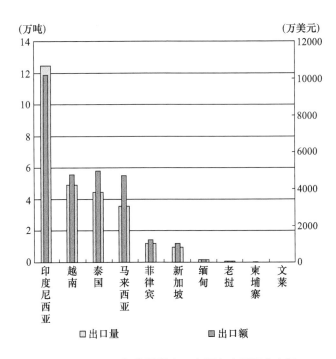

图3-8 2013年我国梨出口主要东南亚国家市场

数据来源：InfoBeacon数据库。

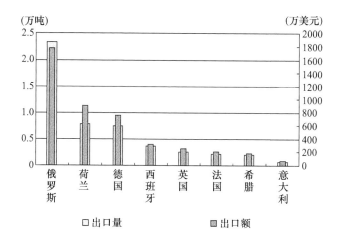

图 3 - 9 2013 年我国梨出口主要欧洲国家市场

数据来源：InfoBeacon 数据库。

分品种看，据 InfoBeacon 数据库统计，2013 年我国出口鸭梨与雪梨 3.8 万吨，出口到东南亚市场 2.28 万吨，占出口量的 60.6%，主要出口到印度尼西亚，占当年鸭梨与雪梨出口量的 47.49%；其次是美洲市场占 16.3%，主要出口到美国和加拿大，分别占出口总量的 11.0% 和 5.2%；再次是欧洲和中东地区，分别占 14.97% 和 2.68%，欧洲市场主要以俄罗斯为主。

2013 年我国香梨的国际市场需求较小，香梨出口量为 1.45 万吨，主要出口市场是东南亚和美洲，分别占香梨出口总量的 42.5% 和 19.2%，其他地区从中国进口香梨极少，中东地区 2013 年没有从中国进口香梨。2013 年我国出口其他鲜梨 32.9 万吨，主要出口到东南亚市场 23.99 万吨，占其他鲜梨出口总量的 73%；其次出口到中国香港和俄罗斯，分别为 2.3 万吨和 2 万吨。

（二）进口来源

我国是鲜梨生产与出口大国，但每年的进口极少，且进口数量逐渐递减，少量的进口也多集中于其他新品种鲜梨。进口来源较为单一，鲜梨的进口来源地主要是日本、中国台湾、新西兰这三个国家（地区），近 10 年间我国每年都会从日本进口鲜梨，其已成为我国鲜梨的最大进口国，然而到了 2001 年，鲜梨进口量突然降至 57.2 吨，比起 2000 年较高的 350.3 吨，下降至 1/5 还多一点，2001 年以后进口数量每年呈平稳递减趋势，从 2001 年的 57.2 吨缩减至 2011 年的 5.0 吨，年均下降 9.1%（见图 3 - 10）。

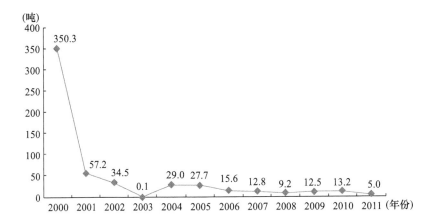

图3-10　2000～2011年我国从日本进口鲜梨数量变化趋势

数据来源：历年《中国海关统计年鉴》。

三、贸易价格变动

我国梨出口与产业规模的发展趋势一致，近年来也呈稳步增长的势态，特别是进入21世纪以后，我国梨出口量和出口金额均迅猛上升。对比出口数量与出口金额可以发现，中国的出口金额增长速度要高于出口数量的增长速度，表明我国出口梨果的品质在逐步改善，平均出口单价正在不断增长，如果忽略物价上涨的因素，表明我国梨品质有所提高，出口价格逐步在提高，梨出口呈良性发展势态。

一般来说，产品的竞争力主要体现在产品价格和产品品质两方面。从产品价格来看，虽然我国梨的出口单价在逐步上升，由于我国梨果生产成本较低，梨果出口的价格也较低，出口单价仍然与世界先进国家相距甚远。根据InfoBeacon数据库数据（见图3-11），2010年我国梨出口单价为555.6美元/吨，低于联合国粮农组织统计的902.4美元/吨的世界平均水平，更远低于邻国日本5820.5美元/吨和韩国2346.2美元/吨的水平，只相当于日本东方梨平均出口价格的1/10，说明我国在大力推广应用新品种并配套相应栽培管理技术的基础上，我国梨产业水平仍有很大的提升空间。也应该看到，2011年我国梨出口单价上涨至709.7美元/吨，价格已得到初步改善，正努力缩小与世界鲜梨平均价格水平的差距。而在2013年，我国梨的出口单价为948.8美元/吨，已经达到世界平均水平。

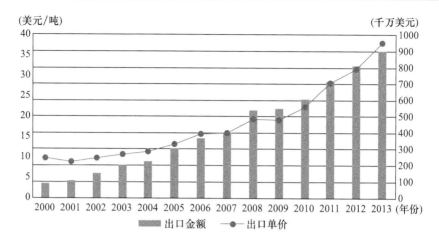

图 3 - 11 2000 ~ 2013 年中国鲜梨出口金额和出口单价变化趋势
数据来源：InfoBeacon 数据库。

尽管如此，我国梨果品质整体较差，梨产品质量档次低，没有实现优质优价，几乎没有办法与日本、韩国、意大利、阿根廷生产的梨果品质相比，所以大多只能出口到东南亚这些消费水平低的国家。例如我国梨的可溶性固形物平均在10.2%左右，而欧洲很多国家梨的可溶性固形物在13.5%左右，低于12.5%的梨果就不再作为商品果出售，由此可见我国梨果品质同其他国家的差距。

四、我国梨贸易的世界地位

从我国梨出口数量在世界的地位来看，根据联合国粮农组织的统计数据，以2010年为例，我国梨出口数量为43.79万吨，居世界第一位，占世界总出口数量（256.89万吨）的17.05%，已近世界总出口量的1/5，因此中国毫无疑问已是世界上鲜梨出口的第一大国，如表3-4所示。在世界鲜梨出口量前10位的国家中，中国、阿根廷、荷兰和比利时的出口总量超过世界出口总量的一半，占比58.48%，其余的依次是南非、美国、意大利、西班牙、智利和葡萄牙，所占世界出口总量的比例较小。

表 3 - 4 2010 年我国梨出口数量的世界地位

序号	国家	出口数量（万吨）	占世界份额（%）
1	中 国	43.79	17.05
2	阿根廷	41.96	16.33
3	荷 兰	34.93	13.60

序号	国家	出口数量（万吨）	占世界份额（%）
4	比利时	29.54	11.50
5	南 非	18.66	7.26
6	美 国	15.93	6.20
7	意大利	13.4	5.22
8	西班牙	12.97	5.05
9	智 利	11.68	4.55
10	葡萄牙	8.84	3.44

数据来源：联合国粮农组织（FAO）。

从我国梨出口价值在世界的地位来看，中国虽然是鲜梨出口第一大国，但以2010 年为例，我国梨出口价值位居世界第四位，为 2.43 亿美元，是世界出口价值第一的荷兰的 67.9%，占世界出口总价值（23.18 亿美元）的 10.5%，由此说明我国梨出口金额居世界前列，如表 3 - 5 所示。包括我国在内排名前四的国家的出口总额约占世界出口总额的 50%，他们依次是荷兰、阿根廷、比利时和中国。

表 3 - 5　2010 年我国梨出口金额的世界地位

序号	国家	出口金额（万美元）	占世界份额（%）
1	荷 兰	35856.7	15.47
2	阿根廷	33722.0	14.55
3	比利时	27573.9	11.89
4	中 国	24341.7	10.50
5	意大利	19375.6	8.36
6	美 国	16324.9	7.04
7	南 非	15971.5	6.89
8	西班牙	11821.9	5.10
9	智 利	11100.9	4.79
10	葡萄牙	8879.2	3.83

数据来源：联合国粮农组织（FAO）。

从我国梨出口价格占世界的地位来看，尽管我国一直是梨生产与出口大国，梨出口金额也居世界前列，但我国并不是鲜梨出口强国，梨果出口单价与世界其他国家单价相距甚远，梨果品质有待进一步提高，见表3－6。

表3－6 2010 我国梨出口价格的世界地位

序号	国家	出口单价（美元/吨）	占世界均价比例（%）
1	日 本	5820.51	6.45
2	特立尼达和多巴哥	3333.33	3.69
3	冰 岛	3000.00	3.32
4	塞舌尔	3000.00	3.32
5	韩 国	2346.19	2.60
6	约 旦	2158.91	2.39
7	厄瓜多尔	2000.00	2.22
8	以色列	1977.27	2.19
9	洪都拉斯	1750.00	1.94
10	丹 麦	1679.93	1.86
11	中 国	555.84	0.62

数据来源：联合国粮农组织（FAO）。

以 2010 年为例，在世界梨出口价格排名前 10 位的国家中，以日本为首，出口单价高达 5820.51 美元/吨，是世界均价的 6.45 倍之多。而我国的出口单价只排到了世界第 77 位，出口单价低于 902.41 美元/吨的世界平均价格水平，无法与日本、韩国生产的梨果品质相比，555.84 美元/吨的低价仅相当于日本鲜梨出口单价的 1/10，鲜梨品质差，质量档次低，只能出口到东南亚等消费水平较低的地区，导致出口市场单一，缺乏国际竞争力。

五、我国梨出口竞争力

本书第二章已经分析了我国梨出口总体竞争力。我国梨出口总体竞争力逐渐下降，并不代表我国在主要出口市场上的竞争力下降。因此，需要进一步分析我国梨在主要出口市场上的竞争力。茅锐、张斌（2013）总结了五种度量出口竞争力的指标，并指出市场渗透率指数能够同时区分一国在不同地区和产品市场中的出口竞争力。为进一步分析我国梨主要出口大国市场上分别存在的竞争国及我国梨的区域市场竞争力，采用市场渗透率指数进行分析。考虑到新加坡、中国香港和荷兰属于转口国（地区），主要测算东盟、美国、俄罗斯、加拿大、德国等梨出口市场上的市场渗透率。市场渗透率指数的计算公式为：

市场渗透率指数$_{ijk} = X_{ijk}/M_{jk}$

X_{ijk} 表示国家 i 向国家 j 出口第 k 种产品的出口金额，M_{jk} 表示国家 j 第 k 种产品的进口金额。

（一）东盟市场

我国的市场渗透率远远超过其他国家，是东盟第一大梨进口国，并且市场渗透率还在上升，从 2000 年的 0.712 上升到 2013 年的 0.799。东盟梨进口市场上，南非的份额仅次于我国，其在东盟的市场渗透率也逐年上升，从 2000 年的 0.022 上升到 2013 年的 0.08；澳大利亚在东盟梨市场的地位仅次于我国和南非，但其市场渗透率逐年下降，从 2000 年的 0.152 下降到 2013 年的 0.039。美国和韩国在东盟的市场渗透率也逐年下降，分别从 2000 年的 0.023 和 0.015 下降到 2013 年的 0.017 和 0.008。在东盟市场上我国梨果市场渗透率较大，主要竞争国为南非。

（二）美国市场

墨西哥的市场渗透率较大，远远超过其他国家且仍在持续上升，从 2000 年的 0.096 上升到 2013 年的 0.786；智利在美国梨进口市场的份额占第二位，但其市场渗透率逐年下降，从 2000 年的 0.482 下降到 2013 年的 0.053；阿根廷在美国的市场渗透率逐年下降，从 2000 年的 0.197 下降到 2013 年的 0.039；我国在美国的市场渗透率呈上升趋势，从 2000 年的 0.023 上升到 2013 年的 0.043，且在 2012 年取代阿根廷，居美国梨进口市场份额的第三；韩国和多米尼加在美国的市场渗透率逐年下降，分别从 2000 年的 0.048 和 0.043 下降到 2013 年的 0.019 和 0.016。在美国市场上，我国的主要竞争国为墨西哥、智利和阿根廷等。

（三）俄罗斯市场

比利时和阿根廷的市场渗透率较大，远远高于其他国家。自 2000 年起，比利时的市场渗透率上升，从 2000 年的 0.065 上升到 2013 年的 0.261；阿根廷在俄罗斯的市场渗透率上升，从 2000 年的 0.161 上升到 2013 年的 0.221；波兰在俄罗斯的市场渗透率上升，从 2000 年的 0.016 上升到 2013 年的 0.093，且自 2010 年起，波兰超过其他国家，居俄罗斯梨进口市场份额的第三；近年来，南非的市场渗透率在缓慢上升，从 2000 年的 0.03 上升到 2013 年的 0.051；中国和西班牙在俄罗斯的市场渗透率逐年下降，分别从 2000 年的 0.163 和 0.045 下降到 2013 年的 0.05 和 0.039，我国的市场渗透率比西班牙高。在俄罗斯市场上，我国的主要竞争国为比利时、阿根廷、波兰、南非等。

（四）加拿大市场

美国和墨西哥在加拿大市场上具备较大的市场渗透率，在 0.3 以上。自 2000 年起，墨西哥在加拿大的市场渗透率逐年上升，从 2000 年的 0.171 上升到 2013 年的 0.458，且在 2008 年超过美国，居加拿大梨进口市场份额第一；2000 年起，美国在加拿大的市场渗透率逐年下降，仍然居加拿大梨进口市场份额的第二；阿根廷在加拿大的市场渗透率在逐年下降，从 2000 年的 0.152 下降到 2013 年的 0.071，仍居第三；中国在加拿大的市场渗透率经历了两个阶段：第一个阶段为上升阶段（2000～2006 年），第二个阶段为下降阶段（2007～2013 年）；南非在加拿大的市场渗透率相对稳定，稳定在 0.04 左右；智利在加拿大的市场渗透率在逐年下降，从 2000 年的 0.044 下降到 2013 年的 0.012。在加拿大梨市场上我国的主要竞争国有墨西哥、美国、阿根廷等。

（五）德国市场

意大利梨具有较大的市场渗透率，远远超过其他国家，尽管其市场渗透率从 2000 年的 0.438 下降到 2013 年的 0.282，依然是德国梨进口的最大来源国；南非居德国梨进口市场份额第二，市场渗透率逐年上升，从 2000 年的 0.09 上升到 2013 年的 0.134；西班牙在德国的市场渗透率稳定在 0.1 左右，仅次于意大利和南非的竞争力；阿根廷在德国的市场渗透率在逐年下降，从 2000 年的 0.148 下降到 2013 年的 0.058；智利在德国的市场渗透率逐年上升，从 2000 年的 0.036 上升到 2013 年的 0.081，2012 年超过了阿根廷，居德国梨进口市场份额第四；中国梨在德国的市场渗透率较小，经历了两个阶段：第一个阶段为快速上升阶段（2000～2009 年），第二个阶段为下降阶段（2010～2013 年）。在德国梨市场上，我国的主要竞争国有意大利、南非、西班牙、阿根廷和智利。

总之，我国梨在东盟市场上具有较强的市场渗透率，远远超过其他国家，可能存在的竞争国为南非；在美国、加拿大、俄罗斯、德国市场上，我国梨的市场渗透率不高，主要与美国、墨西哥、阿根廷、比利时、意大利、南非、波兰、西班牙、智利等国展开竞争。

表 3－7　我国主要出口市场及竞争国

主要出口市场	主要竞争国
东盟	南非
美国	墨西哥、智利、阿根廷
俄罗斯	比利时、阿根廷、波兰、南非
加拿大	墨西哥、美国、阿根廷
德国	意大利、南非、西班牙、阿根廷、智利

六、我国梨果出口潜力

出口潜力主要取决于本地产品与外地产品的相对价格，而价格是成本的加成，所以出口潜力主要由生产成本和贸易成本两个因素决定。下面从生产成本和贸易成本两个方面来分析我国梨果出口的潜力。

（一）生产成本

对于生产成本，运用生产者价格指数进行分析。表 3－8 为 2000～2012 年我国梨出口主要竞争国的相对生产者价格指数。2000 年以来，阿根廷的生产者价格一直低于我国，始终比我国梨更有价格优势；南非和智利自 2007 年以来，生产者价格指数一直高于我国，表明我国梨比南非和智利更有价格优势；而比利时、美国、墨西哥、意大利、波兰和西班牙在 2010 年后，生产者价格指数都低于我国，在 2010 年以后比我国梨生产更有价格优势。

2010 年以后，我国梨在东盟市场的市场地位将继续保持；在美国市场上，我国的市场地位可能逐渐提高；在俄罗斯、加拿大和德国的市场上，我国的市场地位可能进一步下降。

表 3－8　2000～2012 年各国相对于中国的梨生产者价格指数

国家 年份	阿根廷	比利时	美国	墨西哥	南非	意大利	智利	波兰	西班牙
2000	0.253	0.889	0.816	0.790	0.668	0.904	1.185	0.675	0.884
2001	0.244	0.940	0.752	0.706	0.743	0.940	0.739	0.831	0.768
2002	0.983	1.134	0.890	0.813	0.886	1.070	1.224	0.758	1.155
2003	1.202	0.970	0.803	0.676	0.776	1.002	0.909	1.285	1.257
2004	1.101	0.971	0.918	0.893	1.023	1.040	0.992	0.800	1.120
2005	1.000	0.976	0.986	1.067	1.027	0.974	0.956	1.088	0.927
2006	0.898	1.054	1.097	1.040	0.950	0.985	1.052	1.114	0.952
2007	0.795	1.514	1.154	1.354	1.314	1.060	1.291	1.223	1.238
2008	0.692	1.233	1.268	1.046	1.613	1.378	1.568	1.299	1.288
2009	0.717	1.367	1.038	0.867	1.861	1.070	1.608	0.825	1.156
2010	0.953	0.906	1.389	1.018	1.827	1.303	1.542	1.620	1.190
2011	0.705	0.676	0.823	0.849	1.496	0.714	1.430	1.079	0.743
2012	0.558	0.457	0.738	0.472	1.016	0.669	1.151	0.803	0.570

注：生产者价格指数（2004～2006＝100）。

数据来源：本表是作者根据联合国粮农组织（FAO）数据库计算所得。

（二）贸易成本

关税壁垒是最重要的贸易限制形式。表 3－9 数据显示，东盟成员国对我国梨的进口关税在 2005 年以后，相继下降为 0，其中印度尼西亚和越南对我国梨进口关税在2009年基本下降为0。关税下降可能是印度尼西亚和泰国进口中国梨迅速上升的原因；对于马来西亚和菲律宾这两个国家，虽然关税也呈现下降趋势，但我国梨对其出口份额没有呈现较大的变化；对于新加坡，1996年以来，其对我国梨进口关税一直为0，并没有设置任何关税壁垒，但是新加坡从我国进口梨果数量逐年下降，主要是因为中国—东盟自由贸易区建立，不需要经过新加坡进行转口贸易，中国与东盟成员国可以实现自由贸易。此外，东盟各国地处热带，无法生产梨等温带水果，我国梨与其所生产的水果是互补品，不存在竞争关系。因此，我国梨在东盟市场上的绝对优势将继续保持。

表3-9 东盟各国从我国进口的关税

年份	鲜冷冻					加工					
	印度尼西亚	越南	新加坡	马来西亚	菲律宾	印度尼西亚	越南	泰国	新加坡	马来西亚	菲律宾
2000	5	—	0	5	10	5	—	—	0	10	7
2001	5	—	0	—	10	—	—	—	0	—	7
2002	5	—	0	—	7	5	—	—	0	—	7
2003	5	—	0	—	7	5	—	—	0	—	7
2004	5	—	0	—	7	5	—	—	0	—	7
2005	0	15	0	0	0	5	50	—	0	—	7
2006	0	10	0	0	0	5	50	—	0	10	5
2007	0	5	0	0	0	5	35	—	0	8	5
2008	0	—	0	0	0	0	—	—	0	0	7
2009	0	0	0	0	0	0	—	—	0	0	—
2010	0	0	0	0	0	0	—	—	0	0	—
2011	0	0	0	0	0	0	—	—	0	0	—
2012	0	0	0	0	0	0	—	—	0	0	—
2013	0	0	0	0	0	0	10	—	0	0	—

数据来源：WTO Market Access Map 数据库。

表3-10数据显示，德国在2010~2012年增加了对我国梨的进口关税，导致在2010~2012年间，我国在德国的市场渗透率呈现下降趋势，尽管2013年德国对我国梨的进口关税开始有所下降，我国梨果在德国市场上潜力依然堪忧；相比于其他国家，美国、加拿大和俄罗斯对我国梨的进口关税稳定不变，那么我国梨在美国、加拿大和俄罗斯市场上将继续面临激烈的竞争，出口潜力堪忧。

表 3 - 10　我国主要梨果出口大国从我国进口的关税

年份	美国		俄罗斯		加拿大		德国	
	鲜冷冻梨	加工梨（%）	鲜冷冻梨（%）	加工梨（%）	鲜冷冻梨（%）	加工梨（%）	鲜冷冻梨（%）	加工梨（%）
2000	0	—	—	—	9.25	8.33	—	20.91
2001	0	15.30	10.00	—	9.25	8.33	—	—
2002	0	15.30	—	—	9.25	8.33	—	20.48
2003	0	15.30	—	—	9.25	8.33	—	20.48
2004	0	15.30	—	—	9.25	8.33	—	20.89
2005	0	15.30	8.75	13.13	9.25	8.33	—	20.89
2006	0	15.30	8.75	—	9.25	8.33	8.00	19.69
2007	0	15.30	8.75	13.13	9.25	8.33	8.00	17.78
2008	0	15.30	8.75	13.13	9.25	8.33	2.50	17.78
2009	0	15.30	8.75	13.13	9.25	8.33	2.50	17.78
2010	0	15.30	8.75	13.13	9.25	8.33	4.00	17.78
2011	0	15.30	8.75	13.13	9.25	8.33	4.00	17.78
2012	0	15.30	8.75	13.13	9.25	8.33	8.00	17.78
2013	0	15.30	8.75	13.13	9.25	8.33	2.50	17.78

数据来源：WTO Market Access Map 数据库。

第四章　梨生产规模与成本收益分析

第一节　梨生产成本收益分析

一、梨生产成本及变动

2011～2014 年主产区示范县的平均成本变化显示：

第一，全国近 3 年来梨平均生产成本逐年提高，2014 年为 2572 元/亩，比 2013 年增长 5.2%。2014 年 20 个主产区中，生产成本超过全国平均水平的有 8 个，分别是：新疆、四川、河南、湖北、河北、北京、山东和浙江。其中，成本超过 3500 元的省份有四川、河南、湖北、北京和浙江；成本低于 1500 元的省份有辽宁、黑龙江、贵州；部分省份成本呈下降趋势，如甘肃、云南、山西、山东、吉林。

第二，2011～2014 年一直高于全国平均水平的有 4 个，分别是新疆、河南、河北及山东。成本变动比较大的有 4 个，分别是四川、湖北、北京和山东。其中湖北成本增长幅度较大，山东成本降低幅度较大，而四川和北京 2012 年成本相对较低。

第三，从地区看，梨生产成本由高到低分别是东部地区、中部地区、西部地区和东北地区，以 2014 年为例，四个地区的平均生产成本分别为 3059 元/亩、2907 元/亩、2421 元/亩、1505 元/亩。西部和东北地区的生产成本低于全国平均水平。尽管各地区梨生产成本有差异，但总体看，2012～2014 年生产成本基本呈上涨趋势。

表4-1 2011~2014年各地区生产成本比较　　　　单位：元/亩

年份	2011	2012	2013	2014
北京	3385.33	1315.71	2790.26	3589.07
河北	2648.33	2916.70	3081.17	3006.84
山东	4049.60	4636.83	3827.78	2693.17
江苏	—	2951.25	3031.67	2336.88
浙江	—	2029.00	2823.52	4855.15
福建	1524.00	2021.15	1425.75	1873.77
东部地区平均	2901.82	2645.11	2830.03	3059.15
山西	1934.67	2615.83	1973.43	1933.94
河南	2641.43	2363.18	2670.23	3486.82
湖北	1713.33	1980.88	2332.63	3979.17
江西	2390.83	2054.55	1840.90	2228.76
中部地区平均	2170.07	2253.61	2204.30	2907.17
重庆	1799.29	2050.63	2158.68	2298.75
四川	2983.33	966.67	3076.25	3582.86
贵州	—	1314.86	—	1405.74
云南	1578.14	2559.13	2589.77	1996.71
陕西	2986.36	2488.65	3299.85	2387.30
甘肃	2590.77	2428.18	2493.23	2076.25
新疆	—	2368.94	3031.48	3199.53
西部地区平均	2387.58	2025.29	2774.88	2421.02
辽宁	1821.43	1638.00	1403.61	1501.00
黑龙江	673.67	833.00	1225.30	1332.73
吉林	1223.33	1750.88	1947.15	1680.63
东北地区平均	1239.48	1407.29	1525.35	1504.79
全国平均	2294.66	2164.20	2443.94	2572.25

二、梨生产成本结构变化分析

2011~2014年主产区示范县的成本结构变化显示：

第一，人力成本总体呈上升趋势。全国人力成本占梨生产成本的份额在35%以上，2014年为35.1%。2014年在20个主产区中，人力成本超过全国平均水平的有10个，分别是新疆、重庆、福建、山西、陕西、江苏、辽宁、黑龙江、吉林和浙江。

2014年人力成本超过40%的省份有重庆、山西、江苏、黑龙江、浙江，其中，江苏、黑龙江、浙江超过50%。但也有部分省份人力成本份额呈下降趋势，如新疆、云南、北京、陕西、山东。

2011~2014 年人力成本一直超过全国平均水平的有 4 个，分别是重庆、陕西、辽宁和吉林。人力成本变动较大的主要有云南、江苏和黑龙江。其中黑龙江和江苏人力成本增长幅度大。

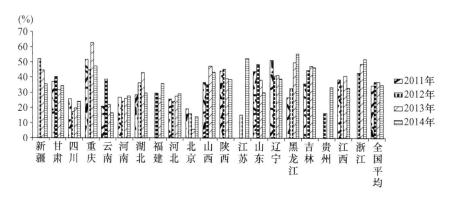

图 4-1　2011~2014 年各地区人力成本份额

第二，物质服务成本比重呈下降趋势。全国物质服务成本份额都在 44% 以上，2014 年为 49.26%。2014 年在 20 个主产区中，物质服务成本超过全国平均水平的有 8 个，分别是新疆、四川、湖北、福建、河北、北京、陕西和山东。

2014 年物质服务成本超过 55% 的省份有四川、湖北、福建、北京、陕西和山东，其中四川、湖北、福建、北京超过 60%。但也有部分省份物质服务成本份额呈上升趋势，如新疆、甘肃。

2011~2014 年物质服务成本一直超过全国平均水平的有 3 个，分别是湖北、河北和北京。物质服务成本变动较大的主要有江苏和贵州，其下降幅度较大。

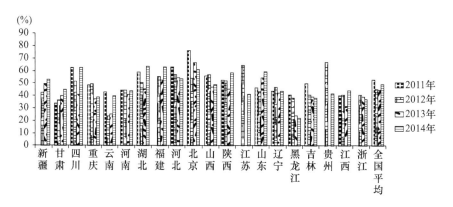

图 4-2　2011~2014 年各地区物质服务成本份额

第三，土地租金比重呈上升趋势。全国土地租金份额都在12%以上，2014年为15.66%。2014年在20个主产区中，土地租金超过全国平均水平的有9个，分别是甘肃、云南、河南、河北、北京、辽宁、黑龙江、贵州和江西。

2014年土地租金超过20%的省份有甘肃、云南、河南、北京、黑龙江、贵州和江西，其中云南达到43.64%。但也有部分土地租金份额呈下降趋势，如甘肃、山东、黑龙江。

2011～2014年土地租金一直超过全国平均水平的有5个，分别是甘肃、云南、河南、黑龙江和江西。土地租金变动较大的主要有四川、云南和陕西，其中陕西2013年土地租金增长幅度较大，2014年又大幅回落。

表4－2　2011～2014年各地区生产成本结构变化　　　　单位：%

	2011 年			2012 年			2013 年			2014 年		
	A	B	C	A	B	C	A	B	C	A	B	C
新疆				5.40	52.21	42.39	6.16	44.44	49.40	11.68	35.45	52.87
甘肃	29.10	36.97	33.94	23.59	40.27	36.15	28.46	31.47	40.07	20.87	34.20	44.93
四川	11.92	25.70	62.38	31.03	17.24	51.72	39.55	19.78	40.67	13.16	24.02	62.82
重庆	0.00	51.61	48.39	5.49	45.11	49.41	0.00	62.66	37.34	13.96	47.31	38.73
云南	36.21	21.00	42.79	37.25	38.87	23.88	52.65	22.21	25.13	43.64	16.63	39.72
河南	28.77	26.77	44.46	31.54	24.04	44.41	33.13	26.21	40.66	28.68	27.51	43.81
湖北	12.52	28.34	59.14	13.21	36.22	50.56	11.48	42.87	45.65	6.47	29.74	63.79
福建	11.48	39.09	49.43	14.55	29.71	55.75	21.39	26.13	52.48	1.18	35.73	63.09
河北	11.33	25.80	62.87	19.29	23.89	56.82	17.49	27.82	54.69	17.48	29.10	53.42
北京	4.23	19.30	76.47	29.86	16.02	54.13	27.20	5.91	66.90	24.48	14.30	61.22
山西	7.06	36.73	56.20	7.49	35.23	57.28	5.72	47.43	46.85	7.53	43.29	49.18
陕西	3.35	44.14	52.51	2.60	45.50	51.90	15.50	39.23	45.27	2.55	38.73	58.72
江苏	—	—	—	20.33	15.25	64.42	13.19	26.94	59.87	6.42	52.42	41.16
山东	9.88	43.76	46.37	8.41	48.42	43.17	7.02	38.32	54.66	10.45	29.87	59.68
辽宁	4.71	51.37	43.92	12.29	40.90	46.81	15.97	41.53	42.50	16.83	39.13	44.04
黑龙江	32.36	26.97	40.67	28.81	32.77	38.42	25.97	49.96	24.08	21.96	55.73	22.31
吉林	13.82	36.00	50.17	14.39	44.52	41.09	13.17	47.25	39.58	14.95	46.49	38.56
贵州	—	—	—	16.24	16.51	67.24	—	—	—	24.65	33.67	41.68
江西	20.91	38.52	40.57	24.34	34.78	40.88	27.16	41.18	31.66	22.43	33.09	44.48
浙江	—	—	—	16.17	42.88	40.96	11.48	49.13	39.39	10.35	52.33	37.31
全国平均	12.04	34.94	53.02	17.30	37.02	45.68	18.09	37.05	44.86	15.66	35.08	49.26

注：A、B、C分别表示土地、人力、物质服务费用比重。

三、要素价格上涨对梨生产成本的影响

将生产要素分为物质资料、劳动用工和土地，假设其价格和数量为 p_i，q_i，$i = 1$，2，3，在总成本中的比例为 $r_i = \dfrac{p_i q_i}{c_0}$，$i = 1$，2，3，$c_0$ 为期初总成本，可知：$r_1 + r_2 + r_3 = 1$。如果物质资料价格上涨 10%，而其他要素价格以及要素使用数量均保持不变，则受物质资料价格上涨影响的总成本变动率为：$s_1 = \dfrac{c_1}{c_0} - 1 = r_1 \times 1.1 + r_2 + r_3 - 1$，其中 c_1 为变动后的成本。同理，劳动力价格上涨 10% 对总成本的影响为：$s_2 = r_1 + r_2 \times 1.1 + r_3 - 1$；土地价格上涨 10% 对总成本的影响为：$s_3 = r_1 + r_2 + r_3 \times 1.1 - 1$。[①]

基于此方法，利用 2011 ~ 2014 年梨生产成本结构数据，我们对土地、劳动力、物质生产要素价格上涨对梨生产总成本的影响进行了测算，结果如表 4 - 3 所示。研究表明，物质资料价格和劳动力价格上涨对梨生产成本的影响较大。当其他条件不变，物质资料价格上涨 10% 会使梨生产成本总体上涨 4.82%，劳动力价格上涨 10% 会使梨生产成本总体上涨 3.60%。而当其他条件不变，土地价格上涨 10% 会使梨生产总成本上涨 1.58%。

表 4 - 3 　生产要素价格上涨 10% 对梨生产成本的影响　　　　单位：%

年份	2011	2012	2013	2014	平均
土地价格	1.20	1.73	1.81	1.57	1.58
劳动力价格	3.49	3.70	3.71	3.51	3.60
物质生产资料价格	5.30	4.57	4.49	4.93	4.82

四、梨农收益分析

农户种植梨树的收益取决于梨果出园价格、单产、种植面积和生产成本。由于梨果价格与品种密切相关，且不同地区的生产成本，尤其是劳动力成本有较大差别，因此将针对不同地区农户，对不同品种的梨果收益进行分析。

1. 梨主栽品种分布

我国栽培的梨品种广泛，涵盖了秋子梨、白梨、砂梨、新疆梨和西洋梨 5 个种系，大量栽培的品种有 100 多个。在长期的自然选择和生产发展过程中，逐渐

① 以下要素价格上涨对总成本影响的计算方法均与此相同。

形成了四大产区：即环渤海（辽、冀、京、津、鲁）秋子梨、白梨产区，西部地区（新、甘、陕、滇）白梨产区，黄河故道（豫、皖、苏）白梨、砂梨产区，长江流域（川、渝、鄂、浙）砂梨产区。

具体而言，2014年在调查的示范县中，收获面积前五位的品种主要有鸭梨、酥梨、黄冠、南果梨和库尔勒香梨，分别占27.29%、15.88%、9.19%、8.63%和5.86%。其他品种收获面积占比如表4-4所示。

表4-4　2014年各品种在示范县总收获面积中的比重　　　　单位：%

品种	库尔勒香梨	酥梨	鸭梨	翠冠	黄花	苹果梨	南果梨	雪花梨	黄金	黄冠
占比	5.86	15.88	27.29	4.66	3.82	1.85	8.63	3.77	1.58	9.19
品种	早酥	金秋梨	丰水	巴梨	龙园洋梨	圆黄	清香	苍溪雪梨	玉露香梨	
占比	1.44	0.48	1.28	0.31	0.11	0.63	0.22	0.55	0.34	

从各品种的地区分布看，鸭梨产区集中在河北，占93%左右；酥梨主要集中在山西、陕西和河南地区，山西酥梨占95.8%；黄冠集中在河北，占88.8%；南果梨主要集中在辽宁，占97.6%；库尔勒香梨则主要集中在新疆地区。此外，玉露香、金秋梨、早酥、雪花梨、巴梨、龙园洋梨、清香、苍溪雪梨的产区也非常集中，单个地区的集中度在50%以上。

翠冠、黄花、黄金、丰水、圆黄等品种的地区分布相对分散一些。翠冠主要分布在重庆、江西、福建、浙江等地；黄花主要分布在重庆、福建、江西、湖北等地；黄金主要分布在山东、北京、河北等地；丰水主要分布在山东、四川、江苏等地；圆黄主要分布在河南、江苏、湖北、重庆等地。

表4-5　2014年分地区各品种收获面积占比　　　　单位：%

品种	库尔勒香梨	酥梨	鸭梨	翠冠	黄花	苹果梨	南果梨	雪花梨	黄金	黄冠
新疆	100									
甘肃					1.43					0.17
四川				9.72	5.72				4.45	
重庆				30.20	39.77					0.22
云南					0.22			14.74		
河南		11.81	4.02						12.17	1.44
湖北				1.68	12.57				12.37	5.10
福建				15.37	27.43					
河北		1.69	93.02			15.18	0.90	51.43	22.47	88.83
北京			0.62					4.55	23.54	0.64

续表

品种	库尔勒香梨	酥梨	鸭梨	翠冠	黄花	苹果梨	南果梨	雪花梨	黄金	黄冠
山西		59.81	0.11					29.27		
陕西		26.69								
江苏										3.60
山东			6.25						24.99	
辽宁						20.24	97.62			
黑龙江						27.16	1.41			
吉林						35.98	0.06			
贵州										
江西				25.13	13.06					
浙江				13.89	1.22					
合计	100	100	100	100	100	100	100	100	100	100

品种	早酥梨	金秋梨	丰水梨	巴梨	龙园洋梨	圆黄	清香梨	苍溪雪梨	玉露香梨
新疆									
甘肃	49.17		5.90						
四川			33.60					71.43	
重庆						15.76			
云南	9.76								
河南						43.10			
湖北						16.01			
福建							0.11		
河北	10.04							28.57	
北京			12.24						
山西				5.68					100
陕西	22.24								
江苏			18.36			25.12			
山东	2.28		35.80	88.42					
辽宁									
黑龙江	6.51				92.29				
吉林					7.71				
贵州		100.00	0.00						
江西							42.61		
浙江							57.28		
合计	100	100	100	100	100	100	100	100	100

2. 梨分品种出园价格

（1）平均出园价格。气候和灾害等导致的产量变化是影响梨果出园价格的主要因素之一。2013 年由于部分主产区受灾产量大幅下降，使得梨果出园价格急剧上涨。而 2014 年大部分主产区生产平稳，产量维持正常水平，因此出园价格与 2013 年相比有所回落。

除产量变化外，生产成本的增加也导致了梨果出园价格不断攀升。随着农业劳动力成本的增加，生产成本推高梨果出园价格的情况将日益明显。

表 4 - 6   2011 ~ 2014 年平均出园价格

年份	平均出园价（元/公斤）	变动幅度（%）
2011	2.96	—
2012	2.85	- 3.67
2013	4.15	45.78
2014	3.40	- 18.14

（2）分品种出园价格。梨果价格与品种密切相关，不同品种的出园价格差异较大。2014 年平均出园价格超过 4 元/公斤的品种有玉露香、黄金梨、翠冠、巴梨、丰水和圆黄，其中玉露香梨的平均出园价高达 6.63 元/公斤。平均出园价格低于 2.5 元/公斤的品种有苍溪雪梨和早酥。

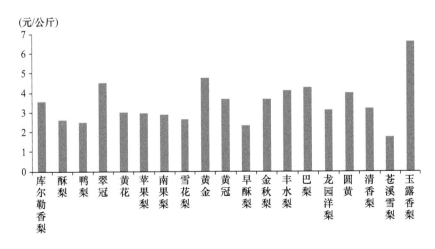

图 4 - 3   2014 年分品种出园价格

从分地区的情况看，同一品种在不同地区的出园价格也有一定差距。例如，重庆地区圆黄的平均出园价格高达 7.5 元/公斤，而湖北、江苏地区的圆黄平均出园价格低于 2.5 元/公斤。翠冠的地区差距也较大，四川、重庆的翠冠出园价格超过 6 元/公斤，浙江地区翠冠的出园价格也有 5.73 元/公斤，而湖北、河南两地的翠冠出园价格在 3 元/公斤左右。同一品种地区间价格存在差异的情况也出现在黄金、黄冠、丰水、苹果梨等品种上。而鸭梨、酥梨、早酥、南果梨等品种的出园价格地区差距相对较小。

表 4-7　2014 年不同地区分品种平均出园价格　　　单位：元/公斤

品种	库尔勒香梨	酥梨	鸭梨	翠冠	黄花	苹果梨	南果梨	雪花梨	黄金	黄冠
新疆	3.56									
甘肃						1.60				4.30
四川				6.00	5.00				7.00	
重庆				6.88	3.39					6.00
云南					3.60			1.95		
河南		2.78		3.00					4.15	3.75
湖北				2.85	1.63				6.00	3.60
福建				4.26	1.78					
河北		2.43	2.16			6.13	3.00	2.51	3.35	3.28
北京			3.08					3.67	5.10	2.90
山西		3.19	1.80					2.44		
陕西		2.47								2.60
江苏		2.20								3.20
山东			2.95						3.64	
辽宁						3.35	3.20			
黑龙江						2.40	2.87			
吉林						1.33	2.50			
贵州				3.65	3.20				4.13	
江西				3.88	2.90					
浙江				5.73	2.68					
品种	早酥梨	金秋梨	丰水梨	巴梨	龙园洋梨	圆黄	清香梨	苍溪雪梨	玉露香梨	
新疆										
甘肃	3.00		3.75							
四川			6.25					2.20		

续表

品种	早酥梨	金秋梨	丰水梨	巴梨	龙园洋梨	圆黄	清香梨	苍溪雪梨	玉露香梨
重庆						7.50			
云南	2.20								
河南						3.50			
湖北						2.43			
福建							2.00		
河北	1.80							1.95	
北京			4.00	5.00					
山西				5.00					6.63
陕西	2.12								
江苏			3.20			2.30			
山东	2.40		3.63	3.40					
辽宁									
黑龙江	2.60				3.73				
吉林					2.50				
贵州		3.70	3.50			4.33		1.15	
江西							3.57		
浙江							4.07		

3. 农户收益分析

（1）梨农利润率。由于各产区单产差别大，因此考察单位产量的收入、成本和利润。从全国水平看，每生产1公斤梨果，农户的平均利润为1.73元。其中效益较好的产区有：四川、重庆、河南、山西、山东、黑龙江和贵州。利润率高于全国平均水平的产区有：四川、云南、河南、山西、陕西、山东、黑龙江和贵州。

表4-8　分地区梨农平均收入及利润率

省份	平均价格 （元/公斤）	每亩收入 （元）	每亩成本 （元）	每亩利润 （元）	单位产量利润 （元/公斤）	单位产量成本 （元/公斤）	单位产量利润率（%）
新疆	3.56	3315.82	3199.53	116.29	0.12	3.44	3.63
甘肃	2.81	3591.59	2076.25	1515.34	1.19	1.62	72.98
四川	4.62	10268.81	3582.86	6685.96	3.01	1.61	186.61

续表

省份	平均价格（元/公斤）	每亩收入（元）	每亩成本（元）	每亩利润（元）	单位产量利润（元/公斤）	单位产量成本（元/公斤）	单位产量利润率（%）
重庆	5.37	4461.32	2298.75	2162.57	2.60	2.77	94.08
云南	2.82	4819.46	1996.71	2822.75	1.65	1.17	141.37
河南	3.35	8437.13	3486.82	4950.31	1.97	1.39	141.97
湖北	2.55	5981.25	3979.17	2002.08	0.85	1.70	50.31
福建	3.53	3089.08	1873.77	1215.31	1.39	2.14	64.86
河北	3.03	5925.88	3006.84	2919.04	1.49	1.54	97.08
北京	4.18	4078.57	3589.07	489.50	0.50	3.68	13.64
山西	3.31	4842.12	1933.94	2908.18	1.99	1.32	150.38
陕西	2.77	5076.49	2387.30	2689.19	1.47	1.30	112.65
江苏	3.03	4254.60	2336.88	1917.72	1.36	1.66	82.06
山东	3.55	7234.12	2693.17	4540.94	2.23	1.32	168.61
辽宁	3.19	2303.00	1501.00	802.00	1.11	2.08	53.43
黑龙江	2.70	4036.08	1332.73	2703.35	1.81	0.89	202.84
吉林	1.60	2288.22	1680.63	607.60	0.42	1.18	36.15
贵州	3.61	5341.11	1405.74	3935.36	2.66	0.95	279.95
江西	3.42	4048.75	2228.76	1819.99	1.54	1.88	81.66
浙江	5.30	6512.21	4855.15	1657.05	1.35	3.95	34.13
全国	3.42	5205.39	2572.25	2633.13	1.73	1.69	102.64

（2）不同梨品种利润率。不同品种的梨果效益差别很大。金秋梨、黄金梨、玉露香、龙园洋梨、巴梨、苍溪雪梨、黄花、丰水、翠冠、苹果梨效益较好，平均利润率在20%以上。尤其是金秋梨、黄金梨、玉露香、龙园洋梨，其利润率在90%以上。需要指出的是黄冠虽然价格较高，2014年为3.86元/公斤，但是由于成本更高，2014平均为6.34元/公斤，导致亏损的地区较多，平均利润率不高。

从不同地区看，由于同一品种在不同地区的出园价格差别较大，因此同一品种在不同地区的利润率有一定差异。黄花、龙园洋梨、黄金、黄冠、苹果梨的利润率地区差异很大。例如黄金梨在四川、河南、湖北、山东有正利润，个别地区利润率甚至高达160%，但是在河北、北京两地的黄金梨利润为负，主要是由两地生产成本较高导致的。黄花梨的地区利润差距也非常大。四川、湖北、贵州、江西地区的黄花梨利润为正且利润率在30%以上，但是重庆、云南、福建、浙江地区的黄花梨利润为负,尤其是重庆地区的黄花梨利润率为 - 43.67%。究其原因,重庆、云南生产黄花梨成本较高,远高于黄花梨的平均生产成本;福建和浙江地区则是由于黄花梨出园价格较低;湖北地区黄花梨的出园价格虽然低于平均水平,但是由于生产成本较低,因而仍能获得正利润,利润率为30%。

从生产成本不断攀升的长期趋势看,依靠低成本获取一定利润的模式难以为继,只有通过提升品质、加强市场营销、增强销售的组织性,从而使梨农获得更好的销售价格,才是不断增加利润的关键。

表4-9 2014年不同地区不同品种梨果利润率   单位:%

品种	库尔勒香梨	酥梨	鸭梨	翠冠	黄花	苹果梨	南果梨	雪花梨	黄金	黄冠
新疆	3.49									
甘肃						- 36.25				- 58.65
四川				114.29	332.90				579.61	
重庆				23.30	- 43.69					- 40.48
云南					- 10.00			- 45.68		
河南		- 7.33		- 33.48					78.11	54.32
湖北					30.40				163.16	168.66
福建				- 21.69	- 21.59					
河北			- 8.09			155.42		4.15	- 3.18	69.95
北京			26.23					46.80	- 45.04	- 75.99
山西		- 11.88	- 54.08					- 11.91		
陕西		15.42								
江苏										- 47.80
山东			36.57						20.53	
辽宁						3.08	- 10.11			
黑龙江						50.94	14.80			
吉林						- 63.26	- 19.09			
贵州				105.06	50.23					
江西				- 19.33	45.73					
浙江				7.71	- 6.94					
平均	3.49	- 1.26	0.16	25.12	47.13	21.98	- 4.80	- 1.66	132.20	10.00

品种	早酥梨	金秋梨	丰水梨	巴梨	龙园洋梨	圆黄	清香梨	苍溪雪梨	玉露香梨
新疆									
甘肃	- 8.54			96.34					- 8.54

续表

品种	早酥梨	金秋梨	丰水梨	巴黎	龙园洋梨	圆黄	清香梨	苍溪雪梨	玉露香梨
四川			118.53					58.27	
重庆						47.35			
云南	-44.30								
河南						8.86			
湖北						-17.63			
福建							3.09		
河北	-42.49								
北京			-10.71						
山西				84.50					91.07
陕西	10.42								
江苏			49.53						
山东			26.48	33.33					
辽宁									
黑龙江	28.08				186.92				
吉林					-4.94				
贵州		148.32							
江西							13.69		
浙江							-25.05		
平均	-11.37	148.32	45.96	71.39	90.99	12.86	-2.75	58.27	91.07

（3）梨农收益与在外务工对比。根据国家统计局发布《2013年全国农民工监测调查报告》显示，2013年外出农民工人均月收入（不包括包吃包住）2609元，一年平均收入为31308元。而梨农的平均利润约为2433元/亩。基于这两个数据的简单对比，如果专业种梨，一个家庭或劳动力1年靠种梨为生，则其种梨规模要达到12.87亩，年收入才与在外务工相当。我国梨种植仍以小规模农户为主，多为3～5亩的种植规模，显然这种小规模无法获得与在外务工相当的收入。同时，梨农的收入与在外务工相比更加不稳定，受自然条件、市场价格影响，风险较高。因而一旦梨果价格下降、低于生产成本，梨农很容易做出砍树、抛荒、放弃种梨的决策。尤其是年富力强的优质劳动力更易进入城市劳动力市场，家庭中往往只留下老人和妇女种植梨果。

五、与其他产业的对比分析

1. 苹果生产成本及农户利润率分析

（1）苹果生产成本及结构。近年来，苹果和梨的生产成本都呈明显的上涨趋势，而且苹果生产成本大大高于梨，每亩生产成本约为梨的 1.8 倍。2013 年全国苹果平均生产成本为 4556.64 元/亩，而梨平均生产成本大致为 2443.94 元/亩。2001~2013 年全国及主要苹果种植省份的平均成本变化显示：

第一，全国近 10 年来苹果平均生产成本逐年提高，2013 年为 4556.64 元/亩，比 2001 年增长 4.4 倍，扣除通货膨胀因素，实际增长率约为 380%，年平均增速达 15.09%。2013 年 8 个主产省份中，生产成本年平均增速均超过 10%，北京增速最快，达 24.8%。生产成本超过全国平均水平的有 3 个，分别是山东、甘肃和北京。其中，成本超过 6500 元的省份有山东、甘肃、北京；成本低于 3500 元的省份有河北、山西、河南、陕西、宁夏。

第二，2001~2013 年一直高于全国平均水平的有 2 个，分别是山东和北京；成本变动比较大的有 4 个，分别是辽宁、山东、甘肃和北京。其中北京成本增长幅度较大，甘肃、辽宁和山东其次。2001~2013 年一直低于全国平均水平的有 3 个，分别是天津、河北、宁夏。2006 年以后，除山东和北京之外，其余主产省份平均成本均一直低于全国平均水平。

表 4-10 苹果生产成本（2001~2013 年）　　　　单位：元/亩

年份	2001	2002	2003	2004	2005	2006	2007
全国	843.53	726.97	897.32	1248.73	1163.82	1487.55	2174.35
天津	729.91	537	802.75	941.64	—	992.96	—
河北	727.58	726.06	874.26	1071.94	1091.83	1161.09	1420
山西	911.44	776.51	741.97	1040.94	1023.34	1348.56	1434.99
辽宁	737.09	786.16	825.31	1025.49	957.91	1077.93	1480.04
山东	1412.67	—	1748.86	2359.37	2451.1	2634.14	2944.87
河南	780.33	795.46	798.6	1163.44	1031.69	1834.62	1644.55
陕西	745.31	807.95	887.16	1351.08	1224.26	1530.35	1746.95
甘肃	1026.54	853.16	774.56	1134.59	1790.21	1408.89	1628.68
宁夏	527.16	562.17	615.79	784.01	949.98	998.51	1350.96
北京	—	—	—	1014.32	—	2786.9	3176.73

续表

年份	2008	2009	2010	2011	2012	2013
全国	2053.04	3312.68	3589.68	3861.49	4424.27	4556.64
天津	—	—	—	—	—	—
河北	1658.73	1796.94	2098.24	2680.84	3099.3	3304.04
山西	1603.06	1762.09	1774.92	2336.75	2802.47	3022.72
辽宁	1880.92	2299.7	2928.37	2929.34	3380.43	3779.95
山东	3585.06	3710.51	4163.15	4928.45	6356.11	6885.9
河南	1985.82	2203.65	2704.95	2708.4	3658.49	3427.18
陕西	1743.59	1852.84	2187.89	2594.36	3001.22	3368.96
甘肃	1855.75	2103.14	3236.81	3935.35	5124.88	6507.81
宁夏	—	—	—	—	1992.09	2171.78
北京	2057.54	5451.83	6004.4	6448.8	7551.89	7475.3

（2）苹果生产成本结构。苹果生产成本结构体现出与梨生产成本结构变化一致的趋势，即劳动力成本比重不断增加，物质费用比重不断下降。但是苹果的劳动力成本比重高于梨，2013年苹果生产成本结构中劳动力占比56.12%，物质费用占比36.98%；而同期梨主产区示范县数据显示，梨生产成本结构中劳动力占比37.05%，物质费用占比44.86%。作为苹果重要产区的陕西、山东地区，其劳动力成本占比分别高达65%和59%。与苹果类似，梨生产过程中疏花、疏果、套袋等多种生产环节目前仍难以用机械代替，因此长期来看，梨生产成本结构中劳动力成本仍将进一步提高。

2001～2013年苹果主产区示范县的成本结构变化显示：

第一，苹果生产人力成本总体呈上升趋势。全国人力成本份额除2007年都在40%以上，2013年为56.12%，2001年为46.97%。2013年在11个主产区中，人力成本超过全国平均水平的有9个，分别是河北、山西、江苏、辽宁、山东、河南、陕西、甘肃和宁夏。2013年人力成本超过60%的省份有河南、陕西、甘肃、宁夏，其中甘肃超过70%。2001～2013年人力成本比重超过全国平均水平的有4个，分别是河北、山西、河南和甘肃。2001～2005年，河南人力成本比重居全国第一，2005～2013年甘肃人力成本比重最大；陕西、甘肃人力成本增长幅度最大。

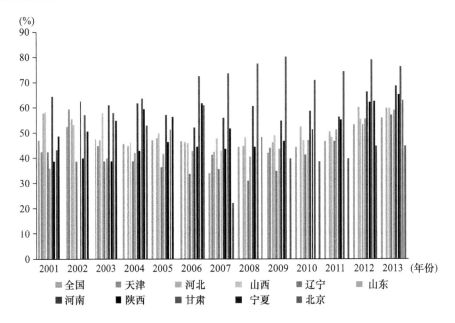

图 4 - 4 苹果生产每亩人力成本份额

第二，苹果生产成本中土地租金总体呈上升趋势。全国平均苹果生产成本中，土地租金份额都在5%以上，2013年为6.9%，与2004年6.83%的比重相比变化不大。2013年在11个主产区中，土地租金超过全国平均水平的有4个，分别是河北、山西、辽宁和宁夏。2013年土地租金超过10%的省份有河北、辽宁和宁夏，其中辽宁达到12.86%。但也有部分省份土地租金份额呈下降趋势，如山西、陕西、甘肃和北京。2003~2013年土地租金一直超过全国平均水平的有3个，分别是河北、山西和辽宁。土地租金变动较大的主要有河南、宁夏和北京，其中河南、宁夏土地租金增长幅度大，北京土地租金减少幅度最大。

第三，苹果生产成本中物质服务费用比重总体呈下降趋势。全国苹果生产成本中物质服务费用份额平均在35%以上，2013年为36.98%，2001年为53.02%。2013年在11个主产区中，物质服务费用超过全国平均水平的有2个，分别是北京和山东。2013年物质服务费用超过30%的省份有山西、辽宁、山东、陕西和北京，其中，北京超过50%。2001~2013年物质服务费用一直超过全国平均水平的有山东省，其中北京自2008年以后一直超过全国平均水平，辽宁和陕西在2007年以前一直超过全国平均水平。物质服务费用变动较大的主要有辽宁、山东、陕西、甘肃和宁夏。其中甘肃和宁夏物质服务费用减少幅度大。

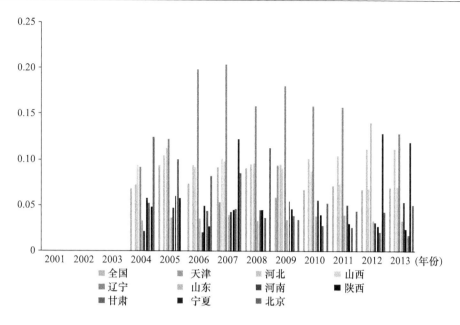

图4-5 苹果生产每亩土地租金份额

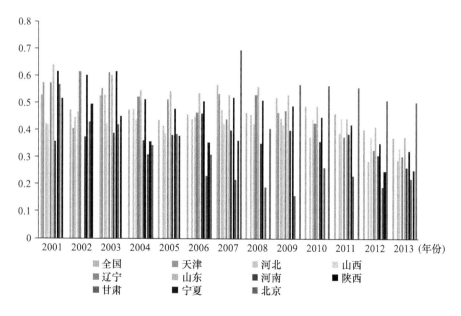

图4-6 苹果生产每亩物质服务费用份额

（3）劳动生产率。苹果种植的劳动生产率呈上升趋势。全国劳动生产率都在 35 公斤/日以上，2013 年为 51.65 公斤/日，比 2001 年（37.32 公斤/日）增长了 38.4%。2013 年在 11 个主产区中，劳动生产率超过全国平均水平的有 5 个，分别是河北、山西、河南、陕西和宁夏。2013 年劳动生产率超过 65 公斤/日的省份有山西和宁夏，其中宁夏为 96.52 公斤/日。2003~2013 年劳动生产率变动较大的主要有河北、山西和宁夏，其中河北、宁夏劳动生产率增长幅度大。

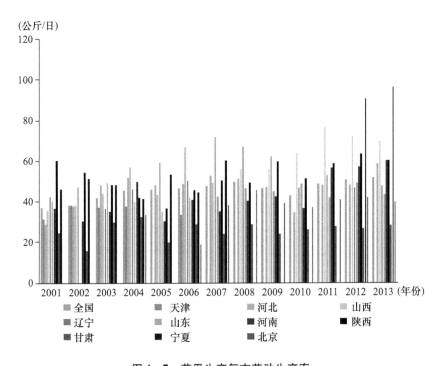

图 4-7　苹果生产每亩劳动生产率

（4）农户利润率。2010 年以来，苹果生产的每亩利润率呈下降趋势。2010 年农户利润率达到最高点，为 130.7%，此后一直下降，2013 年降为 66.33%。2010 年以后每亩利润同样呈下降趋势，从 2010 年的 5031.68 元/亩，下降为 2013 年的 3246.72 元/亩。利润下降的主要原因是成本不断增加。2010~2013 年，每亩的成本上涨了 1045.11 元；此外价格下跌也导致每亩收入下降了 739.85 元。

2013 年，从全国平均水平看，每生产 1 公斤苹果，农户的平均利润为 1.66 元，低于梨果的每公斤利润。但是在利润较高的 2010 年，农户单位产量的利润能达到 2.70 元/公斤。成本居高不下、销售价格难以持续增长，共同导致了农户的利润空间缩小。

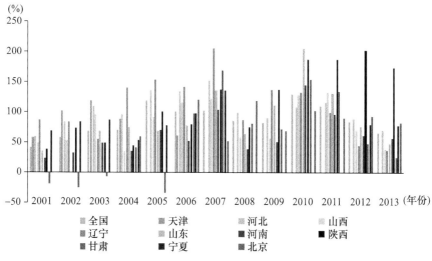

图 4 - 8 苹果生产每亩农户利润率

（5）每单位劳动力获利。由于劳动生产率的提高，每亩投入的劳动力数量呈下降趋势。在每亩利润下降的情况下，如果劳动生产率增长得足够快，则每单位劳动力的获利能力并不会下降。但是从苹果种植的数据看，尽管苹果的劳动生产率有所提高，但仍不足以抵消利润的下降，2010 年以后每单位劳动力的获利在逐步下降。2013 年全国苹果生产每单位劳动力每日农户利润为 85.69 元，而2010 年最高达到 115.17 元。2013 年在 11 个主产区中，苹果生产每亩每单位劳动力每日利润超过全国平均水平的有 3 个，分别是陕西、北京和宁夏，其中陕西地区最高，为 189.41 元。

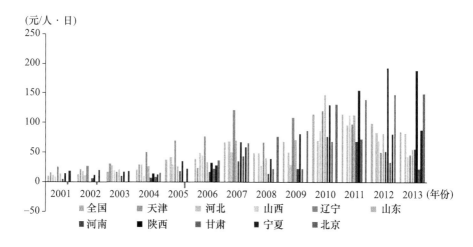

图 4 - 9 苹果生产每亩每单位劳动力每日利润

仍以《2013 年全国农民工监测调查报告》中 2013 年外出农民工人均年收入 31308 元作为计算的依据，苹果生产规模要达到 9.643 亩，才能获得与在外务工大致相当的年收入。

（6）要素价格上涨对苹果生产成本的影响。在苹果生产中，家庭用工价格对成本的影响是最大的，其次分别是雇工价格、土地租金和物质资料价格。平均而言，物质资料价格上涨 10%，苹果生产总成本将上涨 1.05%；家庭劳动价格上涨 10%，苹果生产总成本将上涨 4.52%；雇工价格上涨 10%，苹果生产总成本将上涨 3.34%；每亩土地租金上涨 10%，苹果生产总成本将上涨 1.09%。

表 4-11　要素价格上涨 10%对苹果生产成本的影响　　　　单位：%

年份	2010	2011	2012	2013	平均
物质资料价格（以化肥为代表）	1.38	1.07	0.95	0.79	1.05
家庭用工价格	3.76	4.43	4.67	5.23	4.52
雇工价格	3.72	3.31	3.36	2.97	3.34
土地价格	1.14	1.19	1.02	1.01	1.09

2. 柑橘生产成本及农户利润率分析

（1）柑橘生产成本及结构。2001 年以来，柑橘生产成本呈震荡上升趋势，波动幅度大于梨生产成本。2013 年全国平均柑橘生产成本为 2827.18 元/亩，高于梨平均生产成本（2443.94 元/亩）。2001~2013 年全国及主要种植柑橘省份的平均成本变化显示：

第一，全国近 10 年来柑橘平均生产成本提高，2013 年为 2827.18 元/亩，比 2001 年增长 1.5 倍，扣除通货膨胀因素，实际增长率约为 90%，年平均增速达 7.9%。但是生产成本波动较大，2004 年、2007 年、2013 年分别为三次成本高峰年份。2013 年 9 个主产省份中，生产成本年平均增速均超过 10%的省份有湖南和广东，其中湖南增速最快，达 13.8%。生产成本超过全国平均水平的有 4 个，分别是福建、湖南、广东和重庆。其中，成本超过 3000 元的省份有福建、湖南、广东和重庆；成本低于 2000 元的省份有江西、湖北。

第二，2001~2013 年柑橘生产成本一直高于全国平均水平的有 3 个，分别是福建、广东和重庆。成本变动比较大的有 3 个，分别是湖南、广东和广西。其中湖南成本增长幅度较大，广东和广西其次。2001~2013 年一直低于全国平均水平的有 3 个，分别是湖北、湖南、四川。但也有部分省份呈逐年下降的情况，如江西。

表4-12 柑橘生产成本（2001~2013年） 单位：元/亩

年份	2001	2002	2003	2004	2005	2006	2007	2008	2009	2010	2011	2012	2013
全国	1139.85	1687.81	2170.01	2177.24	1257.08	1459.5	2280.99	2064.22	1869.82	1968.25	2581.2	2694.24	2827.18
福建	1663.34	1794.24	1698.99	2211.47	1129.64	1554.19	3168.2	3319.6	2696.56	3028.71	3820.78	3182.46	3497.84
江西	0	0	0	0	0	0	0	1850.12	1087.5	823.45	1542.65	1368.57	1531.04
湖北	1005.48	1390.95	1509.89	1810.88	1289.52	1628.55	2096.07	1605.25	1302.23	1634.55	1864.23	1857.87	1747.95
湖南	673.18	0	0	0	1405.1	1325.99	1349.43	1494.9	1018.8	1387.55	1987.77	2778.33	3184.98
广东	2195.14	1877.13	2188.64	2317.16	2140.55	2576.38	2278.58	2684.4	3754.74	4937.75	5376.6	5293.82	7346.55
广西	1058.66	0	3284.7	3384.08	2713.06	2589.6	2109.25	2051.33	1858.53	1864.99	2287.43	2659.56	2417.51
重庆	0	0	0	0	0	0	0	1550.68	1884.91	2167.01	2246.07	2982.29	3108.81
浙江	0	0	0	0	0	0	0	856.05	817.9	0	0	0	0
四川	240.05	0	0	0	0	156.25	0	0	0	0	0	0	0

（2）柑橘生产成本结构。柑橘生产成本结构与梨生产成本结构变化趋势一致，劳动力成本比重不断增加、物质费用比重下降。2013年柑橘劳动力成本比重为49.89%，高于梨的劳动力成本（37.05%）；柑橘物质服务费用比重为36.98%，低于梨的物质服务费用（44.86%）。柑橘主产区生产成本结构变化显示如下：

第一，2011~2013年柑橘生产人力成本比重呈上升趋势。2013年在9个主产区中，湖南和湖北柑橘生产的人力成本比重超过全国平均水平，湖北为54.49%，湖南则高达85.88%。2001~2013年人力成本比重一直超过全国平均水平的只有湖南。人力成本比重变动较大的有福建、广东和广西，其中福建人力成本比重增长幅度最大。

第二，柑橘生产物质服务费用比重总体呈下降趋势。2013年全国平均柑橘生产的物质服务费用比重为45.06%。2013年在9个主产区中，物质服务费用比重超过全国平均水平的有4个，分别是福建、广东、广西和重庆。2013年物质服务费用超过50%的省份有福建和重庆，其中，福建超过60%。2001~2013年物质服务费用一直超过全国平均水平的有福建、广东和广西。物质服务费用变动较大的主要有湖南、重庆和湖北。其中湖南物质服务费用减少幅度最大。

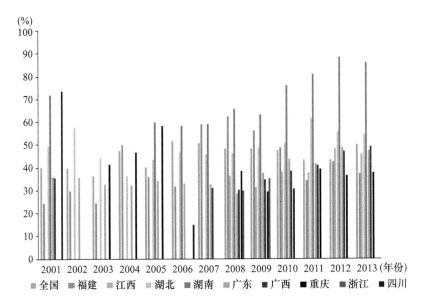

图4-10 柑橘生产每亩人力成本份额

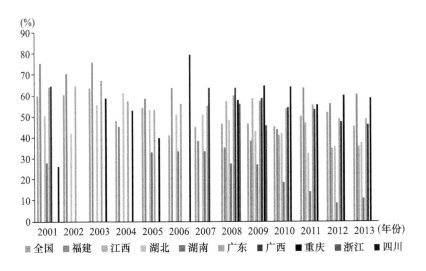

图4-11 柑橘生产每亩物质服务费用份额

　　第三，柑橘生产土地租金比重总体呈上升趋势。2013年全国平均柑橘生产土地租金比重为5.05%，2004年为4.83%。2013年在9个主产区中，土地租金比重超过全国平均水平的有3个，分别是江西、湖北和广西，其中江西达到18.37%。但也有部分省份土地租金份额呈下降趋势，如福建、湖南、广东和广西。2004～2013 年土地租金比重一直超过全国平均水平的只有广东地区。土地租金比重变动较大的主要有广东、福建和重庆，其中重庆土地租金比重增长幅度最大，广东和福建土地租金比重减少幅度大。

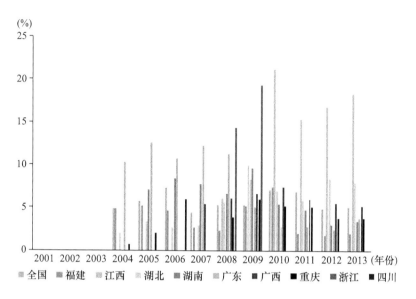

图 4-12 柑橘生产每亩土地租金份额

（3）劳动生产率。柑橘生产劳动生产率呈上升趋势。全国劳动生产率都在25 公斤/日以上，2013 年为 100.35 公斤/日，2001 年为 38.69 公斤/日，增长了159.34%。2013 年在 11 个主产区中，劳动生产率超过全国平均水平的有 5 个，分别是福建、江西、湖北、广西和重庆。2013 年劳动生产率超过 120 公斤/日的省份有福建、广西和重庆，重庆最高为 164.25 公斤/日。但也有部分省份呈下降趋势，如江西、湖南。2003～2013 年劳动生产率变动较大的主要有福建、重庆和广西，其中福建、重庆劳动生产率增长幅度大。

（4）农户利润率。柑橘种植农户每亩利润率波动较大，总体呈下降趋势。2001 年每亩利润率为 72.11%，2008 仅为 29.10%，2013 年为 58.6%。2013 年在 11 个主产区中，农户利润率超过全国平均水平的只有 2 个，分别是福建和广西，其中广西为 123.48%。柑橘种植农户每亩利润率波动幅度很大，略呈上升趋势。2001 年每亩利润率为 50.55%，2013 年为 81.43%。其中 2003 年、2005 年和 2010 年利润率上涨较快。

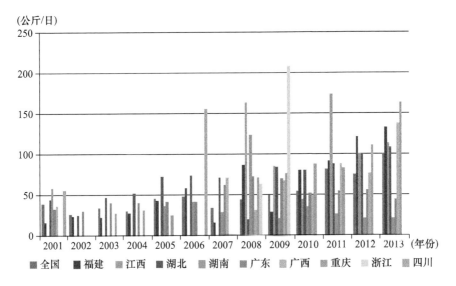

图 4 - 13　柑橘生产每亩劳动生产率

柑橘生产整体利润率较低，有不少省份农户利润为负，如江西、湖北和湖南。也有部分省份呈上升趋势，如福建、广西、浙江和四川。2001～2013 年柑橘生产每亩农户利润率变动较大的主要有重庆、湖南，其中重庆每亩农户利润率增长幅度最大，湖南每亩农户利润率减少幅度最大。

（5）每单位劳动力获利。柑橘生产农户每单位劳动力每日获得的利润总体呈上升趋势，2013 年为 85.69 元，2001 年为 20.06 元。2013 年在 9 个主产区中，柑橘生产农户每单位劳动力每日利润超过全国平均水平的有 3 个，分别是福建、广西和重庆。2013 年柑橘生产农户每单位劳动力获得每日利润超过 110 元的省份有福建、广西和重庆，其中重庆地区最高，为 179.74 元。也有部分省份呈下降趋势，如湖北和湖南。

若仍以《2013 年全国农民工监测调查报告》的农民工收入为计算依据，2013 年柑橘生产每亩利润为 1736.08 元，则种植规模要达到 18.03 亩才能获得与在外务工大致相当的年收入。

（6）要素价格对柑橘生产成本的影响。平均而言，物质资料价格上涨 10%，柑橘生产总成本将上涨 2.70%；家庭劳动价格上涨 10%，柑橘生产总成本将上涨 4.96%；雇工价格上涨 10%，柑橘生产总成本将上涨 1.87%；每亩土地租金上涨 10%，柑橘生产总成本将上涨 0.75%。在柑橘生产中，家庭用工价格对成本的影响是最大的，其次分别是物质资料价格、雇工价格和土地租金。

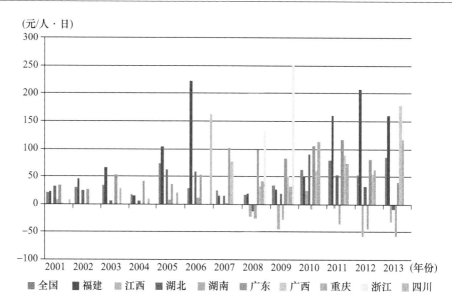

图 4 - 14　柑橘生产每亩每单位劳动力每日利润

表 4 - 13　要素价格上涨 10% 对柑橘生产成本的影响　　　　单位:%

年份	2010	2011	2012	2013	平均
物质资料价格	2.99	2.88	2.48	2.43	2.70
家庭用工价格	4.16	4.56	5.28	4.74	4.69
雇工价格	1.90	1.83	1.54	2.21	1.87
土地价格	0.95	0.72	0.69	0.63	0.75

3. 水稻生产成本及农户利润率分析

（1）水稻生产成本及结构。作为主要的大田作物，水稻的生产成本对于反映中国农业生产成本具有一定的代表性，因此以下以水稻（早籼稻）为例，对大田作物与果树生产成本进行比较，分析表明尽管早籼稻生产成本明显低于梨、苹果和柑橘，但同样呈现出上涨趋势。这反映出中国农业生产成本增加具有普遍性。2001～2013 年全国及主要种植水稻地区的平均成本变化显示如下：

第一，全国近 10 年来水稻平均生产成本逐年提高，2013 年为 902.15 元/亩，2001 年为 289.84 元/亩，增长了 2.11 倍，扣除通货膨胀因素，实际增长率约为 1.5 倍，年平均增速 9.9%。

第二，2001～2013 年生产成本一直高于全国平均水平的有 2 个，分别是福建和广西；成本一直低于全国平均水平的有 3 个，分别是安徽、江西和湖北。2013

年9个主产省份中湖北生产成本增速最快，达 10.65%。2013 年生产成本超过全国平均水平的有 4 个，分别是福建、湖北、广东和广西。其中，成本超过 1000元的省份有福建和广西；成本低于 800 元的省份有浙江。

表 4 - 14 水稻（早籼稻）生产成本（2001 ~ 2013 年）   单位：元/亩

年份	2001	2002	2003	2004	2005	2006	2007	2008	2009	2010	2011	2012	2013
全国	289.84	289.26	322.48	376.64	403.61	424.38	454.03	532	541.57	590.19	698.12	827.69	902.15
浙江	316.78	322.37	320.51	313.36	325.13	359.55	387.05	464.89	479.02	491.52	600.82	707.42	785.29
安徽	284.75	254.66	264.15	345.01	341.01	365.13	431.38	506.15	518.4	541.18	629.47	765.98	849.03
福建	370.36	379.32	376.39	391.23	442.11	460.09	522.76	598.59	580.78	652.43	847.29	1018.61	1101.96
江西	280.14	283.21	279.69	363.42	379.78	403.85	433.24	502.17	515.32	564.76	655.8	748.22	818.07
湖北	267.95	247.53	274.87	333.56	346.57	360.74	388.92	474.27	497.39	573.3	677.4	827.67	902.39
湖南	342.58	354.11	351.49	369.24	400.83	425.59	448.2	526.55	524.62	549.46	643.8	745.8	819.86
广东	385.75	371.14	367.5	383.82	400.91	401.1	441.62	533.98	532.23	593.93	725.16	905.86	967.89
广西	340.97	326.6	351.95	432.44	475.01	509.26	528.42	603.03	635.26	699.73	820.39	979.9	1063.89
海南	313.58	307.37	291.54	288.08	342.7	354.37	375.16	454.82	485.68	546.97	644.85	773.79	891.95

（2）水稻生产成本结构。2008 年以来，水稻生产的劳动力成本比重基本呈上升趋势，物质服务费用比重则呈下降趋势，这与梨生产成本结构变化趋势一致。2001 ~ 2013 年水稻主产区的成本结构变化显示：

第一，水稻生产物质服务费用比重总体呈下降趋势，2013 年为 43.07%，而2001 年为 55.14%。2013 年在 9 个主产区中，物质服务费用比重超过全国平均水平的有 5 个，分别是浙江、安徽、江西、湖南和海南。其中，北京水稻生产物质服务费用份额最高，占生产成本的 49.58%。海南物质服务费用比重呈逐年上升。

第二，2008 年以来，水稻生产劳动力成本比重上升，2013 年为 42.83%，高于梨。2013 年人力成本超过 50% 的省份有福建和湖北，其中福建最高，达 54.39%。

第三，水稻生产土地租金比重变化不大，2013 年为 14.1%。2013 年在 9 个主产区中，土地租金比重超过全国平均水平的有 6 个，分别是浙江、福建、江西、安徽、湖南和广东。2013 年土地租金比重超过 15% 的省份有浙江、江西和广东，其中浙江达到 21.56%。

（3）劳动生产率。水稻劳动生产率呈上升趋势，2013 年为 65.04 公斤/日，比 2001 年（29.98 公斤/日）增长了 1 倍多。2013 年在 9 个主产区中，劳动生产率超过全国平均水平的有 4 个，分别是浙江、安徽、江西和湖南。2013 年劳动生产率超过 80 公斤/日的省份有浙江和江西，其中浙江劳动生产率最高，为 108.29 公斤/日。2003～2013 年劳动生产率变动较大的主要有江西、湖南、安徽，其中江西增长幅度最大，为 2.2 倍。

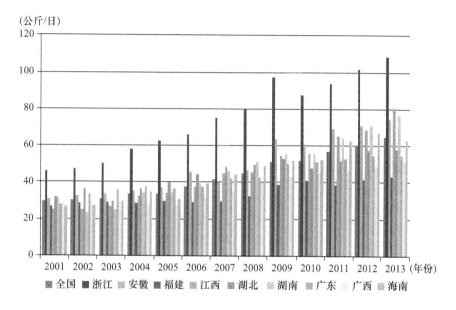

图 4-15　水稻劳动生产率

（4）农户利润率。水稻种植农户每亩利润率变化较大，2011 年以后呈下降趋势，2013 年为 5.75%，低于 2001 年的水平（10.81%）。2008 年利润率达到最高，为 27.64%。种植水稻的利润率低于梨、苹果和柑橘。2013 年在 9 个主产区中，利润率超过全国平均水平的有 5 个地区，分别是浙江、安徽、江西、湖南和海南。2013 年水稻生产出现亏损的省份有 3 个，分别是福建、广东、广西。

（5）每单位劳动力获利。种植水稻每单位劳动力每日的获利总体呈上升趋势，2013 年为 9.31 元，2001 年为 2.9 元，2011 年最高，为 29.36 元。而福建、湖北、广东和广西地区则呈现下降趋势。2013 年在 9 个主产区中，每单位劳动力每日获利超过全国平均水平的分别是浙江、安徽、江西、湖南和海南，其中浙江地区最高为 34.76 元。

若仍以《2013 年全国农民工监测调查报告》中农民工年收入为计算依据，2013 年种植水稻的每亩收益为 60.36 元，则种植规模达到 518.69 亩才能获得与在外务工大致相当的年收入。

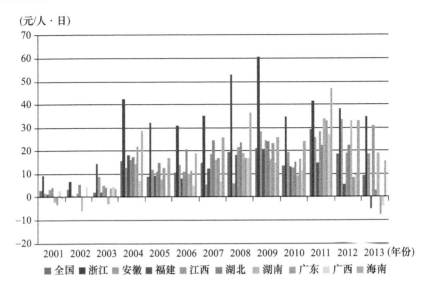

图 4 - 16   水稻生产每单位劳动力每日获利

（6）要素价格上涨对水稻生产成本的影响。水稻生产中，家庭用工价格对成本的影响是最大的，其次分别是土地租金、物质资料价格和雇工价格。平均而言，物质资料价格上涨 10%，水稻生产总成本将上涨 2.13%；家庭劳动价格上涨 10%，水稻生产总成本将上涨 5.03%；雇工价格上涨 10%，水稻生产总成本将上涨 0.38%；每亩土地租金上涨 10%，水稻生产总成本将上涨 2.20%。

表 4 - 15   要素价格上涨 10% 对水稻生产成本的影响   单位：%

年份	2010	2011	2012	2013	平均
物质资料价格	2.37	2.28	2.04	1.82	2.13
家庭用工价格	4.85	5.03	5.52	5.79	5.30
雇工价格	0.36	0.44	0.36	0.37	0.38
土地价格	2.43	2.26	2.08	2.03	2.20

第二节   生产要素价格变化对梨生产的影响

生产要素价格的变动会影响生产要素投入量，进而影响梨的生产成本，梨的生产成本主要包括两部分：劳动投入成本与物质资本成本。生产成本主要受要素价格和要素投入量的影响，当劳动力价格上升时，梨的生产成本以及农户进行梨生产的机会成本都会上升，当物质资本价格上升时，生产成本也会上升，而从事梨生产的比较收益会下降。梨农作为理性人，其生产行为会发生变化。

一、生产要素价格对梨农生产行为的影响

在短期内，梨农会使用价格相对较低的生产要素来替代价格相对昂贵的生产要素。陈书章等（2013）通过研究小麦生产的要素替代行为，发现劳动力和机械之间有较大的替代弹性，可以通过机械对劳动力的替代实现生产要素的优化重组。但是梨作为劳动密集型产业，资本对劳动力的替代比大田作物要困难得多，或者说资本对于劳动力的替代是十分有限的，当超过一定限度以后就无法再进行替代。当劳动力价格继续上升时，梨农的比较收益会持续降低，最终会疏于管理梨园，把自有劳动投入到其他产业中，以实现利润最大化。

在长期内，根据要素替代的相关理论，梨农会寻找技术上的创新以提高生产要素的使用效能，扩大要素组合中可进行调整的范围，实现要素之间的进一步替代。Hicks（1932）指出，某种生产要素相对价格的提高会激发减少使用该要素的技术发明和创新，即诱致性创新，这种创新会导致该要素生产效率提高的速度更快。因此，现实中往往两种要素效率提高的速度不同，技术进步存在要素偏向，即有偏技术进步。比如说，近年来我国梨生产的劳动力价格上升明显，技术的发展方向应该是劳动节约型，也就是说梨农倾向于选择省力化技术。另外，新品种的研发也是一种重要的技术进步。在长期内，新品种的种植成为可能，这也是解决要素价格上升的另一个重要途径。优质品种拥有更广阔的市场，较高的销售价格能够增加梨农的比较收益，有效缓解成本的持续上升。

可以通过微观调研数据，分析不同地区的梨农在劳动力价格上升后的生产行为选择，梨农如何进行要素替代，在生产中会选择何种生产技术，当无法进行替代后是进行抛荒还是转包。

二、生产要素价格对梨生产效率的影响

一般来说，经营规模较大或是组织化程度较高的地区，能够较快地进行生产要素的整合以及新技术的采用，分散经营、组织化较低的地区要素替代弹性较低，无法迅速对要素价格的上升做出调整，生产效率会比较低。因此，不同地区对于要素价格变化的反应是不一致的。要素的替代表明生产要素的重新组合，新的要素投入方式必然会对生产效率产生影响。当劳动力价格上升时，劳动投入量会降低，进而降低了梨的生产效率，而新技术的使用可能会提高梨的生产效率，因此最终生产效率的变动方向只能通过实证来确定。

另外，可以通过构建生产函数，测算各地区梨的要素替代弹性以及生产效率，判断各地区技术进步偏向性（通过替代弹性计算）以及生产效率变动情况。若能证明梨的技术进步是偏向劳动节约型，说明要素价格变化对技术进步是有影响的。若技术进步是中性的，说明技术进步只受时间影响。之后可通过 DEA 方法测算出生产效率的影响因素，判断要素替代、技术进步等对生产效率的影响。

三、生产要素价格对梨产量的影响

当前城镇化、工业化带来大量优质劳动力向非农产业转移，农业中的青壮年不断减少，人口年龄结构变化带来老龄化问题的出现，使从事梨种植的劳动力综合素质不高，加之经济发展水平的不断提升，货币发行量不断增多，通货膨胀率一直居高不下，诸多的现实条件造成我国农业劳动力成本不断上升，农民的务农机会成本不断提高，而我国梨种植生产作为劳动力密集产业，在种植收获过程中需要大量的劳动力投入，所以劳动力要素价格的变动势必会影响梨的产量，传导机制有以下两种：第一，当劳动力价格上升时，梨农疏于管理梨园，劳动力投入的减少会降低生产效率，进而降低梨的单产；而技术的使用会提高梨的生产效率、单产。第二，能够适应劳动力价格上升的地区会继续甚至是扩大梨的种植，长期内无法适应的地区将会退出梨产业，改种劳动节约型的大田作物。最终，能够促进梨的专业化生产、优化资源配置。这时各地区的种植面积会有所变化，梨的总产量也会随着面积的变化而变化。

四、生产要素价格对梨生产收益的影响

一方面，成本的上升、疏于管理降低生产效率进而降低单产会减少梨农的收益；另一方面，曾福生（2011）分析发现，价格是影响粮食生产变动最为关键的因素，提高粮价是提高粮食生产收益最为有效的手段，远大于其他因素对收益的影响，因此通过品种优化提高梨的单价是提高梨收益的重要手段。同时新技术的使用可以通过提高生产效率来提高单产增加梨农的收益。因此，要素价格的变动也会影响到梨农的收益。

五、生产要素价格对梨种植面积的影响

梨作为劳动力密集型产业，当前面临的分散小规模种植生产现象较严重，单位生产成本较高，而近年来劳动力务农机会成本的不断攀升，"刘易斯"拐点到来及人口年龄结构的变化，金融市场货币供应不断增多及通货膨胀居高不下造成水果生产的青壮年劳动力供给不断减少，甚至加剧了成本的上升。据国家梨产业技术体系农户固定观察点数据显示，2013 年我国梨单位面积成本构成中人力成

本占42.35%，人力成本比重超过物质费用，成为梨果种植最主要的成本，人力成本迅速上升成为梨生产中不可回避的现实问题。

梨种植面积的变化是受众多因素共同作用、相互依存的结果，梨作为自然再生产和社会再生产的一部分，近年来劳动力价格上涨是影响梨产业面积及集聚变化的主要动力之一，当然也受化肥、机械、劳动力等要素投入的影响，同时还受技术进步、经济社会发展、制度变迁及区域特征的影响。因此，出于以上综合考虑，建立影响梨产业变化的影响因素理论模型：

$$Y_j = F(P_j，X_j，TE，D_m，T_r)$$

其中，Y_j 表示各省梨种植面积占全国梨种植面积的比重；P_j 表示梨种植的劳动力价格，X_j 表示一系列的化肥、劳动力、机械等物质要素的投入；TE 表示技术变量；D_m 表示一组区域哑变量，用来说明其他变量没有直接说明的社会、经济、资源禀赋等在地区之间的差异；T_r 表示一组制度变迁变量，反映制度变迁的特征。

首先，本书以各省梨种植面积占全国面积的比重为被解释变量，由于主要分析劳动力成本上升对我国水果产业的影响，对模型进行适当改变，加入梨劳动力价格因子，另外在模型中引入地区哑变量、政策制度变量和技术进步变量，将化肥投入量、劳动力投入数量、梨灌溉面积、梨机械动力和非农就业机会作为控制变量，据此建立实证模型（4-1）：

$$Y_{it} = \alpha_0 + \beta_1 \ln(pri_{it}) + \beta_2 \ln(irr_{it}) + \beta_3 \ln(fer_{it}) + \beta_4 \ln(pow_{it}) + \beta_5 \ln(lab_{it}) +$$
$$\beta_6 opp_{it} + \beta_7 TE + \beta_8 T_1 + \beta_9 T_2 + \varepsilon_{it} \qquad (4-1)$$

其中，i 和 t 代表第 i 省第 t 年份，Y_{it} 表示梨种植面积占全国梨面积的比重，pri 表示梨的劳动力价格，irr 表示梨的灌溉面积，fer 表示梨种植的化肥投入量，pow 表示梨种植的机械化动力情况，lab 表示从事梨生产的劳动力总数，opp 表示非农就业机会，TE 表示技术进步，T_1 用于表示农林特产税政策的虚拟变量，T_2 表示"米袋子省长负责制"政策虚拟变量。引入的一组反映地区特征的虚拟变量 D_m，用以说明其他变量没有直接说明的自然资源、社会及经济等因子在时间和地区上的差异。

考虑到劳动力成本的变化可能会对不同地区梨种植面积影响存在差异，选择不同地区来分析种梨劳动成本上升对地区梨种植面积变化的影响有助于更细致地观察劳动力成本的变化对地区之间的影响效应，出于此考虑，本书建立劳动力成本与区域虚拟变量的交互项这一变量，据此建立实证模型（4-2）：

$$Y_{it} = \alpha_0 + \beta_1 \ln(pri_{it}) + \beta_2 \ln(irr_{it}) + \beta_3 \ln(fer_{it}) + \beta_4 \ln(pow_{it}) + \beta_5 \ln(lab_{it}) +$$
$$\beta_6 opp_{it} + \beta_7 TE + \ln(pri_{it}) \times \sum_{m=1}^{2} \rho_m D_m + \beta_8 T_1 + \beta_9 T_2 + \varepsilon_{it} \qquad (4-2)$$

本书所用的数据全部来自统计数据，由于海南、重庆和西藏的数据缺失严重，考虑到数据的完整性，将其排除在样本范围之外，采用的数据为1990～2010年全国28个省、市、区的时间序列和截面数据组成的面板数据，梨劳动力价格数据、灌溉面积、劳动力投入数量、机械化动力、化肥投入和非农就业机会等均主要来自历年的《中国统计年鉴》（1991～2011）、《中国农业年鉴》（1991～2011）、《中国农村统计年鉴》（1991～2011）等，相关解释变量根据作者计算得出。

根据已有文献的经验和大多数学者的统一做法，本书的多数变量处理如下：梨劳动力成本由农、林、牧、副、渔业从业人员的平均劳动力价格作为代理变量；灌溉面积 = 果园的有效灌溉面积×（梨面积/果园面积）；梨化肥投入量 = 化肥投入量×（梨面积/农作物面积）；梨机械动力情况 = 机械总动力×（梨面积/农作物总面积）；梨劳动力数量 = 农林牧副渔劳动力×（农业总产值/农林牧副渔总产值）×（梨面积/农作物总面积）；非农就业机会由农村劳动力总数减去从事农林牧副渔业的余额除以农村劳动力所得。关于政策虚拟变量，20世纪90年代以来，我国实行了一系列促进农业经济发展的有效政策，其中对水果产业发展影响比较大的有2004年开始取消的农林特产税和1995年开始实行的“米袋子省长负责制”，考虑到任何一项政策的执行都有一定的滞后性，本书主要测定这两项政策的制度绩效，结合梨生产周期大致为5年的生长规律，因此，本书选取2004年以后的为 $T_1 = 1$，以前的为0；选取1995～2000年时，$T_2 = 1$，其余的为0。对于技术变量，国内外多数学者用时间趋势来表示，但对于水果行业而言，技术进步更多地反映在单产上，而非种植面积的变化，因此本书不用时间趋势来替代，而是把1990年梨单产水平设定为1，以1990年为基期，将1991～2010年梨单产分别进行标准化，将所得系数作为各省梨技术水平的代理变量。对于地区哑变量，基于本书对梨重点生产区域的划分①，以环渤海地区为参照对象，当省份为长江流域及云贵地区时，$D_1 = 1$，其他则为0；当省份为西北地区时，$D_2 = 1$，其余为0。

考虑到本书采用横截面数据与时间序列数据组成的混合数据，对面板数据进行回归，需要进行 Hausman 检验，确定实证模型是该采取固定效应还是随机效应，为进一步减少截面异方差和序列自相关对结果造成的不利影响，采用广义最小二乘法 GLS 进行模型估计，本书运用 Stata11.0 软件分别对模型（4-1）和模型（4-2）进行回归，以求得到无偏、有效和一致的估计量，具体估计结果见

①　本书考虑到行政区划的完整性、梨生产及自然资源的情况，将我国梨种植区域划分为3大块，渤海湾地区、长江流域及云贵地区和西北地区。长江流域包括浙江、上海、江苏、安徽、湖北、湖南、江西、云南等。渤海湾地区包括河北、辽宁、山东、北京、天津。西北地区包括陕西、甘肃、青海、新疆等。

表4－16：

表4－16　模型估计结果

解释变量	模型（4－1）		模型（4－2）	
	系数	T统计量	系数	T统计量
C	－ 0.0302 **	－ 2.18	－ 0.0454 ***	－ 3.89
ln（pri）	－ 0.0068 ***	－ 6.92	－ 0.0102 ***	－ 9.73
lnx（irr）	0.0012	1.32	0.0017 *	1.93
ln（fer）	0.004 *	1.84	0.0046 **	2.16
ln（pow）	－ 0.0017	－ 1.04	－ 0.0025	－ 1.58
ln（lab）	0.0127 ***	5.84	0.0116 ***	5.43
opp	－ 0.0045	－ 0.63	－ 0.0089	－ 1.23
TE	－ 0.0012 **	－ 2.29	－ 0.0015 ***	－ 3.05
D_1	－ 0.0323 ***	－ 2.65		
D_2	－ 0.0231 *	－ 1.81		
ln（pri）＊D1			0.0050 ***	5.28
ln（pri）＊D2			0.0077 ***	7.79
T_1（2004～2010）	0.0028 *	1.83	0.0031 **	2.14
T_2（1995～2000）	－ 0.0055 ***	－ 5.24	－ 0.1153 ***	－ 5.28
wald chi2（11）	302.90		382.65	

注：＊＊＊、＊＊、＊分别表示模型结果在1%、5%、10%的水平上显著。

由表4－16可知：模型整体上通过显著性检验，劳动力成本上升在模型（4－1）和模型（4－2）都通过了1%的显著性检验，并且系数为负，表示梨劳动力成本上升对我国各区域梨面积变化具有负向影响，至此假说1得到验证，大部分其他的控制变量也基本上很好地通过了显著性检验。至于假说2的验证，本书将在后面进行详细的说明。

（1）梨劳动力成本的上升对我国各区域梨面积变化的影响。综合模型（4－1）和模型（4－2）可知，梨劳动力成本上升在1%的显著性水平下通过了显著性检验且其系数为负，总体说明伴随梨劳动力成本上升，我国各省梨面积占全国梨面积的比重是呈现下降趋势的，这与我们目前现实的预期是相符的，因为当前城镇化、工业化带来大量优质劳动力向非农产业转移，农业中的青壮年不断减少，人口年龄结构变化带来老龄化问题的出现，使从事梨种植的劳动力综合素质不高，加之经济发展水平的不断提升，货币发行量不断增多，通货膨胀率一直居高不下，诸多的现实条件造成我国农业劳动力成本不断上升，农民的务农机会成本不断提高，而我国梨种植生产作为劳动力密集产业，在种植收获过程中需要大量的劳动力投入，致使农户种植生产梨投入了大量的成本。

梨作为家庭经济型消费水果，当前不论是梨果市场流通还是消费，市场建设还不是很完善，农民从种植生产到消费市场承担着巨大的隐性成本；作为替代性极强的水果之一，梨的优质优价还未完全形成，梨的零售价格很难得到有效提高，梨种植生产成本的上升并不能有效地从价格上得到补偿，农户作为理性经济人，在综合权衡成本收益的情况下，会做出理性的种植生产预期决策。

不能否认的是规模经营在梨种植生产过程中的存在性。小规模、分散化农户的梨生产成本是上升的，尽管劳动力成本上升了，但是农民出于自身异质性及现实农业生产的考虑，也会选择扩大种植面积，减少单位面积上的综合成本投入，实现规模经济，以及以小博大。当然劳动力成本上升对不同区域不同作物的影响是不一定的，另外不同区域适应成本上升的能力也有差别，这将在模型（4-2）中进行解释说明。

（2）控制变量对我国各区域梨面积变化的影响。从模型（4-2）中可以看出，梨灌溉面积、化肥投入和劳动力总数投入的增加对各区域梨面积比重有积极的影响，且不同程度地通过显著性检验。并且可以看出，各区域梨种植面积的扩大很大程度上依赖于劳动力的大量投入，劳动力的数量和质量很大程度上决定了我国梨种植面积的变化；同时梨化肥投入和灌溉面积的增多也对梨的占比产生正的影响，这表明各区域应当加强农业基础设施建设投入力度，扩大梨灌溉面积范围；化肥对其影响为正，并不说明化肥施用量越多越好，基于化肥可能的负效应，在使用过程中要进行合理控制以及正确使用。

农业机械化和非农就业机会均未通过显著性检验，且其影响系数为负。其主要原因在于目前梨种植仍是以小规模生产为主，机械化程度还不够，梨园的机械化使用可能会不利于梨园的精细化管理，影响了梨园生产要素的最优配置，会造成梨园经济效益下降，现阶段梨园生产更多地是依赖劳动力而不是机械化。非农就业机会的增多造成农业劳动务农机会成本的上升，抬高了农业劳动力价格，提高了种梨的机会成本。技术进步对各区域梨面积占比的影响显著性为负，与预期相反，可能的解释是目前种梨的农户平均年龄较大，文化水平不是很高，种植梨树更多地依靠多年经验，而不是技术进步；同时基础技术推广人员可能更多地以化肥、农药等进行技术培训；还有可能就是当前的农业技术正向效应更多地是作用于粮食生产，从而抑制了梨的生产。

政策制度变量 T_1 通过了5%的显著性水平且影响为正，表明取消农林特产税大大促进了梨种植生产成本，提高了梨农生产的积极性，这一点也在2005年左右全国梨面积存在上升得以佐证。政策制度变量 T_2 的影响显著性为负，表明当时实行的"米袋子省长负责制"在 1995~2000 年之间确实增加了粮食种植面积，国家为了保证粮食安全，政策的制定必然要求水果生产让位于粮食生产，出现同水果产业争地的现象。地区哑变量均不同程度地通过了显著性检验且均为负，表明相对于参考系渤海湾地区，目前而言长江地域及其云贵地区、西北地区梨面积占比的分量均低于渤海湾地区，这一点也可以从三大区域占全国梨面积的比重中得到佐证。

（3）劳动力成本上升对地区影响的差异分析。从模型（4－2）可知，劳动力成本与 D_1 和 D_2 的交互项均在 1% 的显著性水平下通过检验，且其系数为正。综合各个交互项的含义，劳动力成本上升对梨面积占比总的影响系数为 $-0.0102 + 0.005D_1 + 0.0077D_2$，结合参照系渤海湾而言，劳动力成本上升对渤海湾梨面积占比的影响系数为 -0.0102，对长江流域及云贵地区的影响系数为 -0.0052，对西北地区的影响系数为 -0.0025，以上结果可以看出，劳动力成本上升对上述区域的影响系数均为负。但比较可以看出，劳动力成本上升对渤海湾地区的影响最大，然后为长江流域及云贵地区，最小的为西北地区，这一现象也与我们目前的现实情况相符，环渤海地区相比长江流域及西北地区经济发达，劳动力务农机会成本较高，种梨收益相比于非农收益较小，农民更愿意外出打工而不愿从事梨种植生产。

以上实证分析表明，劳动力成本对我国梨区域面积变化具有显著负影响，且区域差异性也很明显，其中影响最大的是属于渤海湾地区的传统梨主产区，然后为长江流域及云贵地区，影响最小的是西北地区。一定程度上劳动力成本的上升影响着我国梨产业集聚布局的变化，结合国家梨产业技术体系产业经济研究室的观察数据显示，我国目前梨生产慢慢开始由传统渤海湾地区向劳动力成本较低的西北及长江地带转移。

第三节 梨规模经营分析

一、规模经营政策

经中央审议通过的《关于引导农村土地经营权有序流转　发展农业适度规模经营的意见》（以下简称《意见》）于 2014 年 11 月 20 日正式出炉。土地流转和规模经营发展是客观趋势：

在坚持土地集体所有的前提下，实现所有权、承包权、经营权三权分置，形成土地经营权流转的格局，大力培育和扶持多元化新型农业经营主体，发展农业适度规模经营，走出一条有中国特色的农业现代化道路。

建立健全土地承包经营权登记制度，保护好农户的土地承包权益。坚持依法自愿有偿，尊重农民的流转主体地位，让农民成为土地流转和规模经营的积极参与者和真正受益者。

土地流转和规模经营发展是客观趋势，但必须看到这是一个渐进的历史过程，不能脱离实际、脱离国情，片面地追求流转速度和超大规模。

（一）规模经营的主体

《意见》重点提出了三个方面的措施，即通过农业经济组织来解决"谁来种地"的问题：一是建立新型职业农民制度，培育新的种地人。包括实施新型职业农民培育工程，积极培养专业大户、家庭农场经营者、农民合作社带头人。二是引导土地资源流向新型农业生产经营主体，使愿意种地的人能获得更多的土地经营权。鼓励优先流向农业经济组织。三是加大扶持完善服务，主要从财政、金融、用地、税收等方面提出了一系列有针对性的扶持政策。如支持符合条件的新型农业经营主体优先承担涉农项目，新增农业补贴向新型农业经营主体倾斜，引导金融机构建立健全针对新型农业经营主体的信贷、保险支持机制，要求各地在年度建设用地指标中单列一定比例并专门用于新型农业经营主体建设配套辅助设施等。

（二）规模经营扶持措施

为鼓励流转土地用于粮食生产，《意见》提出：一是通过新增补贴向粮食生产规模经营主体倾斜，优先安排农机具购置补贴，开展生产者补贴试点、目标价格保险试点、营销贷款试点，逐步实现粮食生产规模经营主体"愿保尽保"等措施，重点扶持粮食规模化生产。二是通过粮食主产区、粮食生产功能区、高产创建项目实施区的产业规划和相关农业生产扶持政策引导经营主体生产粮食。三是通过合理引导土地流转价格，以降低粮食生产成本，稳定粮食种植面积。可以采取停发粮食直接补贴、良种补贴、农资综合补贴等措施，遏制撂荒耕地。

为防止工商企业下乡引发"非农化"，《意见》明确：一是鼓励工商资本发展良种种苗繁育、高标准设施农业、规模化养殖和开发农村"四荒"资源等适合企业化经营的现代农业。二是对工商企业租赁农户承包地加强监管和风险防范。主要包括：要求各地对工商企业长时间、大面积租赁农户承包地有明确的上限控制；建立健全资格审查、项目审核和风险保障金三项制度，严格准入门槛，加强事后监管；定期对租赁土地企业的农业经营能力、流转承包地用途等情况进行监督检查，及时查处纠正违法违规行为等。

（三）适度规模农业的标准

现代农业的基本特征是农业生产的专业化、标准化、规模化、集约化。一定规模的土地集聚有利于发展现代农业。但是，任何一种土地经营方式都存在劳动生产率与土地产出率如何均衡的问题，土地经营规模不是越大越好，应当有一个适宜的范围。《意见》提出对以下"两个相当"的要重点扶持，即土地经营规模的务农收入相当于当地二、三产业务工收入的，土地经营规模相当于当地户均承包土地面积 10～15 倍的，应当给予重点扶持。这主要考虑到我国农户平均承包土地面积不足 8 亩，10～15 倍在 100 亩左右，按农户家庭两个劳动力种粮计算，现阶段劳均收入可相当于出外打工。实际是种半年地等于打 1 年工。当然，由于各地二、三产业发展水平不统一，农村劳动力转移有快有慢，可以根据实际情况确定具体的标准。

二、规模经营的理论分析

土地细碎化对整个农业生产过程都会产生影响，通过影响农业投入要素效率的形式参与到整个农业生产，并不是简单地以一种生产要素的形式参与其中。土地的空间分割且非连续带来农业生产要素运输途中的蒸发和泄漏，分割的较小地块由于边界和田埂的增多造成施肥不均匀，降低了化肥的施用效率。较小地块在一定程度上也限制了农业新品种或新技术的采用，迫使农户只得采取比较传统或保守的种植方式，降低了化肥和其他物质资本的使用效率，影响了农业产量提高和品质提升。农业固定资产投入的不可分割性也因地块规模的狭小而降低了其在时间和空间上的利用效率。因此，土地细碎化降低了化肥和其他物质资本的使用效率，降低了农作物产量。

相对于经济欠发达的农村地区，长期的农业种植结构和农业生产的季节性特点，使得当前农业劳动力表现为农忙时不足、农闲时剩余，农业劳动力资源总体相对较为充裕。邻近地区非农就业机会不多且工作不稳定的事实使得农业劳动力无法有效转移，农户会选择在农闲时外出务工，农忙时则回去继续务农，增加农业劳动力的灵活性，非农收入的增多也减轻了农业生产的资金约束，对农业的影响更小。经济较发达地区的非农工资尽管相对农业收入高，农户基于利益最大化，会选择外出务工获取更高的非农收入，但普遍不健全的社会保障体系增加了农民完全放弃土地后的担忧，农户宁可粗放经营也不放弃土地，在满足家庭基本生活需求的基础上，基于能力有限也不会过分注重作物产量的大幅提高。土地细碎化影响劳动力的灵活分配进而影响作物产量。经济越发达的地区，其土地细碎化对降低作物产量影响更大；经济欠发达的地区，其土地细碎化对降低作物产量的影响会更小，影响程度因地区经济发展水平的不同而存在差异。土地细碎化赋予了农民更多的自由选择权,满足农民土地情结的同时也满足了农民外出务工赚取非农工资的需求,一定程度提高了劳动力资源的灵活分配。

马歇尔(1789)认为规模经济是规模报酬的源泉,并把规模报酬定义为组织改进带来的劳动和资本使用效率的提高。萨缪尔森则把规模经济定义为所有生产要素同比例增加而引起农业生产率的提高或平均生产成本的下降。《新帕尔格雷夫经济学大辞典》和斯蒂格利茨(1997)将其定义为在不变的技术条件下,生产一单位单一或复合产品的平均成本递减。曼昆(1998)直接将规模经济揭示为长期平均成本随产量增加而下降的特性。可以看出规模经济和规模报酬之间存在一定的联系和区别。首先,规模报酬的条件比规模经济严格,规模报酬强调的是所有生产要素按同比例增加时产出的变动,而规模经济则包括了投入要素非比例变化的情况。其次,规模经济是从平均成本下降的角度来衡量,属货币价值层面的分析;规模报酬的变动是通过生产技术函数来表现的,属于实物层面的分析。

图 4 - 17 - a 给出了规模经济的思路,伴随着产量的提高,厂商的平均成本是先下降后上升。当 MC < AC 时,平均成本就会下降,因为新生产的商品边际成本低于平均成本,会将平均成本持续落下;当 MC > AC 时,边际成本曲线就会上拉平均成本曲线,平均成本也会上升,因此平均成本曲线呈现出"U"形。由图 4 - 17 - a 可以看出,Q* 为特定生产过程中的"最小有效率产量"。根据马克西—西尔伯斯通(Maxey - Silberston)曲线,单位成本将随经营规模扩大而不断下降,但下降速度会逐渐降低,这也说明了经营规模的适度扩大,由于经济正外部性的存在,有利于成本降低和利润水平提高。

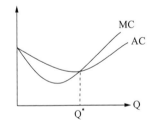

图 4 - 17 - a AC 和 MC 曲线

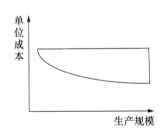

图 4 - 17 - b Maxey - Silberston 曲线

对应于整个农业生产,由于地块的空间分割且非连续,每一地块上的投入成本均会不同。面积过小造成农业机械等新技术无法实施,需投入较多的劳动力和农业生产要素,造成高昂的生产成本;面积过大则需要较多的农业生产要素和其他固定资产的投入,可能会超过农户的承受能力范围,并带来交易成本和隐性成本的上升。根据规模经济理论,地块面积适度增大会带来平均成本下降,当地块面积超过一定范围时,平均成本反而会上升。因此,农业生产会存在一个"最有效率规模",使得平均成本达到最低。小面积地块一方面不能有效利用农业机械等现代农业技术,降低机械作业效率,增加机械利用成本,妨碍机械对劳动力的有效替代;另一方面也无法有效分摊劳动力和农业机械等生产要素所需的固定资产投入,使小面积地块面临着更高的农业生产成本。在劳动力成本不断上升、农业生产要素价格不断上涨的现实背景下,越来越多的较小地块可能面临着被抛荒的威胁。

三、我国梨生产的最佳规模分析

适度规模经营一直以来是我国经济界和政治界探讨的理论和研究热点,当前我国梨生产仍是以家庭为单位的小规模分散经营,梨园经营的规模狭小、地块较零碎、栽植过密、田间枝量过大、郁闭现象明显、果园管理粗放,部分果园出现种而不管、管而不精的现象,导致梨园种植规模效益低下,抵御市场风险的能力较差,既不利于产量的提高,也影响果实品质的提升,严重削弱了梨果的市场竞争力。

当前在我国劳动力价格不断上涨、劳动力不断流向非农产业、人口老龄化出现、土地流转不完善及刘易斯"拐点"到来等宏观背景下,发展梨园的适度规模经营是提高梨农收入以及梨产业经济效益的重要途径。由于适度规模是针对特定目标而言的,不同的目标就会出现不同的判断依据,对于农户、企业和政府,其判断的标准是不一样的,且梨农的适度规模经营具有动态性、区域性和层次性。

农户基于效用最大化,当农户家庭从事梨种植的边际劳动投入的收益与外出打工每单位时间的收入相等时,此时农户的梨园规模就可以看成是达到适度规模。基于此,站在农户角度,以公平原则为基准,我们界定当家庭种梨劳动力的收益与农户外出打工收入基本相等时的规模为农户的最优适度规模。当前我国各地自然资源禀赋、经济水平不一,不能盲目追求规模扩大,部分地区条件有限,分散小规模梨农仍需进行精耕细作,突出品种性和特色性;条件成熟地区可通过适当规模扩大,提高梨农的经济效益。

利用梨固定观察点的数据,结合经济学原理,我们在理论上对如何确定梨种植的适度规模范围,实践中如何因地制宜发展适度规模进行研究。为便于各地政府及农户参考,我们初步测算出当前梨主产省河北的最佳规模为10.82亩,新疆为6.9亩,江苏为6.03亩,吉林为32亩,福建为42.98亩,山东为22亩,山西为12.03亩,陕西为10.08亩(理论模型推导见附1-1)。

需要强调的是,由于基于农户视角,不同的农户就会出现不同的适度规模,该结果是基于2012年梨观察点不同省份的平均水平测算得出,适度规模会因地区资源、经济和时间的不同而变化。

附 1 – 1 适度规模理论模型推导

理论模型：农户效应最大化（x 为消费的商品数量，L_x 为休闲时间）

$$\max_{x>0,l_x>0} U(x, l_x) \tag{1-1}$$

$$\text{s. t.} \quad \begin{aligned} &px \leqslant rF(L_{agri}) + wL_{nagri} \\ &L_x + L_{agri} + L_{nagri} = L \end{aligned} \tag{1-2}$$

其中：

（1）收入约束：$F(L_{agri})$ 为梨产量，r 为每单位梨出售的收益，$rF(L_{agri})$ 为梨种植收入，w 为外出打工每单位时间的收入，wL_{nagri} 为外出打工收入。

（2）时间约束：L_x 为家庭劳动力的休闲时间，L_{agri} 为从事梨种植的时间，L_{nagri} 为劳动力外出打工的时间，三者总和必须满足时间约束。

通过构造拉格朗日函数，求解最优化结果：

$$L_m = U(x, l_x) + \lambda_1 [px - rF(L_{agri}) - wL_{nagri}] + \lambda_2(L - L_x - L_{agri} - L_{nagri})$$

令：

$$\frac{\partial L_m}{\partial L_{agri}} = 0$$

$$\frac{\partial L_m}{\partial L_{nagri}} = 0$$

得出最优结果为：

$$w = rf(L_{agri}) \tag{1-3}$$

即：家庭劳动力从事梨生产的边际劳动投入的收益与外出打工每单位时间的收入相等。通过对式（1-3）两边进行积分我们可以发现，保证梨农不外出打工的必要条件是家庭劳动力种梨收益与外出打工收入相等。此时的规模我们认定为达到"适度"，为适度规模。

第五章 梨流通分析

第一节 梨流通发展历程

一、改革开放以前中国梨流通发展历程[①]

（一）新中国成立初期（1949～1955年）的自由购销阶段

1949～1955年这一阶段梨流通实行自由购销，价格随行就市，所以梨的价格波动较大。国家为稳定物价，增加了国有企业经营梨的比重，同时对商贩实行国家补贴政策，从而削弱价格的波动幅度。梨农、商贩及国营机构[②]成为市场主体，其中商贩起到了主要作用。梨流通渠道相对来说多样化且比较简单，如"梨农—消费者；梨农—商贩—消费者；梨农—国营果品经营机构—消费者"。该期间中国梨流通体系特征见表5－1。

表5－1 1949～1955年中国梨流通体系特征

制度特征	流通主体	主要流通渠道
梨自由贸易制度；允许集贸市场交易，郊区供应；加强主要城市和工矿区梨供应	梨农；商贩；1953年以后开始组建国营果品经营机构，其中商贩起主要作用	梨农—消费者； 梨农—商贩—消费者； 梨农—国营果品经营机构—消费者

（二）1956～1961年的统购包销阶段

1956～1961年实行梨的统购包销政策，它曾对调节大中城市梨的生产、供

---

① 本部分在杜淑芳（2011）文献基础上改编而得。

② 这里的商贩及国营机构本身都属于梨流通中的运销商，此处商贩指国营机构以外的、参与农产品运营流通的主体。

应和稳定市场价格起到了重要的作用。同时也产生了许多负面的影响：统得太死，包得过多，特别是阻断了梨农与市场的联系。梨农由于只进行生产，不进行梨的经营，梨农的生产积极性大为受挫，从而造成了梨品种的减少，梨质量下降。再加上经营不善，出现了严重的亏损，计划经济的弊端已明显表现出来。当时的流通主体以社队和国营果品经营机构为主；流通渠道比较单一，只有"社队—国营果品经营机构—消费者"这一条渠道。该期间中国梨流通体系特征见表5-2。

表5-2　1956~1961年中国梨流通体系特征

制度特征	流通主体	主要流通渠道
关闭集贸市场，取消自由贸易，实行统购包销	社队（生产单位）；国营果品经营机构	社队—国营果品经营机构—消费者

（三）1962~1965年的国营为主、多渠道流通阶段

针对前一时期统购包销存在的诸多体制弊端，中央对政策进行微调，有限制地给梨生产者发放了买卖许可证，允许梨农自行销售计划外梨。流通主体以社队和国营果品经营机构为主，梨农为辅。当时的主要流通渠道仍是"社队—国营果品经营机构—消费者"。该期间中国梨流通体系特征见表5-3。

表5-3　1962~1965年中国梨流通体系特征

制度特征	流通主体	主要流通渠道
统购包销，有限制地允许梨农自行销售计划外梨品	社队（生产单位）；国营果品经营机构；梨农	社队—国营果品经营机构—消费者（为主）；梨农—国营果品经营机构—消费者（为辅）

（四）"文化大革命"期间（1966~1977年）的再度统购包销阶段

"文化大革命"期间，中国梨经营出现了历史性的倒退，梨的经营权完全由国营梨公司掌握，小商贩被看作是"投机倒把"和"资本主义尾巴"，各大城市的梨零售网点逐渐被取消。流通主体再度延续了"社队为单位的生产者和国营果品经营机构"；流通渠道也恢复到"社队—国营果品经营机构—消费者"。该期间中国梨流通体系特征见表5-4。

表5-4　1966~1977年中国梨流通体系特征

制度特征	流通主体	主要流通渠道
严格的统购包销	社队（生产单位）；国营果品经营机构	社队—国营果品经营机构—消费者

二、改革开放以后中国梨流通发展历程

（一）1978～1984 年大管小活的多渠道梨流通阶段

1978 年十一届三中全会召开以后，改革开放逐步地深入到了农村，梨农生产的梨果除满足自身需要外，出现了剩余，急切需要进行商品交换。在这种情况下，全国各地进行了大范围的梨流通体制的变革。以河北省为例，一些大中城市先后试行了梨社队自产自销的经营形式。改变了过去统购包销的流通体制，恢复集市贸易，让小商贩自由经营，实行"大管小活"和多渠道流通，河北省 70%～80% 的梨果实现了计划收购和计划价格，20%～30% 的梨果则实现了市场经营和市场价格。梨果流通实行"双轨制"，一方面发挥了"大管"稳定市场的作用，另一方面发挥了"小活"积极的市场补充作用。流通渠道有所减短且形式多样。该期间中国梨流通体系特征见表 5－5。

表 5－5　1978～1984 年中国梨流通体系特征

制度特征	流通主体	主要流通渠道
恢复城乡集市贸易；改革统、派购制度，实行市场主导；梨供应实行近郊为主，远郊为辅，外埠调剂；允许长途贩运	梨农；长途商贩；合作果品经营组织；国营果品经营机构；（主体性质体现国营、集体、私人的综合）	梨农—消费者； 梨农—商贩销户—消费者； 梨农—国营商业机构—消费者

（二）1985 年至 20 世纪 90 年代初期的梨流通阶段

1985 年以来，梨流通体制发生了很大的变化。由于市场经济体制确定之后，统购包销的梨流通体制无法适应梨流通的市场需求，在这一阶段，梨流通制度主要体现为：彻底废除统派购制度；鼓励发展农副产品批发市场，开始提倡产业化经营。该期间中国梨流通体系特征见表 5－6。

表 5－6　1985～1996 年中国梨流通体系特征

制度特征	流通主体	主要流通渠道
彻底废除统、派购制度；鼓励发展农副产品批发市场，开始提倡产业化经营	梨农；公司型生产基地；商贩；农户合作组织；私人果品经营组织（产地或销地批发商、果品公司等）；流通服务组织等	梨农—商贩—销地批发商—零售商—消费者； 梨农—产地批发商—流通服务组织—销地批发商—零售商—消费者； 梨农—农户合作组织—销地批发商—零售商—消费者等

（三）20世纪90年代中期之后的梨流通阶段

20世纪90年代中后期，消费需求的变化、技术的革新和梨国际贸易规则的变化对梨流通体制变迁产生了新的需求。流通主体结构进一步多样，产前服务、产中服务、产后服务、经营服务、金融服务等进一步深化。梨流通渠道新增梨农—网上商店/电话购物—消费者和梨农—网上商店/电话购物—销地批发商—超市/果品店/集贸市场—消费者。同时，流通渠道辅助职能进一步得到完善，例如有些流通环节中出现相对严格的分级、分选和安全检测等程序，流通加工、包装与运输上的工作标准化等。该期间中国梨流通体系特征见表5-7。

表5-7　20世纪90年代中期之后中国梨流通体系特征

制度特征	流通主体	主要流通渠道
市场调节为主导，宏观调控为辅；产业化经营初具规模；龙头企业相继崛起；经济合作组织快速发展	梨农；公司型生产基地；商贩；农户合作组织；果品公司；产地或销地批发商；私营果品经营组织；流通服务组织（产前服务、产中服务、产后服务、经营服务、金融服务）等	梨农—商贩—销地批发商—零售终端（超市、果品店、集贸市场等）—消费者； 梨农—产地批发商—专业物流服务组织—销地批发商—零售终端—消费者； 梨农—农户合作组织—销地批发商—零售终端—消费者 梨农—网上商店/电话购物—消费者； 梨农—网上商店/电话购物—销地批发商—零售终端—消费者

第二节　梨流通渠道现状

概括地说，当前中国梨流通渠道依据其参与的流通主体的性质主要具有以下五种基本形态（见图5-1）。

其中，①型渠道，即由生产者直接提供梨果，可见于加工业原料及特种商品的采购形式；②型渠道适合于集中生产者或共同上市型流通，在梨流通市场中常见于零售商的直接收购、饮食业采购，共同上市及近郊农民出售产品的形式；③型渠道多适合于小规模多数分散生产、集中消费性商品流通，适用梨流通中的产地市场采购；④型渠道在梨流通渠道领域多见于生产者组织共同上市或者局域内流通的情况；⑤型渠道承担梨果商品的收集、中转、分配之多项机能，适合分散生产、分散消费性的商品流通，是梨果广域流通的最主要渠道（周应恒）[1]。

---

[1]　周应恒. 农产品运销学［M］. 北京：农业出版社，2006.

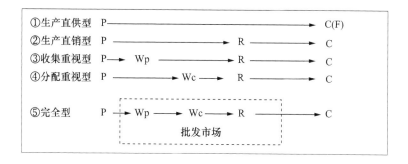

① 生产直供型 P ————————————————→ C(F)

② 生产直销型 P ————————→ R ————→ C

③ 收集重视型 P —→ Wp ————→ R ————→ C

④ 分配重视型 P ————→ Wc —→ R ————→ C

⑤ 完全型 P —→ Wp —→ Wc —→ R ————→ C

批发市场

图 5 - 1 商品流通渠道基本形态

注：P 为梨生产商，Wp 为产地收购商，Wc 为消费地批发商，R 为零售商，C 为消费者，F 为加工者。

根据以上的分析，梨果的广域流通一般是完全性渠道，具有多个流通环节。如图 5 - 1 所示，批发市场包括 Wp—Wc—R 的阶段，在梨流通中具有核心的地位。可以说，梨流通主要是批发市场依存型的流通模式。以下部分将以我国最大的梨主产区——河北省为例，对中国梨流通渠道进行说明。

一、传统流通渠道——以河北省为例

河北省是我国最大的梨果主产区，2011 年产梨果 436.8 万吨，居全国第一位。其中，产鸭梨 204.9 万吨，雪花梨 105.3 万吨。其中，石家庄地区梨果产量约占河北省的 1/3，约占全国梨总产量的 1/8，主要分布在该市东部的辛集、赵县、晋州和藁城 4 个县（市）。这 4 个县也是我国梨果产业化程度最高、机械制冷库最为密集的地区，拥有各类果品贮藏保鲜企业近 2000 家，年贮藏能力 90 万余吨，形成了以裕隆、天华、龙华、长城等一大批以梨果贮藏、加工、出口业务为主的大中型果品企业为龙头的贮藏保鲜企业群①。

（一）流通渠道类型

河北省大多数梨果②通过"农户—果品站—外地批发商—外地零售市场"这一渠道销往全国各地，其销售量占当地梨果销售量的 70% 以上。果品站是河北省梨果流通链中一个异常活跃的角色，超过九成的梨果通过果品站流向下一个环节。河北省梨果流通渠道类型及其销售比例详见表 5 - 8。

---

① http：//www.hebguoye.com/ReadNews.asp？NewsID = 2629 河北果业，2012 - 09 - 19.

② 由于加工企业所消化的梨果所占的市场份额很小，因此这里主要指鲜果流通部分。

中国梨产业经济研究

表5-8 河北省梨果流通渠道类型及其销售比例

序号	流通渠道类型	销售比例（%）
1	农户—果品站—外地批发商—外地零售市场—消费者	70.22
2	农户—果品站—本地批发商—小型水果店（出口商、超市）—消费者	20.75
3	农户—本地批发商—加工商—消费者	9.03

数据来源：交易费用与农户契约选择——来自梨农调查的经验证据（张静，2009）。本表中的流通渠道类型与表5-7并不矛盾，前者是后者在某一地区的具体化。

表5-8表明，果品站①是河北省梨产区沟通果农与批发商的基本途径。"果品站"是指由有经济头脑的乡村里的人创办，依据成交量收取手续费用，为本地和外地批发商收购梨果提供服务，并帮助其从事简单包装和组织货源的小型梨果集散地。据调查，超过90%的梨果通过果品站被销售到全国各地的市场以及国外市场。河北省是传统的梨果种植地区，梨果的种植是典型的小农经济，每家梨农的梨园状况都十分相似，这是在分配梨园时过度地强调公平的结果。批发商看好的是众多梨农的总生产能力，而不是单个农户的生产能力，基于此，当地人便创办了果品站，果品站起着将单个农户的生产能力集中起来再统一释放的作用。果品站的经营者或是小型冷库的经营者，或是从事过水果贩运的小商贩，或是乡村干部。果品站是一个完全竞争市场，数量众多，每一个主体规模都很小，他们任何一家都没有能力决定单位交易量的手续费率，不得不通过提高服务质量，承担客户一部分食宿费等手段来保持与客商的长久合作。手续费按交易量的多少来收取，不受梨果品种和收购价格的影响。收购价格成为农户在选择果品站时的决定因素，农户以果品站木板上公布的价格和果品站通过村委会广播站播报的价格为准。因为果品站数量众多，加之来自销售地的市场需求，能够通过现代通信及时传到梨果产地市场，梨果收购价格在1天之中十分不固定，农户选择果品站是靠了解多家果品站的收购价格后才出售梨果。果品站通常不是常年型的。

表5-8中，序号1和序号2流通环节的区别主要在于前者主要通过外地批发商流向外地，后者主要通过本地批发商，一部分本地销售，另一部分流向外地甚至销往国外。

（二）价值链分析：以果品站（经纪人）为主导的市场

果品站是连接小农户与批发商的重要中介，如前文所述，果品站是由乡村里的能人开办，按成交量收取中介费用，为本地及外地批发商收购梨果提供场所、信息，并帮助其组织货源和从事简易包装的小型梨果集散地。

---

① 梨果的产地批发市场一般建立在田间地头，在主产区也称为果品站（王太祥，2011），其实质是经纪人。

鲜销梨果价值链。河北省的鲜销梨果有两种主要销售途径：一是"农户—果品站—外地批发商—外地零售市场—消费者"，二是"农户—果品站—本地批发商—小型零售商（出口商或大型综合超市）—消费者"。

1. 农户—果品站—外地批发商—外地零售市场—消费者

表5-9表示第一种销售途径中价值链中各主体成本收益与增值比例情况。

表5-9 农户—果品站—外地批发商—外地零售市场增值结构表

单位：元/公斤

序号	增值结构	农户	果品站	外地批发商	外地零售市场	
					小水果店	超市
1	购买价格（生产成本）	0.97	0	1.37	1.8	2.0
2	平均售价	1.37	0.06	1.8	2.85	3.2
3	增值	0.4	0.06	0.43	1.05	1.2
4	新增成本	0	0.01	0.37	0.78	0.85
5	利润	0.4	0.05	0.11	0.47	0.35
6	增值比例（%）	20.62	3.09	22.17	54.12	—
		17.47	2.62	27.51	—	52.4

数据来源：张静（2009）。

表5-9中，就增值比例而言，零售环节加价最多，批发环节次之，生产环节最少。从梨果生产环节到批发环节的加价仅占价值链总增值的20%，批发环节到零售环节相应比例约为25%，零售环节到最终消费者相应比例超过50%。

就成本构成而言，单位重量梨果的流通成本高于生产成本。批发环节和零售环节的成本高达每公斤1.16～1.23元，农户生产每公斤梨果的成本为0.97元。绝大部分梨果仍然是经由传统的小型水果店到达消费者，小型水果店遍布社区，为消费者购买水果提供便利，其梨果价格也能与大型超市相抗衡。甚至略低于大型综合超市，因此在竞争中占有优势。由于大部分大型综合超市是从批发市场采购梨果，其采购成本难以控制，加之超市高昂的运营成本，大型综合超市在鸭梨等大宗水果经营方面并不具备竞争优势。

就利润分配而言，单位重量梨果利润最大的是零售环节，批发环节次之。大型综合超市从单位重量梨果中的盈利程度不及小型水果店，只能以量取胜。表面看来，农户似乎也获益颇多，然而每公斤0.4元的"利润"并未扣除农户自有劳动投入的成本，也没有摊销梨园初期投资。如若考虑到农户付出的大量自有劳动，大部分农户将亏损。

2. 农户—果品站—本地批发商—小型零售商—消费者

表5－10表示河北省梨果流通中的第二种主要渠道，"农户—果品站—本地批发商—小型零售商（出口商或大型综合超市）"价值链中各主体成本收益与增值比例情况。

表5－10中，就增值比例而言，在国内市场仍然是零售环节加价最多，批发环节增值比例低于生产环节增值比例，可能的原因在于产地批发市场竞争更为激烈，本地批发商不得不压缩利润空间薄利多销。出口是增值最大的环节，其增值比例是生产环节的6倍，是批发环节的3倍。

表5－10 农户—果品站—本地批发商—零售环节增值结构表

单位：元/公斤

序号	增值结构	农户	果品站	本地批发商	零售或出口市场		
					小水果店（60%）	超市（20%）	出口商（20%）
1	购买价格（生产成本）	0.79	0	1.35	1.85	1.8	2.5
2	平均售价	1.35	0.06	1.85	2.75	3.0	6.0
3	增值	0.56	0.06	0.5	0.9	1.2	3.5
4	新增成本	0	0.01	0.2	0.62	1.03	2.04
5	利润	0.56	0.05	0.24	0.28	0.17	1.46
6	增值比例（%）	27.72	2.97	24.75	44.55	—	—
		14.67	2.64	19.82	—	52.86	—
		10.63	1.14	21.82	—	—	66.41

数据来源：张静（2009）。

就成本构成而言，新增成本最多的环节是出口环节，梨果出口需要支付较高的包装费用、冷藏费用、运输费用、人工费用以及海关税费。与外地批发商采购梨果后以鲜销为主、依靠长途贩运获取地区差价不同，本地批发商通过对梨果进行再次分等定级将优质的梨果销售给诸如出口商等较为高端的市场，或是利用本地较为成熟的配套设施将梨果冷藏以获取时间差价。河北省内的大型综合超市其梨果购买价格低于小型水果店，但梨果的单位销售成本仍高于小型水果店。

就利润分配而言，出口商获取的单位利润远远高于其他销售方式，但出口市场的风险较大且出口量相对较小。国际市场梨果价格和需求量的波动会迅速传递到产地收购市场，收购价格的降低会直接影响到生产者的收益。由于出口企业直接联系基地农户的数量极其有限。出口的梨果大多经由本地批发商销售到出口企业，因此，绝大多数小农户难以从出口的增值中获益。

（三）批发商

除了果品站在梨果流通环节发挥了重要作用之外，本地和外地的批发商也发挥了重要作用。梨果批发商（Wholesaler）是指直接向梨果生产者购买或者由果品收购站代为间接购买梨果并转售给加工厂商、零批商、零售商的流通主体，部分批发商本身也有加工、零批以及零售的功能。它在不同的交易场合分别被称作批发商、分销商或配售商。

一般而言，梨果批发商不同于农产品生产者和最终消费者，它一般不直接从事农产品的生产活动和消费活动，而是在农产品流通领域，在生产和消费之间起集中、平衡和扩散的功能。它也不同于农产品零售商，其交易对象是商业顾客而不是最终消费者，其交易数量通常大于零售。批发商处于商品流通起点和中间阶段，交易对象是生产企业和零售商，一方面它向生产者收购商品，另一方面它又向零售商批销商品，并且是按批发价格经营大宗商品。其业务活动结束后，商品仍处于流通领域中，并不直接服务于最终消费者。批发商是商品流通的大动脉，是关键性的环节，它是连接生产企业和商业零售企业的枢纽，是调节商品供求的蓄水池，是沟通产需的重要桥梁，对企业改善经营管理及提高经济效益、满足市场需求、稳定市场具有重要作用。

梨生产者由于生产规模狭小且缺乏专门的市场知识，往往无力直接与零售商或最终消费者交易；水果零售商由于经营品种种类繁多，往往也无力直接从每一个农产品生产者手中购进商品。农产品批发商由于其经营规模庞大，与零售商的接触更为广泛并且具有专门技术，正好弥补了农产品生产者和零售商及最终消费者之间的脱节，起到生产与消费之间的桥梁和纽带的作用。但是，随着现代食品零售业的发展，批发商的作用也在逐渐降低。这是因为，大型食品零售连锁企业倾向于直接和生产者或生产者的合作组织进行交易，而不再经过批发商，大型食品零售企业所开设的配送中心实际上承担了传统上由商人批发商所承担的职能。农超对接渠道就是该现象体现之一。表5-11为河北省内经营梨果（不限于梨果）的典型水果批发商名录。

表5-11 河北省内典型批发商名录

编号	批发商	组织类型	主营范围及规模（吨）					主要经营梨品种
			生产	加工	贮藏	内销	外销	
1	辛集市翠王果品有限公司	企业	—	—	5000	5000	—	黄冠、鸭梨
2	河北天华果品有限公司	企业	—	—	5000	—	10000	黄冠、鸭梨
3	河北龙华果品有限公司	企业	—	—	30000	30000	—	黄冠、鸭梨

续表

编号	批发商	组织类型	主营范围及规模（吨）					主要经营梨品种
			生产	加工	贮藏	内销	外销	
4	辛集市裕隆保鲜食品有限公司	企业	—	—	30000	—	25000	黄冠、鸭梨
5	河北杏园果业有限公司	企业	—	—	30000	30000	—	黄冠、鸭梨
6	辛集市益康果品有限公司	企业	—	—	5000	5000	—	黄冠、鸭梨
7	辛集市冠玉梨果合作社	合作社	10000	—	5000	5000	—	黄冠、鸭梨
8	河北省晋州市长城经贸有限公司	企业	—	20000	20000	10000	10000	黄冠、鸭梨
9	河北鲜鲜农产有限公司	企业	—	5000	5000	2000	3000	黄冠、鸭梨
10	泊头亚丰果品公司	企业		20000	20000	4000	16000	鸭梨、新高、黄冠、黄金、圆黄等
11	富林果品公司	企业			1500	500	1000	鸭梨、新高、黄冠、黄金、圆黄等
12	沧州绿洲果品商贸有限公司	企业			10000	4000	6000	鸭梨、新高、黄冠、黄金、圆黄等
13	东方果品公司	企业			15000		15000	鸭梨、新高、黄冠、黄金、圆黄等
14	昌黎县团里林果种植专业合作社	合作社	5100	—	—	5100	—	蜜梨、京白梨、黄冠

从表5-11可以看出，大型的梨果批发商除了承担内销或者外销的批发功能以外，一般都有自己的冷库，冷库容量一般与自身批发能力成正比。少部分批发商直接从事梨生产活动。

二、传统渠道与超市渠道

超市渠道主要是指以超市为核心的农产品运销渠道，例如农超对接模式，又被称为现代渠道；传统渠道则是指以批发市场和农贸市场为核心的农产品运销渠道。若按此标准，表5-9和表5-10中的渠道类型均属于传统渠道。从20世

90 年代中期开始，随着超市的兴起与快速发展，我国生鲜蔬菜水果零售渠道随之发生了一系列剧烈的变化。位于农产品销售终端的本土超市、国际品牌超市以及大量的传统农贸市场展开了激烈竞争。虽然超市在干货和冷冻食品的销售方面种类繁多，占尽优势，但包括梨果在内的生鲜农产品在超市的销售仍然没有压倒传统农贸市场。在产业链终端超市和上游种植农户之间层层密布着众多的中间商和中间环节。

到目前为止，超市占农产品零售额的比例并不高。2009 年全国只有 15% 的农产品经由超市销售。商务部制定的战略目标是在 2015 年之前，全国 30% 的农产品经由超市终端销售。2009 年，中国大型超市的生鲜零售额占其总营业额的 25.33%，标准超市的这一比例是 16.84%（中国连锁经营协会，2010）。随着农超对接的深入，以及中国城市化和居民收入水平的提高，超市占中国农产品零售的份额有望继续增长。

近年来，特别是 2007 年以来，中国的一些大型超市为了减少采购层级，通过农超对接的形式直接从水果或者蔬菜生产者那里采购生鲜农产品，在全国建立广泛的采购供应网络。2009 年，农业部和商务部联合发文强化超市和农民之间的连接。当年中央财政投入 5858 万美元支持建立 205 家农超对接基地，涉及 11.1 万农户。在此工程的刺激下，已经进入中国的沃尔玛、家乐福、乐购和麦德龙等国际零售巨头纷纷建立农产品直接采购基地。这种最新的发展趋势当然会对消费者产生影响，除此以外，中国的农超对接开始促进整个农产品流通渠道和供应链结构发生深刻变化，深刻影响处于供应链最上游的水果和蔬菜生产者的生产和收益。

所以，农超对接引发的农产品销售渠道变革及其对整个产业链结构的影响便成为一个非常引人注意的研究话题。那么，对于梨农而言，中国细碎化经营的分散小农户加入现代销售渠道后会增加农民收益吗？如果增加了农户收益，是通过什么机制来实现的？（耿献辉、周应恒，2012）

（一）调研样本

产经岗团队于 2011 年 8 月在河北和湖北两地进行了"渠道变革与梨农收益"实地调查，采取了随机抽样的方式进行样本的选取和调查以获取翔实的微观数据和信息。同时，为了保证样本质量，调研时采用结构式问卷，由调查员与受访对象进行面对面访谈，一共得到 210 个农户的调查资料。在 210 份梨农调查问卷中，通过传统渠道销售梨果的有 135 户，占梨农样本总数的 64.3%；选择通过现代销售渠道销售梨果的农户有 75 户，占梨农样本总数的 35.7%。虽然目前梨果的产地流通仍然以传统渠道为主，但超市、加工企业、出口企业、冷库等现代化元素的力量在增强，尽管其在规模和数量上依然偏小，却为梨农提供了更多的选择，也与传统渠道展开了激烈竞争。

（二）实证分析渠道选择对梨园收益的影响

构建三个经济计量模型分别从亩均净效益、梨园单产、梨果单价等角度来考察销售渠道选择对梨园收益的影响。

亩均净效益决定方程：

$$profit = f(chn, sex, age, edu, ofa, cop, osz, irg, exp, cmp, agm, meb, loa, dis) \tag{5-1}$$

单位面积产量决定方程：

$$production = g(chn, sex, age, edu, ofu, cop, osz, irg, exp, cmp, agm, meb, loa, dis) \tag{5-2}$$

单位价格决定方程：

$$price = z(chn, sex, age, edu, ofa, cop, osz, rig, exp, cmp, agm, meb, loa, dis) \tag{5-3}$$

在三个模型中，$profit$ 表示梨园亩均净效益，单位为元/亩；$production$ 表示梨园单位面积产量，单位为斤/亩；$price$ 表示梨果单位价格，单位为元/斤。chn 表示销售渠道，1 为现代销售渠道，0 为传统销售渠道。其他自变量含义与取值见表 5-12：

表5-12　主要变量说明表

编号	变量	含义	赋值
1	sex	户主性别	男性 =1，女性 =0
2	age	户主年龄	
3	edu	户主受教育年限	
4	ofa	有无非农就业	有 =1，无 =0
5	cop	有无加入合作组织	有 =1，无 =0
6	osz	5 年前梨园面积（亩）	
7	irg	梨园有无灌溉设施	有 =1，无 =0
8	loa	家庭有无银行贷款	有 =1，无 =0
9	exp	户主种梨年限	
10	cmp	家庭有无电脑	有 =1，无 =0
11	agm	家中有无5000 元以上的农机具	有 =1，无 =0
12	meb	家庭人口数	
13	dis	梨农家到村长家的距离（米）	

采用普通最小二乘法（*OLS*）对梨园收益决定方程进行回归后，对模型进行多重共线性和异方差检验。方程（5-1）所有变量的方差膨胀因子（*VIF*）值均在 1.063~2.149；方程（5-2）所有变量的方差膨胀因子（*VIF*）值均在 1.063~2.192；方程（5-3）所有变量的方差膨胀因子（*VIF*）值均在 1.066~2.217。可见三个方程的方差膨胀因子都非常接近于 1，远小于存在严重多重共线性的临界值 8，再结合自变量的相关系数矩阵诊断，三个方程自变量间的二元相关系数值均较小，表明模型不存在多重共线性。但进行怀特（*White*）检验后，发现三个方程都存在异方差。为消除模型存在的异方差，采取加权最小二乘法（*WLS*）分别对三模型进行回归。加权最小二乘法用于解决异方差问题，即对每个观测值赋予不同的权重，权数即标准误差的倒数。*WLS* 具体回归结果见表 5-13。

表 5-13　梨园效益决定因素回归结果

变量	模型（5-1）	模型（5-2）	模型（5-3）
（*constant*）	5901.513	3803.859	2.873
sex	-149.352	413.693	-0.393 *
age	28.504	8.520	0.011
edu	161.007 *	24.982	0.079 ***
ofa	-266.453	-373.080 *	0.595 ***
cop	716.603	90.362	-0.194
osz	178.701 ***	-111.263 ***	0.057 **
irg	-1513.670 ***	633.632 ***	-1.791 ***
loa	-2279.120 ***	-1567.326 ***	0.050
exp	-32.604	-31.841 **	0.013
chn	**-407.694**	**29.179**	**-0.443 *****
cmp	-219.043	727.097 ***	0.123
agm	299.401	1099.935 ***	-0.634 ***
meb	-281.916 *	-264.000 ***	0.122 **
dis	-0.716 ***	-0.166 *	0.000 ***

注：*、** 和 *** 分别表示在 10%、5% 和 1% 水平上显著。

　　方程（5-1）的 R^2 值为 0.616，R^2 调整值为 0.546；F 值为 8.818，在 1% 水平上显著。方程（5-2）的 R^2 值为 0.809，R^2 调整值为 0.778；F 值为 25.996，在 1% 水平上显著。方程（5-3）的 R^2 值为 0.846，R^2 调整值为 0.822；F 值为 35.026，在 1% 水平上显著。表明以上三个模型总体显著性和拟合度都较好。对模型回归结果具体解释如下：

　　本书最为关注销售渠道选择是否对梨园收益产生影响。方程（5-1）回归结果显示，"销售渠道"与梨园亩均净效益不显著，在其他因素保持不变的情况下，与选择传统销售渠道的农户相比，选择现代销售渠道农户的梨园净效益不会增加。即使有影响，分析结果表明这种影响也可能是负面影响，即选择现代流通渠道农户的梨园亩均净效益会减少，但没有通过显著性检验。方程（5-2）回归结果显示，销售渠道选择对梨园单位面积产量的影响也不显著，在其他因素保持不变的前提下，现代销售渠道有可能增加梨园单位面积产量，但仍然没有通过显著性检验。方程（5-3）回归结果显示，现代销售渠道选择对梨果单位售价发生了显著的负相关关系，且在1%水平上显著。在其他变量保持不变的前提下，选择现代销售渠道的梨农其梨果销售单价降低0.443元/斤。由此得知，在中国水果和蔬菜等生鲜农产品销售终端正在发生巨大变革的情景下，处于产业链最上游的农户目前还没有明显感受到这一浪潮的波及效果。这与在南美洲等发展中国家发生的以超市为主导的流通渠道变革增加农民收入的国际经验不符合。原因是中国的农超对接等现代渠道与农民的连接非常松散，从调查实际来看，即使是超市或者果品加工出口企业在梨产区设立采购基地，其与农户之间的合约也非常不严谨，也是在收获季节或者通过农民专业合作社或者通过第三方公司到农民果园进行采购。从生产资料投入到生产管理全程技术支持和严谨合约管理的农超对接或者果品加工出口企业与农民的合约在河北梨主产区并不多见。这就导致了梨农与现代销售渠道之间的联系仍然不够密切，处于一种较为初级的松散状态。

方程（5-3）回归结果表明，现代销售渠道降低了梨果销售单价，从调查的实际情况来看，这也非常符合中国的现实状况。自从家乐福进入中国以来，无论洋超市还是本土超市，在采购商品时都会征收名目繁多的诸如上架费、店庆费、司庆费、物流费、手招费、堆头费等通道费用，与传统流通渠道相比，超市或加工出口企业主导的现代流通渠道非但没有降低流通成本，反而大大增加了流通成本，采购商必须压低梨果的出园价才能够获取利润，由此一来梨果的出园价往往被压低，这也是为什么农民将梨果卖给超市或者果品加工出口企业等现代流通渠道后没能给梨园收益或者农民收入带来明显影响的最主要原因。调查中发现，河北省赵县梨农曾经在2010年通过合作社与家乐福超市签订了为期1年的采购合同，家乐福从该基地采购500吨雪花梨供应北京、上海的市场，但由于通道费用过高，农民非但没有增加收入，反而因为其销售终端的强势，对采购价格人为压低，导致农民无利可图，在这种情况下，赵县与家乐福的采购合同到期后没能再续签，就此终止。可见，农超对接在貌似美丽的外衣下并没有对产业链上游的农户收益产生积极影响。

在农户家庭特征和社会资本变量集合中，"户主受教育年限"与梨园亩均效益在10%水平下显著，且呈正相关关系，与梨果单位价格也呈现正相关关系且在1%水平上显著。农民受教育程度越高，与外界沟通越便利，对风险的认知和判断越理性，其市场信息的接受能力越强，对实用农业科学技术比较感兴趣，也就越能够增加梨园亩均净效益和梨果单位售价。"家庭成员数"对梨园亩均净效益产生负面影响且在10%水平上显著，与梨园单位面积产量呈负相关关系且在1%水平上显著，但与梨果单位售价呈现正相关关系且在5%水平上显著。家庭人口越多，其越依赖劳动力的投入而不是实用农业科技的投入，从而降低梨园生产效率；但家庭人口多，其市场信息的来源机会也会增多，从而有助于梨果单价的提高。"种梨年限"与梨园单产呈负相关关系且在1%水平上显著，种梨时间越长的农户，越是仰仗自己的经验，对实用技术以及新品种等事物难以有效利用，从而对其梨生产效率的提高不利。"是否参加合作社"与梨园亩均效益、单产、单价的关系都不显著，从实际调查情况来看，我国梨主产区的一些合作社与农民之间的关系非常松散，合作社并没有发挥类似于日本农协那样的关键作用，农民依然是分散经营，各自销售，名不副实的农民专业合作组织在梨果的生产和运销过程中没有发挥应有的作用。

在梨园特征和物质财产变量集合中，"梨园面积"对于梨园亩均净效益具有明显正相关关系，在1%水平下显著，与梨园单位面积产量呈负相关关系且在1%水平上显著，与梨果单价呈正相关关系且在5%水平上显著。梨园面积越大，说明梨生产经营专业化程度越高，在规模经济的基础上节约生产成本，同时更有机会尝试种植不同的优质新品种，从而有利于单位售价的提高和亩均净效益的增加，但其面积增大，特别是嫁接新品种需要周期，在总产量没有明显提高的情况下自然会降低单位面积产量。"是否有灌溉设施"与梨园亩均净效益和单位售价均呈负相关关系且在1%水平下显著，但与梨园单位面积产量呈现正相关关系且在1%水平上显著。灌溉设施的投入成本较高，对于短期亩均净效益会不利，但从长期来看，灌溉设施的存在能够降低干旱等自然风险，减少产量和品质损失，在其他因素不变的前提下，具备灌溉设施的梨园其单位面积产量增加633.632斤。"是否有银行贷款"与梨园亩均净效益和梨园单产呈负相关关系且在1%水平下显著。在调查中发现，农民的贷款更多地用来进行教育和医疗等服务支出，很少用于农业生产经营。由此来看，银行贷款的增加不仅不会对梨生产有所裨益，反而会因为农户贫困从而对梨园投入不足影响到梨园收益。"有无5000元以上农机"对于增加梨园单位面积产量效果明显，在1%水平上显著，农业机械提高了梨园的生产效率。

"到村长家距离"与梨园亩均净效益和梨园单位面积产量均呈负相关关系且分别在1%和10%水平显著。从调查实际情况来看，梨农更多地从村长那里获取技术推广服务信息，离村长家越近，也就越能够及时获取先进的梨生产种植技术信息，从而影响其种植收益的提高。

（三）选择性偏误检验

由于选择流通渠道是一个自我选择（Self – selected）的行为，所以可能存在梨农自身的一些不可观测的因素（如管理技能等），同时影响其流通渠道选择决策以及梨园收益，梨农流通渠道选择并不是随机的现象，样本可能存在选择性偏误，所以有必要通过 Heckman 样本选择模型进行估计是否存在自我选择。

为了使线性回归是无偏的，需要检验样本估计是否存在选择性偏误，可通过处置效应模型（Treatment Effects Model）来进行处理选择性偏误问题（郭新旺，2011）。处置效应模型应用形式如下：

$$R_i = a + bC_i + cX_i + \varepsilon_i \tag{A}$$
$$C_i = \gamma_1 + \gamma_2 Z_i + \mu_i \tag{B}$$

式中，R_i 表示第 i 个梨农人均收入，C_i 为第 i 个梨农的销售渠道选择虚拟变量（0 代表农户将梨销售给传统销售渠道，1 代表农户将梨销售给现代销售渠道），X_i 为解释变量组成的向量，ε_i 是满足零均值假定的随机干扰项，c 为解释变量系数组成的向量，b 为衡量农户渠道选择对人均收入的影响。直接对（A）式进行普通最小二乘法回归得到的结果会有偏，因为存在未被衡量的变量影响 C_i，而这些变量被包含在了随机干扰项 ε_i 中。也就是说，C_i 和 ε_i 不满足解释变量和随机干扰项不相关的假定。

为了消除选择性偏误的影响，有必要先采用（B）式建立农户销售渠道选择模型，然后用（B）式中 C_i 的拟合值（逆米尔斯比率）作为工具变量代入（A）式中进行回归。（B）式中 C_i 表示第 i 个农户的销售渠道选择的虚拟变量（0 = 传统销售渠道，1 = 现代销售渠道）；Z_i 表示解释变量组成的向量，并且 Z_i 是和（A）式中的 X_i 会有重叠的解释变量。为了保证上述联立方程组的可识别性，需要 Z_i 中至少存在一个控制变量是 X_i 中没有的。

运用 SPSS 软件输入命令计算逆米尔斯比率（IMR），符号为 Lambda，然后作为变量代入方程（5 – 1）进行回归，结果参见表 5 – 14。

表 5 – 14　选择性偏误检验结果

模型	逆米尔斯比率系数	标准误
（5 – 1）	113. 322	115. 863
（5 – 2）	2. 385	42. 123
（5 – 3）	– 0. 177 ***	0. 052

从表 5 – 14 可以看出，模型（5 – 1）中的逆米尔斯比率（IMR）系数为

113.322，没有通过显著性检验，说明模型（5－1）不存在选择性偏误问题；模型（5－2）中的逆米尔斯比率（IMR）系数为 2.385，同样没有通过显著性检验，说明模型（5－2）也不存在选择性偏误问题，说明本书采用 Probit 和 OLS 回归方法对梨农销售渠道选择决定方程、梨园亩均效益决定方程和梨园单产决定方程分别进行的回归具有可信度和说服力。但模型（5－3）中的逆米尔斯比率（IMR）系数为 －0.177，在 1% 水平上显著，说明模型（5－3）存在选择性偏误问题，需要使用 Heckman 样本选择模型来调整模型（5－3）的选择性偏误。下面通过 Heckman 样本选择模型并重新估计梨果单价决定方程。从 WLS 回归结果来看，逆米尔斯比率是非常显著的，进一步验证了梨果单位价格决定方程中存在的选择性偏误问题，也表明使用 Heckman 样本选择模型的有效性。

表 5－15　采用样本选择模型重新估计梨果单价决定因素

变量	样本选择模型系数	先前模型系数	标准误
constant	2.135	2.873	0.614
age	0.013 *	0.011	0.008
edu	0.078 ***	0.079 ***	0.026
ofa	0.575 ***	0.595 ***	0.147
cop	－0.158	－0.194	0.153
osz	0.061 **	0.057 **	0.026
irg	－1.763 ***	－1.791 ***	0.229
loa	－0.031	0.050	0.162
exp	0.014	0.013	0.013
chn	**－0.442 *****	**－0.443 *****	**0.142**
cmp	0.122	0.123	0.136
agm	－0.678 ***	－0.634 ***	0.149
meb	0.110 **	0.122 **	0.050
dis	0.000 ***	0.000 ***	0.000
lmd	0.068 **	—	0.036

注：*、**、*** 分别表示在 10%、5% 和 1% 水平上显著。

从表 5－15 的 Heckman 回归结果来看，各变量对于梨果单位价格的影响与之前的模型大致相同。我们最关心的流通渠道选择对单位价格的影响依然在 1% 水平上显著，且呈负相关关系。选择现代销售渠道会使得单位梨果价格降低 0.442元，而之前的模型是降低 0.443 元，几乎没有差异。户主教育程度、是否有非农就业、梨园面积、家庭成员数、梨园是否有灌溉设施、是否有农业机械、到村长家距离等变量与之前的模型相比，其对梨果单位价格的影响显著性和影响方向都大致相同。唯一不同的就是采用新模型后，户主年龄在10%的水平上开始对梨果单位价格产生显著影响，且方向为正，即户主年龄增加1岁，其梨园的梨单位价格会增加0.013元。户主的年龄越大，表明其社会关系越广泛，对市场信息的把握能力越强，对梨园生产经营的管理经验越丰富，从而越能够使梨果的单位售价处于有利位置。

（四）研究结论

利用2011年梨农入户调查数据，通过构建三个OLS模型进行回归，在控制了样本选择性偏误以及消除异方差影响后，发现加入超市和果品加工出口企业主导的现代流通渠道对于梨园亩均净效益和单位面积产量没有显著影响，但对梨果的单位售价却产生了显著性的负向影响，加入现代销售渠道会使其单位价格降低0.884元/公斤。梨园收益决定模型实证分析说明，户主教育程度、梨园面积等与梨园亩均净效益正相关且显著；灌溉设施、银行贷款、家庭规模和到村长家距离与梨园亩均净效益负相关且显著。

根据研究结论，建议政府在推进农超对接等工程时不可操之过急，要考虑到农超对接引发的流通渠道变革对于农民实际收益的影响。在超市的宣传中经常会有农超对接可以降低超市销售价格10%～15%的报道，但实际上农超对接在带给消费者实惠的同时增加农民收入了吗？其销售终端价格的下降是来源于采购渠道的优化还是源于其利用自身垄断力量人为压低果品的出园价？研究结果表明，加入超市主导的销售渠道使梨果单位出园价下降了0.884元/公斤，农民在高昂通道费用的巨大门槛前，最终不堪重负，用脚投票，回归传统流通渠道。政策制定部门应该创造一种有序竞争的公平环境，通过合作社或者行业协会提高农民组织化程度的同时，允许多样化流通渠道同时存在，利用公共产品为小农户提供农业技术推广服务，规制超市等现代流通渠道的市场力量，将政策的落脚点放在切实提高农民的实际收益上来。

三、传统渠道与电商渠道

面对知识经济时代的挑战，农产品经营者只有运用现代信息技术，顺应网络发展潮流，才能更敏锐地捕捉到市场信息与机遇，也才能以更合适的方式来更好地满足消费者的需求，更有利于企业谋求长远发展，并获取长期竞争优势。

梨果电商渠道，指在梨销售过程中全面导入电子商务系统，利用计算机技术、信息技术、商务技术对梨的价格、质量、属性特点、供求等信息进行收集与发布，依托农产品生产基地与物流配送系统，开拓梨果电商销售渠道，以达到提高农产品的品牌形象、增进与顾客的关系、改善顾客服务方式、扩大农产品销售，最终实现企业的营销目的。

（一）梨果的电商渠道内容

1. 电商渠道是整体营销战略的组成部分

电商理论是传统营销理论在网络环境中的应用和延展。电商渠道活动不可能脱离一般营销环境而独立存在。因此，梨果的电商渠道也不可能离开农产品集贸市场、农产品超市、农产品商贩等传统营销方式而独立存在。目前，水果电商渠道尚未成为消费者购买水果（梨）的主要渠道。

2. 电商渠道作用多样，不仅是局限于网上销售

凡是基于互联网，以实现梨果经营与销售为目的而进行的一系列的营销活动都被称为梨果的电商渠道运销。其最终目的是增加销售量，但其作用表现在多个方面，网上销售只是其中一个环节。电商渠道除了增加销量以外，还有助于提高梨果品牌价值、加强与客户的沟通、改善服务质量、拓展企业和产品信息宣传渠道，同时通过分析顾客的回馈信息，能帮助企业积极发掘新市场。而且在很多情况下，电商渠道活动不一定能实现网上直接销售的目的，但能有助于促进网下销售的增加，增加顾客的忠诚度等。

3. 电商渠道是顺应网络营销趋势的创新经营模式

信息通信技术的发展和网络市场的迅速扩展与普及，使得梨果电商渠道运销成为一种新趋势，也为企业在营销手段和营销业务上开辟了广阔的空间，比如网上目录和搜索引擎成为网上热门的业务类型，电话直销迅速被网上直销业务超过，网上分销合作方式正在兴起。

4. 电商渠道的实质是管理顾客需求

电商渠道运销的实质是利用互联网对梨果销售过程中的各个环节进行跟踪与分析，并最大限度地满足顾客需求，以达到开拓市场、增加盈利的目的。农产品经营者能够利用互联网为顾客提供恰当的农产品，并生成详尽的消费者资料库，通过了解消费者偏好、消费者对农产品质量和服务的满意度、消费者的需求等，同消费者建立一种持续的信任关系。

（二）电商渠道与传统运销的区别

1. 流通成本费用的不同

通过传统的运销渠道销售梨果，果品站以及批发商等中介结构是必不可少的。问题是在梨果由生产单位流转到最终用户手中，中间环节常常不止一个。中间环节越多，流通费用就越高，梨果的竞争能力也就在其流转过程中渐渐消失了。

梨果电商运销渠道克服了传统运销渠道的缺点。网络商务交易中心通过互联

网强大的信息传递功能，完全承担起信息中介机构的作用。同时它也利用其在各地的分支机构承担起批发商和零售商的作用。这种网络商品交易中心将中介机构的数目减少到一个，并使得农产品流通的费用降低到最低限度。

2. 效率不同

传统运销渠道的大多数生产者都无法将梨果直接出售给消费者，被迫把部分销售工作委托给诸如农贸市场、超市、零售商之类的中间机构。电商渠道是农户销售农产品的快捷途径，使传统运销渠道实现农产品所有权转移的作用进一步加强。消费者可以从网上直接挑选和购买自己需要的农产品，并通过网络方便地支付款项，明显提高了渠道的效率。

3. 便捷程度不同

相对于传统运销渠道，商品在渠道中的流通程序变得便捷。从生产者的角度来说，生产者不需要中间商，只需要通过网络就可以直接与消费者沟通，更便捷地了解消费者的行为、态度、需求等信息，能快速地选择目标市场成员。从消费者的角度来说，消费者可以足不出户，直接在网络上点击鼠标，就可以购买到自己所需的农产品，购物过程非常便捷。

4. 产生的实物流不同

实物流是农产品从生产者转移到消费者的过程。在传统运销渠道中，梨果实物是通过各级中间商层层转移到消费者手中的。在电商渠道中，梨果仍需要像传统渠道一样通过各类运输工具递送到消费者手中，只是生产者可以不再借助于中间商，而是与专业的物流运输公司合作将产品运送出去。

5. 信息传递的效果不同

同传统运销渠道一样，电商渠道中的渠道成员均参与了信息交换，只是在传统运销渠道中，信息的传递不及在网络运销渠道中顺利。因为信息在经过了中间者的层层传递后加上理解的差异，难免出现失真，这种失真尤其体现在从消费者传递到生产者的过程。与之相反，网络运销渠道由于实现了渠道各方的直接交流，在很大程度上避免了信息沟通的不畅。对生产者而言，网络渠道是信息发布的渠道，梨果的种类、质量和价格都可以借助网络来传播；同时还能及时地统计梨果和客户资料。对消费者来说，电商渠道使最终用户直接向生产者订货成为可能，加强了生产者和消费者之间的沟通交流。

6. 梨果到消费者所花费的时间不同

从流通形式看，梨果流动在网络运销渠道中比在传统运销渠道中更便捷。可是站在消费者的角度来看，电商渠道比传统运销渠道远得多。特别是对居住在传统运销渠道集中的城市里的消费者来说，到传统运销渠道市场去采购梨果花费的时间一般在数小时以内。而到电商渠道网站采购梨果则一般需要几天才能真正拿到产品。

7. 消费者群体的不同

消费者去市场购买梨果，可以说除了钱之外，会说话就行了。而要到网上商店购买梨，则至少要有一台联网设备，还要懂一点操作技术。这个条件在几十年后可能任何人都能达到，但就目前来看，这是一个很高的条件。尤其目前主要使用互联网的群体是购买力较弱的青年人。当然，网民人数增长迅速，青年在将来会变成购买力强大的中、老年消费群体。但可以肯定的是，无论何时，这一条要求总是要限制一部分消费者使用网络运销渠道。

8. 消费者信任感不同

在传统运销渠道中消费者能够通过在实体店购买梨而降低了购买风险，售后方面也更有保障。而网上的梨销售则受到了展示能力的限制，一些重要的特性无法传递给消费者，难免有时在屏幕上显示的梨与顾客实际得到的商品存在很大的出入。再者，传统运销渠道的付款方式直截了当，而电商渠道的支付方式存在一定的安全隐患，消费者的隐私也有被暴露的可能性，使得消费者缺乏对电商渠道的信任感。

9. 消费者的参与感不同

网络互动的特性使消费者真正参与到整个运销过程之中成为可能，消费者参与的可能性和选择的主动性得到提高。在网络运销中，买卖双方可以随时随地地进行互动式双向交流，而非传统运销的单向交流；互联网上的促销也可以做到一对一的供求连接，使得促销活动顾客主导化、理性化，并能通过信息与交互式交谈，与顾客建立长期良好的关系。

（三）电商渠道的典型案例与分析

包括梨果在内的水果电商渠道销售打破时空限制，一方面，为经营者提供了无限的营销空间，可以拥有更充裕的时间同顾客交流，并随时随地地向全世界的顾客提供营销服务。另一方面，消费者也拥有了更多选择权，可以根据自己的喜好或需要，选择相应的信息进行比对，最终做出购买的决策。

运用网络提升宣传效率及效果。网络媒体能够将产品信息用文字、声音、图像等多种方式，形象、深刻地传递给消费者，加快了梨果营销信息传播的速度，同时也为企业节约了信息传播的成本。网络媒体传播速度快，不受地域、时间的限制，信息传播更灵活且覆盖面广，有利于提高农产品营销信息传播的效率，增强农产品营销信息传播的效果。

电商渠道的双向互动有利于提升企业经营水平。互联网络的出现为农业经营者与顾客提供了交流平台，经营者可以通过互联网向消费者展示产品资料，提供相关产品信息的查询，进行产品测试和消费者满意度调查等，做到以消费者为中心，提供更符合消费者需求的产品和服务。这种双向互动的沟通方式，提高了消费者的参与性和积极性，并把消费者真正融入到整个营销过程中，同时也提高了企业营销策略的针对性，有利于实现企业的全程营销目标。

充分利用互联网的便捷与强大。互联网是一种具有多种功能的营销工具，并且每种功能都很便捷且强大。从农产品信息发布到发货收款，到售后服务，再到电商渠道活动始终贯穿于企业经营的整个过程。企业可以利用互联网进行多种活动，如前期市场调研、农产品广告宣传、顾客定位到电子交易过程以及网络客户服务等。

成本大幅度降低。电商渠道使买卖双方通过互联网进行信息交换，代替了传统的面对面的交易方式，节省交易成本；网络媒介具有传播范围广、速度快、无时空限制、无版面约束、内容详尽、多媒体传送、形象生动、双向交流、反馈迅速等特点，可以在提高农产品营销信息传播的效率和效果的同时，大大降低农产品营销信息传播的成本。网上促销的成本是直接邮寄广告费的1/9，企业通过网络发布广告的平均费用只需要传统媒体的4%；利用网络进行营销无须店面租金成本，还可以节约水电与人工等销售成本，减少了农产品的流通环节，极大地提高了交易效率。

基于以上优势，通过电商渠道，梨果的成功营销已经成为可能。以下为典型案例介绍与分析。

1. 安徽砀山酥梨搭上电商快车 酥梨售价高[①]

2014年12月12日，砀山县酥梨在天津市渤海商品交易所上市，价格为6.36元/公斤，订货量高达4750吨，12月均价6.30元/公斤。砀山酥梨自2014年9月在该交易所正式挂牌上市以来，实现了农产品电子商务+现货连续交易的方式，首开安徽水果上市交易的先河。目前，砀山酥梨交易活跃，参与度高，成交量和订货量稳定增长，累计成交量462.8万吨，累计成交金额264.3亿元。

在具体交易中，该交易所采用现货连续交易方式，并通过指定的交收仓库和提货点，交收统一质量标准的一级和特级砀山酥梨。买卖双方通过渤海商品交易所平台交易，一方面减少中间贸易环节，降低砀山酥梨的流通成本，加速货物和资金流转速度；另一方面中间贸易环节挤占的利益分摊给消费者和果农，实现消费者节支，果农增收。

案例分析：

第一，砀山县酥梨选择在天津市渤海商品交易所上市，突破了一般农产品主要在农产品零售网站上销售的思维定式。砀山县酥梨借用天津市渤海商品交易所

---

① 葛德光. 安徽砀山搭上电商快车 酥梨售价高［J］. 中国果业信息，2015，32（1）.

的商户客源，并很快创造了销售奇迹。

第二，该销售成绩离不开其他物流环节的支持。首先，该交易所采用现货连续交易方式；其次，通过指定的交收仓库和提货点；最后，交收统一质量标准的一级和特级砀山酥梨。

第三，与传统渠道相比，由于成功地减少了中间环节，让"消费者节支，果农增收"成为可能。

2. "一号店"、"京东商城"的莱阳梨①

莱阳梨核心产区——莱阳市照旺庄镇。2014年9月，该镇与烟台最大的水果经销企业程果商贸达成合作意向，由镇政府进行授权、认证，程果负责进村收购莱阳梨，在其旗下22家门店以及振华超市进行销售。程果同时通过其电商渠道"一号店"、"京东商城"的旗舰店进行销售。初次合作的结果令人惊喜，莱阳梨在振华超市零售价卖到8.8元/斤，22家门店日销售量达到1万斤，电商方面则创下两天3万斤的销售佳绩。经"认证"后走出照旺庄镇的梨，每个都贴有原产地认证标志。

案例分析：

第一，该模式并非产销在互联网上直接对接，而是通过了中间环节。案例中该镇与烟台最大的水果经销企业程果商贸达成合作意向，由镇政府进行授权、认证，程果负责进村收购莱阳梨。在我国梨果生产者相对较分散和弱小的前提下，由梨农的代言人（本案例中为政府）寻找到合适的中间商（本案例中水果经销企业程果商贸）使梨果电商渠道成为可能。

第二，嫁接到已有成熟的电商网站上。如果由梨农或者其代言人直接建立自己的门户网站直接销售梨果，可能因为没有足够的知名度和销量导致偃旗息鼓。本案例中莱阳梨通过在知名电商渠道"一号店"、"京东商城"中建立旗舰店进行销售，一方面利用了成熟电商的平台优势，另一方面也加速形成了自己的品牌优势。

第三，案例中"每个都贴有原产地认证标志"保证了莱阳梨成功升级为地理标志产品。结合地理标志产品与电商渠道的双重优势，莱阳梨获得了自身的品牌价值和社会知晓度。

地理标志产品是一种具有较强的地方性的自然特色和文化特色的商品，其"土特性"是地理标志产品品牌具有较强竞争力的根本属性。这种特性是由当地的地域环境所决定的。可以说，它得益于当地的自然和人文资源储备，但又受自然物质条件的约束。因此，地理标志产品的品牌建设必须植根于其行业特性，充

---

① 韩雪梅. 烟台莱阳梨网上卖出3万斤［J］. 科技致富导向，2015（2）.

分挖掘当地的自然资源和人文资源优势。作为地理标志产品，其品牌保护与建设是一项艰巨的系统工程。首先，应根据地理标志的特殊性，为地理标志产品的品牌建设提供有效的制度保护；其次，在有效保护的基础上根据地理标志产品所具有的行业特性，充分挖掘当地的自然资源和人文资源优势，塑造独特的品牌内涵与价值；最后，要通过恰当的沟通手段，建立与消费者之间的良好沟通，向消费者传达有关地理标志产品的有效信息，获得消费者的广泛认知；并采取有效的营销策略，将产品深层次的精神与文化内涵充分展示给消费者，使其植根于消费者的内心深处，并获得消费者较高的忠诚度，从而提高地理标志产品的市场竞争力和品牌竞争力。

（四）电商渠道的问题及对策

1. 梨果的电商销售存在的问题

（1）包括梨等水果在内的生鲜食品销售本身因为产品的标准化不高，存储成本、运输成本相对较大，导致电商销售总体上困难重重。梨果标准化程度有待提高。农产品与加工品最大的区别在于其生产结果的不确定性。但网络销售的虚拟特性导致消费者无法直接接触到产品，这时产品的标准化程度将是影响农产品网络营销能否成功的关键因素之一，标准化的产品能够以其快速、方便的流通实现电商渠道销售，梨果质量分级、包装规格及产品编码标准化是开展农产品网络营销的基本前提。由于我国的梨生产大都是小农生产模式，农户生产经营规模小，组织化程度较低，地区间和农户间的农产品生产、技术等方面差异较大，这就导致农产品生产和流通的标准化程度低且很难把控。

（2）农村网络信息技术建设和农业从业者网络运销意识薄弱。我国农村在基础设施建设上与城市相比发展速度相对缓慢，农村的网络基础设施建设薄弱，农村缺乏懂信息懂技术的人才。再加上农户的生产方式、管理和销售理念跟不上时代信息发展趋势。农业生产规模小、缺乏相应的龙头企业造成农产品网络运销不顺畅，农村的交通设施欠发达从而使得物流配送在采用信息化上遇到了相当大的困难。一般而言，农村中的农业从业人员的教育文化水平较低且直接影响其生活工作方式和思维形式，从而让他们在遇到困难时第一时间寻找的不是网络。他们在农产品遇到"销路难"时，不能够有意识地充分利用手中的网络工具对自己所生产的农产品进行网络运销。

（3）网络营销服务体系有待完善。中国现行的农业信息服务体系还比较落后，主要存在的问题表现为：农业信息服务网络平台建设落后；信息网站建设不甚完善，为农产品生产、流通提供市场信息和技术指导服务的水平低；信息员队伍建设滞后；信息部门缺乏为农民服务的动力机制。中国现行的农产品营销服务体系内（生产服务层、流通服务层和消费服务层）的主体层次过多，且缺乏协同效应。批发市场的服务功能受限，各流通环节的信息化建设和电子商务应用滞后。

（4）农产品网络营销模式尚不健全。目前大部分农产品网络营销是一种"供求信息、发布型"的"展示式"营销模式，其主要做法是网上查询，网下交易，很多企业只把厂名、产品名、地址、电话置于网上，而开展网络产品开发、网络分销、网络服务和电子商务者寥寥无几，网站的应用水平不高，网络营销的交易功能和方便性没有完全体现出来。

（5）农产品的物流配送系统相对落后。先进的农产品物流配送系统是连接网络销售渠道中买卖双方的重要组成部分。目前中国的农产品物流配送体系很不完善，缺少大型的农产品专业物流配送中心，从事全国性的农产品物流配送的企业和组织较少，大多数从事农产品物流配送的组织基本上停留在运输这个层面，其专业化水平和规模化水平都比较低。也正是由于上述原因，中国农产品物流配送过程中损失率比较高，一般为25%～30%，而发达国家的损失率一般低于10%。这是制约农产品网络运销发展的重要现实因素。

（6）农产品网络运销相关法律法规不健全，导致安全保障欠缺。网络市场的虚拟性、网络安全保障的缺乏会使买卖双方在农产品交易时发生很多风险，例如银行卡账户被盗用、诈骗犯利用已泄密的私人信息进行作案等。由于中国网络营销发展比较滞后，很多网络营销的法律制度与规范及税收减免等优惠政策尚未出台或完善，且缺乏一个完善的农产品网络营销安全体系，致使许多交易纠纷难以解决，限制了企业、农户和消费者采用网络交易渠道的积极性。而且电子合同、电子发票、电子税单以及电子证书、电子签名和电子凭证的适用性问题也制约了农产品由传统营销向网络营销的转变。

2. 电商渠道问题的解决对策

（1）应该重视农村网络信息技术化的前期建设。其实从某种程度上讲，农产品市场信息是一种准公共产品，政府应该对网络基础设施进行前期的投入，特别是与时俱进地去维护和更新农产品网络运销中的数据库。政府部门应该对当地使用网络运销的农民或者企业主进行一些农业上的补贴，这样才能有利于提高农产品的质量，打造农产品的品牌，拓宽农产品的网络运销渠道。

（2）培养农户网络运销意识，对农户提供各种所需的重要保障。提倡成立由农业科研院（所）、高等院校等专家组成的农产品网络运销协会，定期参与到地方的各种农民合作组织中去，切实了解当地的实情并开展相关知识的指导，健全农村的信贷机制，及时为农户在对网络信息方面的需求上提供资金的保障，为其提供网上技能的培训以及销售的技术。政府要有针对性地对一些农业大户、农村合作组织等开展农产品网络运销宣传，并通过政策优惠、资金补贴等方式鼓励农业从业者进行农产品网络运销。

（3）健全农产品网络营销模式。通过发展农产品电子商务，从而形成信息数字化、商务网络化的全新的流通模式。主要包括：第一，构建基于农产品分类合作组织（比如专业合作组织、土地股份合作社等）为依托的 B2B 和 B2C 模式；第二，构建基于农业企业自建站点的 B2B 模式；第三，构建基于政府农业网站的 B2G2C 模式；第四，构建基于第三方交易平台的 B2B 模式；第五，构建基于专业农产品网络营销服务公司的 B2B 模式。

（4）加强物流设备的投入，提高农产品物流的配送能力。在二线以上城市建立各市级的农产品配送中心，采用高科技的物流信息系统和技术，对农产品在物流配送过程的前期、中期、后期都进行简单快速高质量的服务，这样才能正确处理好农产品易腐、易烂，时间性、季节性强的矛盾问题，确保农产品能够通过网络运销的方式给顾客们提供品种丰富的新鲜产品。

（5）建立并完善安全可靠的信用支付系统。政府应加快对网络营销的立法，制定我国农产品网络营销的市场规范准则，通过建立完整的网络营销法律、法规体系，为农产品网络营销健康发展提供一个健全的法律平台。引入法律体制建立合理合法的网上信用支付系统，保障网络技术的安全和信用的安全，这是实现网上交易的重要手段和必要途径。政府要加强网上信用体系建设。同时，要建立安全、严密的社会范围的个人信用卡和电子货币网络支付体系，保证农产品网络交易的完整性，从而有效地促进农产品网络营销的发展。

第三节　梨流通特点及存在问题

一、梨流通特点

梨流通的目的是满足消费者对梨产品的需求。当前我国梨流通渠道的基本特点主要如下：

（一）生产的地域性、季节性和消费的常年性

我国梨主产区有以环渤海地区为主的北方梨产区和长江流域及其以南地区的南方梨产区，其中，河北省为我国梨产量第一大省，约占全国产量的27.8%。梨的上市季节集中在秋季。但随着人们生活水平提高和消费理念的改变，梨消费呈现出常年消费特点，且季节消费具有不平衡性。通常除了收获季节以外，国庆、春节甚至翌年五一节期间，均有可能迎来梨消费旺季。

（二）梨营销以鲜果营销为主，梨产品加工程度较低

我国梨产品主要以鲜果为主，梨罐头、梨果脯、梨果汁、梨果酒、梨果酱、梨果醋等梨加工制品生产及消费较少。由于受研发能力、资金、技术和观念的制约，我国梨果加工量不及总产的10%，与发达国家相比差距很大。目前我国具有相对优势的梨加工品是梨果汁，但产品大多用于出口。

（三）梨果供过于求现状明显，但消费者对优质梨产品需求旺盛

梨营销中，一方面出现"卖难"现象，另一方面也出现消费者对优质梨存在较高需求，并愿意接受优质梨的溢价销售策略。以优质礼品梨为例，各大城市对礼品梨的消费比重逐渐增加，部分城市甚至接近一半。优质梨既能满足消费者需求，实现梨果迅速增值，又能给梨产业带来可观收入。

（四）价格呈现成本推动型上涨趋势

近年来，梨果价格呈现成本推动型上涨趋势。生产资料价格和人力成本上涨是成本推动型价格上涨的主要原因。首先，生产资料价格上涨。近年来，生产资料价格持续高位运行。以2012年4月份价格为例，根据农业部信息中心数据，国产尿素与上年同期相比上涨13.83%，地膜同比上涨3.6%，农用–20号柴油同比上涨13.7%。另根据中国社科院农村发展研究所报告，2012年我国农业生产资料价格较上年同比增长13%左右。其次，人力成本上涨，农村"空心化"现象日趋明显以及农民工工资上涨带来梨生产中人力成本的间接上涨。以当前农忙季节为例，部分地区农业雇工价格达到90元/天，高于上年同期水平。

（五）梨果流通渠道较长

目前比较典型的梨果营销渠道是"生产者—收购商—批发商—零售商—消费者"。这种模式的典型特点是生产者和批发商之间又经过一道收购商环节。收购商起到了集中分散货物的作用。以河北省辛集市为例，在梨成熟季节，村中会出现搭建简易的临时收购站，很多收购商（包括代收购的经纪人）自带质检员（检查梨果品质、大小等）和包装箱驻地收购。通常每个村会有几个收购商同时收购，梨农可根据收购条件（例如收购价格）自由选择收购商。

（六）梨储藏比重逐渐提高

梨流通过程的各个环节都不同程度地承担了储藏职能。当前梨储藏具有如下特点：除了最普通的满足日常运营需要的储藏外，梨季节性储藏和投机性储藏比重加大。梨季节性储藏原因在于梨具有季节性生产和全年消费特点，因此通过梨季节性储藏实现平衡供需的作用。通常，梨农和经销商都可能参与季节性储藏。梨的投机性储藏则是梨储藏户根据市场及预期对梨进行投机买卖，梨投机性买卖通常以足够的储藏量为前提。在河北调研时，一位梨经销大户就曾透露，梨储藏有一个"赌五一"的说法，即若能将梨成功储存至次年五一节左右，并卖出好

价钱，则大赚的可能性较大。

（七）梨流通的市场体系基本形成

随着我国梨生产供应能力的提高和农村经济的发展，梨的市场已经基本形成以批发市场、集贸市场为载体，以农民经纪人、运销商贩、中介组织、加工企业为主体，以产品集散、现货交易为基本流通模式的交易市场体系。批发市场一般设在中转集散地或者销售地的大中城市中，它是梨商品营销体系的核心。梨销地零售市场相对于批发市场而言，就是进行小量交易的场所。农村的集贸市场、城市的农贸市场、超级市场以及水果零售店都属于零售市场。它们是连接消费者的末端环节。

二、梨流通存在的问题

（一）梨产品质量档次低，没有实现优质优价

目前中国的梨生产在很多地区甚至是在主产区，都大量存在着单独追求数量而忽视质量的问题，特别是后期加工处理非常落后，市场流通的大多数产品无品牌、无包装、无分级。虽然近年来通过引进和调整梨品种结构，国内产生一些优质梨品种，如新疆香梨，内在质量和外观都达到或超过国际市场的要求，但由于鲜果收获期比较集中，采摘后商品化处理落后，难以满足消费者需要长年均衡消费新鲜水果的要求。多数产品都存在"一流水果，三流包装"的现状，采摘后的冷藏保鲜、贮藏运输等方面不能及时到位，导致产品未及在市面上竞争就先掉价。

（二）市场主体发育程度低

农民的组织化程度低。我国农业生产中以家庭为单位的小规模分散经营模式在梨生产中大量存在，大多数农户是在本地区内封闭经营，他们作为梨营销中的起点，为农产品物流提供商品源，但很少会与购买方建立稳定的供销关系，签订购销契约，形成真正利益共同体的则更少。农民的组织化程度很低，分散、细小的生产经营方式限制了农民的交易方式，农民呈无组织分散状态进入市场，面对社会上各种利益集团的权益侵蚀和不正当竞争，缺乏市场竞争力和自我保护力。农户的小规模经营致使农民难以抵御自然风险和生产经营中的市场风险，农民收入增长速度缓慢。现代农业营销所必需的资金、技术、信息、物资、加工、销售等社会化服务滞后，直接制约了梨果营销的进程。

（三）缺乏足够的市场营销意识

梨营销不是在梨生产出来之后才进行的销售活动，而是在梨产品尚未生产出来之前，梨营销活动就已经开始了，它必须要从分析市场机会（消费者需求）、市场环境、市场竞争入手，进行市场调研、市场预测，研究市场营销环境、消费

者需求、消费者行为，进行市场细分、目标市场选择、市场定位直至产品定位，接下来才是产品的研制生产，而不是盲目地先把梨产品生产出来再去寻找销路。当前梨产品营销仍然主要停留在"以产定销"阶段，其目的只是解决如何将生产出来的产品有效地推销出去，离真正的梨营销相去甚远。另外，我国梨产品营销中的品牌意识和品牌运作也相对较弱。

（四）市场信息不畅通

我国的梨流通已经形成了"买全国，卖全国"的全国统一大市场，绝大部分的农产品价格也已经完全由市场来进行调节，市场调节的关键就是全面、准确、快捷的现代化流通信息网络系统。梨市场信息问题是当前制约农产品流通的核心因素。由于缺乏系统化的梨信息收集、整理、发布体系，生产与消费之间、区域之间的信息衔接主要是由市场来完成的，而市场自身的松散性决定了信息的收集加工能力低下，生产、流通存在很大的信息局限性和盲目性。

目前已经建立了一些网络信息系统，但是对于梨营销来说，却存在一些问题：一是信息化硬件建设落后。由于经济效益差、信息意识落后等原因，大多数市场没有配备信息设备，致使市场信息情报功能未能充分发挥。一些市场采用传统的广播、板报等方式发布少量品种、价格信息，有的市场根本没有信息服务，更谈不上为农户生产、产品流通、产品加工提供全面、持续的信息。二是信息质量低。比如中国农业信息网可以查到全国各个主要城市主要批发市场梨的价格，但是梨农还是倾向于各地设点，派熟悉的经纪人帮忙打听价格。原因在于网站价格是市场平均价，但是批发商们需要的是全国最低收购价，零售商考虑运输成本等因素，当然就近选择。三是对农民的信息服务不到位。农民习惯于听从行政号召，缺乏对市场的分析能力。虽然当前涉农部门建立了农业信息网络，但网络在乡、村出现断层，使农民获取信息成本很高。而且大多数农民由于自身文化素质，掌握、分析、选择信息受市场经济意识等条件的限制，不能掌握市场行情，生产决策的盲目性较大，经常出现"什么价高，大家就种什么，什么就难卖"的尴尬局面。

总之，我国农产品信息网络组织化程度低，覆盖面小，真正有用的信息少，对调整农村产业结构、增加农民收入不能发挥应有的作用。因此，应加强农产品信息网的整合，实现信息共享，并指导全国农业结构调整和农产品的有序流通。

第六章　梨消费分析

第一节　梨消费发展与特点

一、我国梨消费发展历程与现状

随着居民收入和生活水平的提高，我国居民人均水果消费量不断增加。如图6－1所示，20世纪80年代以前，人均水果消费量徘徊在3千克/年左右。1984年国家放开水果市场，流通渠道变宽，极大地刺激了农户种植水果的积极性，同时也释放了城乡居民对水果的消费能力，水果市场出现购销两旺的局面，人均水果消费量从1985年的5千克/年增加到2009年的28.8千克/年，年均增长率达7.6%。

在各类水果中，消费量最多的5个品种分别是苹果、柑橘类水果、梨、香蕉和葡萄，这五种水果消费总量占水果消费总量的90%以上。国家放开水果市场后，五大类水果的产量均快速增加，满足了消费者对果品多样化的需求。但是，由于各类水果之间具有较强的替代性，其他水果的增产并一定伴随着梨消费的提高，也可能会减少对梨的消费需求。从五大类水果人均占有量变化趋势看（见图6－2），梨供给量的增长一直比较平稳。但是，在2005年以后，由于苹果和柑橘的增长迅速，梨与苹果、柑橘的差距在逐步拉大，梨的消费在水果消费中的比重逐步下降。

如果忽略库存和损耗，将每年的国内梨产量与净进口之和作为国内梨消费总量（含鲜梨与加工用梨），那么我们可以得到每年的人均梨消费量。如表6－1所示，梨消费一直保持稳定增长，从2000年6.52千克/年增加到2011年11.42千克/年，年均增长率在5%左右，慢于水果消费增长速度，也慢于苹果和柑橘消费增长速度。相应地，梨消费占人均水果消费的比重呈现下降趋势。

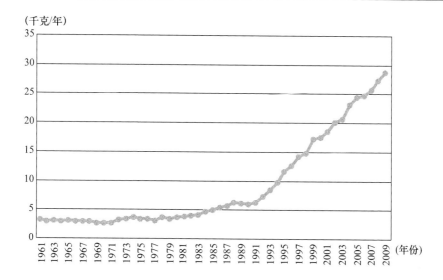

图 6 - 1　1961 ~ 2009 年我国水果人均消费量

数据来源：联合国粮农组织数据库。

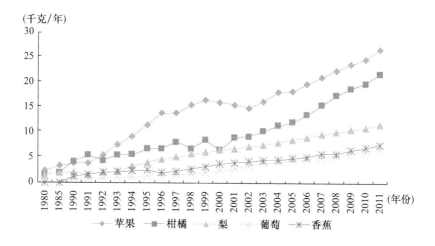

图 6 - 2　中国五大类水果人均占有量

数据来源：《中国农村统计年鉴》（2012）。

表 6 - 1　我国梨、水果人均消费量及占比

年份	梨人均消费量（千克/年）	增速（%）	水果人均消费量（千克/年）	梨消费占水果的比重（%）
2000	6.52	—	17.6	37.06
2001	6.75	3.48	18.6	36.29
2002	7.06	4.58	20.1	35.11

年份	梨人均消费量（千克/年）	增速（%）	水果人均消费量（千克/年）	梨消费占水果的比重（%）
2003	7.35	4.17	20.7	35.52
2004	7.94	8.02	23.1	34.38
2005	8.38	5.49	24.5	34.20
2006	8.83	5.42	24.7	35.76
2007	9.45	7.02	25.8	36.64
2008	9.86	4.29	27.3	36.11
2009	10.34	4.90	28.8	35.91
2010	10.90	5.40	—	—
2011	11.42	4.82	—	—

数据来源：《中国农村统计年鉴》（2012）。

二、我国梨消费特点与变化

我国居民梨消费主要以鲜梨为主，占梨消费总量近90%，梨加工品消费较少。一直以来我国梨进口很少，国内总供给以国产为主。根据美国农业部（US-DA）的数据，2008～2012年，我国鲜梨消费占梨总供给量的近90%，加工用梨占8%左右，剩余2%左右用于出口。梨果加工程度相对较低，梨加工品不仅数量少，而且品种单一，以梨罐头和梨汁为主，梨酒、梨醋、梨干、梨脯、梨膏、梨酱等加工品非常少见。

表6-2　我国梨鲜食与加工比例　　　　　　　　　单位：千吨,%

年份	产量	进口	总供给量	家庭消费量（鲜食）	加工	出口	消费占比	加工占比
2008	13538	0	13538	12063	1030	446	89.10	7.61
2009	14263	0	14263	12691	1102	470	88.98	7.73
2010	15057	0	15057	13514	1120	423	89.75	7.44
2011	15800	2	15802	14119	1264	419	89.35	8.00
2012	16500	4	16504	14714	1350	440	89.15	8.18

数据来源：USDA - FAS。

在鲜梨消费中，以砂梨、白梨、新疆梨为主，秋子梨和西洋梨具有地域特色，消费相对较少。传统品种砀山酥梨、鸭梨、雪花梨等由于产量扩张、品质下降，市场价格走低，销量下降，日韩系的三水梨丰水、幸水、南水，以及库尔勒香梨、翠冠、黄冠、红香酥、早酥、黄金梨等品种销量日益增加。根据梨产业技术体系产业经济岗位2009年的调查，在南京市场消费者主要购买的梨果品种中，酥梨占31.3%，鸭梨占23.5%，黄金梨占13.9%，丰水占11.0%，水晶梨①占10%，库尔勒香梨占7.4%，其他品种占2.9%，这能在一定程度上反映消费者对梨的品种特点以及消费偏好。

从消费时间看，消费者在秋季消费梨果最多，而选择在春季和冬季买梨的消费者最少。这是因为秋季气候干燥，是梨果消费的黄金季节。随着贮藏技术的提高，梨的消费季节也不断延长，部分品种能贮藏至翌年6月，此时南方地区的早熟梨也开始上市，因此，梨从季节消费变成周年消费。

梨果的价格在不同的时期也呈现出差异。从短期看，梨果收获后的集中上市期，由于供给增加，导致价格会有所下降，而翌年春节、"五一"期间新梨还未上市，冷库贮藏的梨果投放市场，此时往往价格较高，待到当年新梨上市的高峰期则梨价又会有所回落。从长期看，由于生产成本提高、经济增长、通货膨胀等因素，梨果价格也呈上升趋势，梨主要品种在2008年之后价格上涨幅度都有所提高。但是，由于梨果采摘后商品化处理不够、分等分级不足、包装较差、消费者缺乏梨品牌认知等因素，造成梨产业出现一流果品、二流包装、三流价格的现象，与苹果、柑橘相比，梨的市场价格相对较低。

随着人们生活水平的提高，人们的需求从追求数量转向追求品质，不仅要求吃得饱、吃得好，而且要求吃得营养、健康。未来对无公害、绿色、有机梨果的需求将逐渐增长，对梨汁等加工品的需求也将增加，以满足人们多样化、便捷化、优质化的消费需求。

第二节　居民梨消费情况调查分析

一、样本基本情况

为了了解居民对梨果的消费情况，课题组开展了实地用户调研。本次调查选取南京、上海、北京、深圳等地市，以该地居民为调查对象，在这四个地市分别获得了240份、104份、100份、79份调查问卷，样本总数为523个。从不同地

---

① 水晶梨是韩国选育的一个晚熟梨新品种，果皮近成熟时乳黄色，表面晶莹光亮，故得名。

区的样本看，在南京市的调查中，男性 106 位，女性 134 位，分别占南京样本总人数的 44.17% 和 55.83%，上海的调查者中男性为 48 位，女性为 56 位。在北京，男性 49 位，女性 51 位。在深圳，男性 27 位，女性 52 位。可以看出，除深圳外，其他两地调查者性别比例基本各接近一半，分布比较合理。

将被调查对象的年龄分为小于 20 岁、21～40 岁、41～60 岁、大于 61 岁四个年龄层次，从图 6-3 可以看出选取的样本人群年龄主要集中在 21～40 岁。

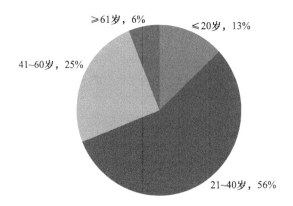

图 6-3-a　南京调查样本年龄分布

数据来源：笔者计算而得。

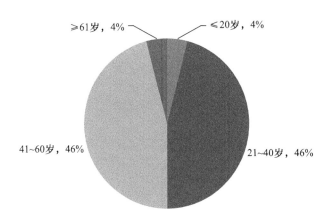

图 6-3-b　北京调查样本年龄分布

数据来源：笔者计算而得。

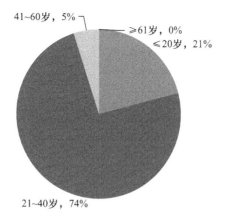

图 6 - 3 - c　深圳调查样本年龄分布

数据来源：笔者计算而得。

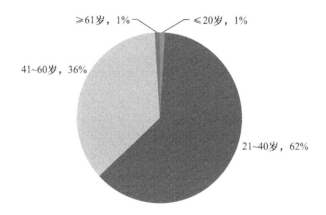

图 6 - 3 - d　上海调查样本年龄分布

数据来源：笔者计算而得。

由图 6 - 4 可以看出被调查者受教育程度的分布，图 6 - 4 - a 中，南京地区调查者学历为小学及以下的有 4 位，占 1.67%；学历为初中及以下的有 28 位，占 11.67%；学历为高中及以下的有 151 位，占 62.92%；学历为大学及大学以上的有 57 位，占 23.75%。其中，高中学历的被调查者比例最高。由图 6 - 4 - b 可以看出，北京平均学历相对于南京和深圳来说普遍偏高，基本为高中及大学以上学历。而在深圳调查者中，小学及初中学历的调查者比重相对其他地区偏高，高学历者比重相对较低（见图 6 - 4 - c）。在上海，调查者的平均受教育程度与北京类似，相对于其他地区更高，这都基本与实际情况相符。

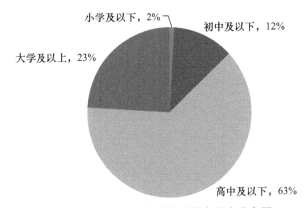

图 6 - 4 - a　南京调查样本受教育程度分布图

数据来源：笔者计算而得。

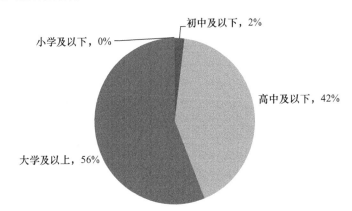

图 6 - 4 - b　北京调查样本受教育程度分布图

数据来源：笔者计算而得。

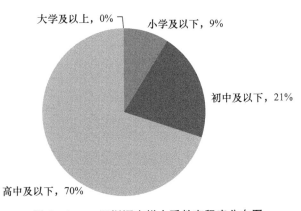

图 6 - 4 - c　深圳调查样本受教育程度分布图

数据来源：笔者计算而得。

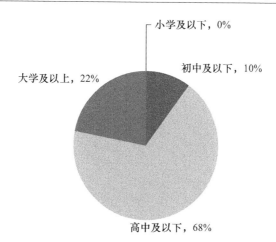

图 6 - 4 - d　上海调查样本受教育程度分布图

数据来源：笔者计算而得。

在南京地区所调查对象中的家庭规模最小的为 1 人，最大的为 11 人，众数为 3，被调查对象的平均家庭规模为 3.34 人；北京所调查对象中家庭规模最小的为 1 人，最大的为 5 人，众数为 3，平均家庭规模为 2.79 人；上海调查对象中家庭规模最小的为 1 人，最大的为 5 人，家庭平均规模为 2.97 人。这基本符合当今家庭规模的现状——核心家庭，独生子女。而深圳地区调查对象中家庭规模最小的为 1 人，最大的为 12 人，家庭平均规模为 4.17 人，家庭规模比其他两地要大。这次调研中被调查对象是家庭主要水果购买者的比重在南京、北京、深圳和上海分别为 50.83%、64%、46.15% 和 73.07%。

梨果消费与居民收入水平密切相关。为了研究居民收入对梨果消费的影响差异，本书按家庭平均月收入分为 8 个层次，分别是 2000 元以下、2000 ~ 4000 元、4000 ~ 6000 元、6000 ~ 8000 元、8000 ~ 10000 元、10000 ~ 15000 元、15000 ~ 30000 元、30000 元以上，其分布如图 6 - 5 所示，这与中国的收入阶层分布状况基本一致，说明样本选择在收入分布上还是比较有代表性的。

有梨果消费的家庭，在南京的调查对象中有 213 家，占 88.75%，在北京为 92 家，占 92%，在深圳为 65 家，占 83.33%，在上海为 82 家，占 78.85%。可以看出，在北京完全不吃梨的家庭占的比重最低，而在上海完全不吃梨的家庭具有相对较高的比重，为 21.15%。这些家庭完全不吃梨的主要原因是不喜欢吃和不易存放，而不是通常人们认为梨与"离"谐音不好听而导致完全不吃梨，说明居民对梨的消费倾向受风俗习惯的影响相对较小。

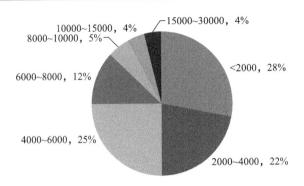

图 6 - 5 - a　南京地区调查者收入分布图（元）

数据来源：笔者计算而得。

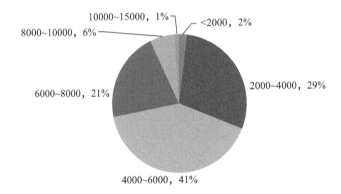

图 6 - 5 - b　北京地区调查者收入分布图（元）

数据来源：笔者计算而得。

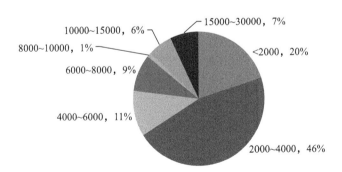

图 6 - 5 - c　深圳地区调查者收入分布图（元）

数据来源：笔者计算而得。

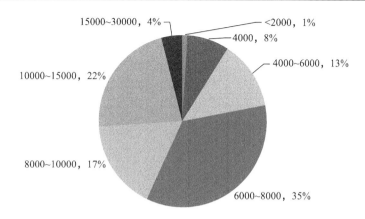

图6-5-d　上海地区调查者收入分布图（元）

数据来源：笔者计算而得。

二、总体消费情况

（一）水果消费情况

由图6-6-a可知：南京居民第一偏好水果为苹果，且其偏好远高于第二偏好；由第二偏好柱形图分布可以看出，苹果的主要替代品是梨、香蕉、柑橘类；由第三偏好分布图可知，人们对柚子也比较偏爱。

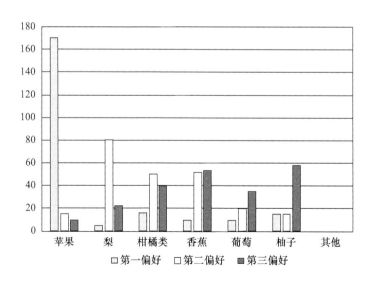

图6-6-a　南京消费者对水果的偏好比较

数据来源：笔者计算而得。

对北京居民来说，苹果相对于其他水果的优势仍然突出，但梨、柑橘类作为第一偏好也比较明显，梨、柑橘、香蕉、苹果作为第二偏好基本不相上下，而香蕉和葡萄也是比较受欢迎的。

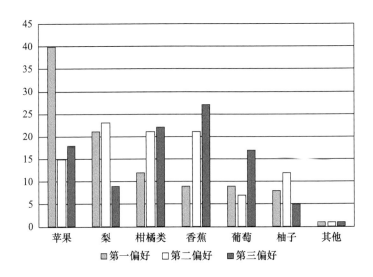

图 6 - 6 - b　北京消费者对水果的偏好比较

数据来源：笔者计算而得。

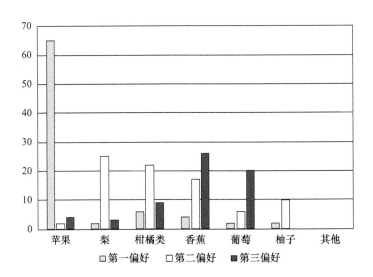

图 6 - 6 - c　深圳消费者对水果的偏好比较

数据来源：笔者计算而得。

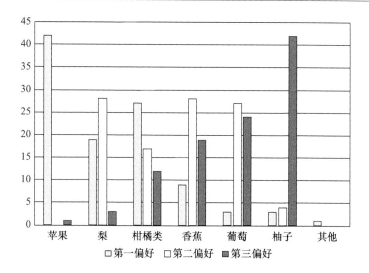

图 6 - 6 - d 上海消费者对水果的偏好比较

数据来源：笔者计算而得。

对深圳居民水果消费偏好进行分析，可以发现，苹果作为第一选择，其偏好远远高于其他水果，梨、柑橘作为第二偏好为苹果的替代水果，香蕉、葡萄作为第三偏好，也受到欢迎。将南京、北京、深圳市居民水果偏好图进行对比可以发现，北京居民对水果偏好差异程度最小，其水果消费多元化程度要高于深圳和南京。

对上海居民来说，苹果仍然作为第一偏好水果领先于其他水果，柑橘类作为第一偏好水果也具有一定的优势，与苹果的差距没有其他地区明显。作为第二偏好水果，梨、香蕉与葡萄不相上下。柚子作为第三偏好水果，显著突出。

将南京居民主要水果消费按其消费量从多到少分别赋值，加总平均得到各种水果的消费量分数排名，苹果为 2.771，梨为 1.934，柑橘类为 1.710，香蕉为 1.605，葡萄为 1.582，柚子为 1.5。在 240 人中，其中有 2 人选择橙子，仅 1 人选择雪莲果，可以忽略。北京居民主要水果消费按其消费量排名，与南京地区保持一致，苹果为 1.68，梨为 1.18，柑橘类为 1，香蕉为 0.96，葡萄为 0.58，柚子为 0.54。排列前三的是：苹果、梨、柑橘类。

在上海，居民主要消费各种水果的消费量分数排名，苹果与柑橘类不相上下，都为 1.22，梨为 1.12，香蕉为 0.98，葡萄为 0.84，柚子为 0.57。排名前三的为苹果和柑橘类、梨、香蕉。可以看出，无论哪个城市，苹果都居于消费量排行榜首位，这说明了苹果在中国居民心目中是当之无愧的水果之王，不可动摇。

而在深圳地区有所不同，深圳居民主要消费各种水果的消费量分数排名，苹果为2.570，香蕉为0.911，柑橘类为0.899，梨为0.747，葡萄为0.481，柚子为0.177，排名前三的是：苹果、香蕉、柑橘类，梨居于第四位。这是因为深圳地处我国南部亚热带地区，盛产香蕉和柑橘类水果，相对梨来说，其地居民消费香蕉和柑橘的数量多于梨。

这说明梨在总体水果领域中的消费比重下降。这种状况与全国范围内水果消费量基本保持一致。1961年，水果消费量最多的5个品种分别是梨、桃、葡萄、菠萝和苹果，这5种水果消费量占水果消费总量的比重分别为15.41%、13.83%、6.14%、4.8%和4.24%。自20世纪80年代中期开始，由于中国水果生产的品种结构发生了较大的改变，橙和柑橘、苹果以及香蕉等种植面积迅速增加，水果消费结构出现了新的变化。1990年，水果消费量最多的5个品种分别是橙和柑橘、苹果、梨、香蕉和桃，这5种水果消费量占水果消费总量的比重分别为23.69%、20.99%、11.76%、7.83%和6.06%。2002年，水果消费量最多的5个品种分别是苹果、柑橘、梨、香蕉、桃和油桃，这5种水果消费量占水果消费总量的比重分别为25.18%、15.59%、13.09%、8.53%和7.3%。

对样本进行统计分析，9、10两个月，南京居民平均月水果开支的金额为10元及以下的家庭为2个，占样本总量的0.833%；水果开支在11～20元的家庭为34个，占14.17%；水果开支在21～50元的家庭为78个，占32.50%；水果开支在51～100元的家庭为80个，占33.33%；水果开支在100元以上的家庭为46个，占19.17%。对数据进行归纳，取组中值进行平均值计算，可以算出南京市居民9、10两个月，平均家庭每月水果开支为69.72元，人均月水果开支为24.57元。北京市居民平均家庭每月水果支出为95元，人均月水果开支为34.88元。深圳市居民平均每月家庭水果支出为77.72，人均月水果支出为35.32元。上海市居民平均每月家庭水果支出为93.76元，人均月水果支出为33.55元。可以看出北京、深圳和上海居民人均月水果支出都高于南京居民，也从侧面可以看出其居民的生活水平更高。

在南京地区选取两个不同平均月收入家庭阶层，分析不同收入阶层的平均月水果开支的金额。选择平均月收入为2000元以下和平均月收入为6000～8000元的收入阶层为分析对象，经计算得出，9、10两个月，平均月收入为2000元以下的家庭平均每月水果开支为58元，平均月收入为6000～8000元的收入阶层的家庭平均月水果开支为86.68元，差异比较明显，所以对家庭的水果总开支来说，收入的影响作用还是相对比较大的。

(二) 梨消费情况

1. 在水果中所占比例

南京居民梨消费占水果开支比重在10%以下的家庭占33.95%，梨消费占水果开支比重在 10% ~30% 的家庭占 43.36%，梨消费占水果开支比重在 30% ~50% 的家庭占 16.28%，梨消费比重占水果开支比重在 50% ~70% 的家庭占 3.72%，梨消费占水果开支比重在 90% 的家庭占 2.65%。梨消费占水果开支比重集中分布在 10% 以下和 10% ~30% 的区间内。

北京居民梨消费比重占水果开支比重在 10% 以下的家庭占 11.96%，低于南京地区，梨消费比重占水果开支比重在 10% ~30% 的家庭占 39.13%，梨消费占水果开支比重在 30% ~50% 的家庭占 33.70%，远远高于南京地区，梨消费比重占水果开支比重在 50% ~70% 的家庭占 15.22%。与南京地区比较，占 10% 以下的家庭比重明显降低，梨开支比重占水果开支在 30% ~50% 和 50% ~70% 的家庭显著增加。

深圳居民梨消费比重占水果开支比重在 10% 以下的家庭占 43.55%，梨消费比重占水果开支比重在 10% ~30% 的家庭占 41.94%，梨消费占水果开支比重在 30% ~50% 的家庭占 8.06%，梨消费占水果开支比重在 50% 的家庭占 6.45%。通过对比可以看出，南京和深圳居民梨消费占整个水果消费比重主要分布在 30% 以下，而北京居民梨消费比重分布在 10% ~50%，北京居民平均梨消费在水果中比重更高。

上海居民梨消费比重占水果开支在 10% 以下的家庭占 40.34%，梨消费比重占水果开支比重在 10% ~30% 的家庭占 43.90%，梨消费占水果开支比重在 30% ~50% 的家庭占 12.20%，梨消费占水果开支比重在 30% ~50% 的家庭占 3.66%，其分布也主要集中在 10% 以下和 10% ~30% 区间内。

2. 梨消费量

结合家庭规模，通过对有效样本进行分析，可以计算出南京市居民人均梨消费量为平均每个星期 2.304 个，北京市居民人均梨消费量为 2.756 个，深圳市居民人均梨消费量（删除家庭人均梨消费量大于 10 的样本 2 个）为 2.376 个，上海市居民人均梨消费量为 1.861 个。除了上海居民人均梨消费量较少外，各地居民人均梨消费量基本持平，平均都在每个星期 2 ~3 个梨范围内。

考虑到受教育程度可能会对梨消费量有比较大的影响，选取样本容量较大的南京地区为例，对各个受教育程度的调查者进行数据筛选和处理，得到调查者为小学及以下学历其家庭平均每个星期梨消费量为 2.386 个；被调查者为初中及以下学历其家庭平均每个星期梨消费量为 2.287 个；被调查者为高中及以下学历其家庭平均每个星期梨消费量为 2.261 个；调查者为大学及以上学历其家庭平均每个星期梨消费量为 2.304 个。由此可以观察到，受教育程度对梨消费量没有太大的影响，这可能是由以下两个方面的原因造成的：第一，调查者的受教育程度并不能代表其家庭的平均受教育程度；第二，受教育程度与消费量也没有直接特别显著的相关性，因为梨属于大众水果。

3. 消费品种

南京主要消费砀山酥梨的家庭占 32.3%，主要消费鸭梨的家庭占 24.3%，主要消费黄金梨的家庭占 14.3%，主要消费库尔勒香梨的家庭占 7.7%，主要消费水晶梨的家庭占 7.7%，主要消费丰水梨的家庭占 3.3%，4 个家庭主要消费其他品种，如贡梨，占 1.3%，没有关注梨品种的家庭有 23 个，占 7.7%。由此可以得出，南京市居民消费的梨主要有砀山酥梨、鸭梨、黄金梨。

但是据资料显示，南京市场对砀山酥梨的消费量下降了，南京市场砀山酥梨消费量下降的原因有以下几点：一是近年来砀山酥梨的品质不断下降，不仅表皮粗糙，而且甜度降低；二是不少果农在秋季集中抛售，给市场造成巨大压力，导致价格剧烈下滑；三是 2015 年砀山酥梨大丰收，总产量再创历史新高，市场规律永远是"物以稀为贵"，如此多的产品质量又不行，怎能不遭遇尴尬。所以，梨商家应当提供更高质量、充足的砀山酥梨、鸭梨、黄金梨以满足南京市居民的梨消费需求，同时调查分析消费其他品种梨较少的原因，开辟新品种梨的消费市场。

北京居民主要消费的梨品种为砀山酥梨的家庭占 45.65%，主要消费黄金梨的家庭占 19.57%，主要消费水晶梨的家庭占 18.4%，主要消费鸭梨的家庭占 7.60%，主要消费库尔勒香梨的家庭占 6.52%，主要消费丰水梨的家庭占 1.09%，消费其他梨的家庭也占 1.09%。可以看出，北京市居民消费的梨品种主要有砀山梨、黄金梨、水晶梨。

在深圳，主要消费砀山酥梨的家庭只占 6.15%，主要消费丰水梨的家庭占 7.69%，主要消费黄金梨的家庭占 4.62%，主要消费库尔勒香梨的家庭占 6.15%，主要消费鸭梨的家庭占 33.85%，主要消费水晶梨的家庭占 32.31%，主要消费其他梨的家庭占 7.69%，没有关注过消费的梨品种的家庭占 1.54%。可以看出，深圳市居民主要消费的梨的品种是鸭梨和水晶梨。

上海居民主要消费的梨品种为黄金梨，占 40.35%，鸭梨其次，占 21.64%，砀山酥梨与库尔勒香梨分别占 18.13% 和 15.20%，还有丰水梨占 2.29%，水晶梨占 1.75%。可以看出黄金梨占的市场份额相对于其他品种来说比较大。

通过对比可以看出，南京和北京居民对砀山酥梨的消费比重明显高于深圳居民，而南京、深圳和上海居民消费鸭梨的比重明显高于北京地区居民，黄金梨在深圳地区的消费比重较其他三地相对较低，库尔勒香梨在上海地区占的比重最高，为 15.20%，而各个地区消费比重都在 6%～7% 保持基本不变，丰水梨消费比重普遍不高，但在深圳地区所占比例高于其他地区。商家应当充分掌握当地居民偏好消费的梨品种以及梨消费市场现状，积极了解其发展动态，因地制宜地满足消费者的需求。

4. 进口梨与礼品梨

个人收入或家庭收入越高的消费者，越会经常购买进口水果来满足个人及家庭的日常需要，进口水果会在一定程度上成为国产水果的替代品。品种丰富、品质较高、包装精美是消费者选择进口水果的重要原因。目前市场上的进口水果大多外观讲究，并且营养丰富、口味独特。这些较之于国产水果的差异化因素，使得进口水果备受消费者特别是高端消费者的青睐。

在调查中南京地区购买过进口梨的家庭占32%，吃过进口梨的家庭占48%；北京地区购买过进口梨的家庭占41.30%，吃过进口梨的家庭占57.61%；在深圳，购买过进口梨的家庭占46.88%，吃过进口梨的家庭占51.56%；上海居民购买过进口梨的家庭占24.69%，吃过进口梨的家庭占44.87%，两者之间差距在各城市中是最明显的。可以看出，上海地区购买过进口梨和吃过进口梨的家庭的比重最低，这看似与上海这座现代化国际大都市有点不符合，但是可能正是由于上海的国际化水平较高，可供选择的进口商品更多，导致进口梨消费的比重相对偏低。南京地区购买过进口梨和吃过进口梨的家庭的比重要低于北京、深圳地区，这说明南京居民的生活水平次于北京和深圳地区，其个人收入或家庭收入会相对较低，所以品种丰富、品质较高、包装精美的进口水果消费比重较低。我们还可以发现，无论哪个城市，吃过进口梨的家庭要比购买过进口梨的家庭的比重高，这表明进口梨目前已被当作一种礼品。

在南京、北京、深圳和上海，吃过礼品梨的居民比重为47%、44.57%、38.7%和59.26%。其中，上海居民消费礼品梨的比重最高，其次为南京和北京居民，深圳居民消费礼品梨比重最低，说明随着人们生活水平提高，礼品梨的消费正日益普遍化。

5. 消费价格

根据所得样本的数据，可以计算出南京市居民梨消费的平均价格为2.726元/斤，北京居民梨消费的平均价格为3.342元/斤，深圳居民梨消费的平均价格为3.097元/斤。北京市消费的梨的平均价格最高，深圳市其次，南京市最低。

其中，南京市居民购买0~0.99元/斤梨的只有1家，购买1~1.99元/斤梨的家庭有51家，购梨价格为每斤2~2.99元梨的家庭有116家，购买每斤3~3.99元梨的家庭为58家，购买每斤4~4.99元梨的家庭为16家，购买每斤5~6.99元、6~5.99元、7~7.99元、8~8.99元梨的家庭很少，价格最多的在2~2.99元内（见图6-7-a）。

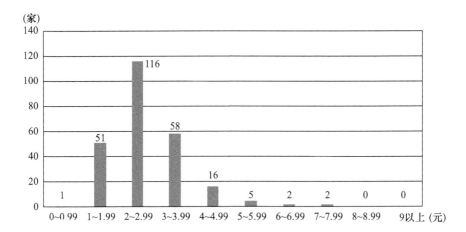

图 6 - 7 - a 南京居民购买梨的价格分布图

数据来源: 笔者计算而得。

从图 6 - 7 - b 可以看出, 北京居民购买梨的价格集中在 2 ~ 4.99 元/斤, 居民消费梨价格最多在 3 ~ 3.99 元/斤。分布在 2 ~ 2.99 元/斤和 4 ~ 4.99/斤的范围也很多。

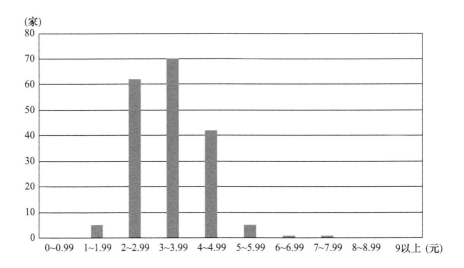

图 6 - 7 - b 北京居民购买梨的价格分布图

数据来源: 笔者计算而得。

从图 6 - 7 - c 可以看出, 深圳居民购买梨的价格集中在 2 ~ 2.99 元/斤、3 ~

3.99 元/斤，居民消费梨的价格最多在 2～2.99 元/斤内。

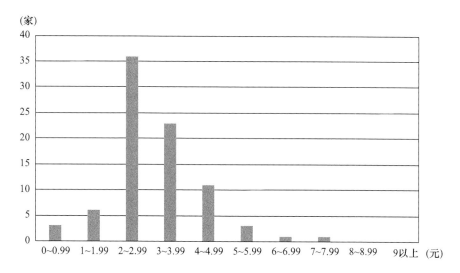

图 6 - 7 - c　深圳居民购买梨的价格分布图

数据来源：笔者计算而得。

从图 6 - 7 - d 可以看出，上海居民购买梨的价格主要集中在 3～3.99、4～4.99 元/斤。

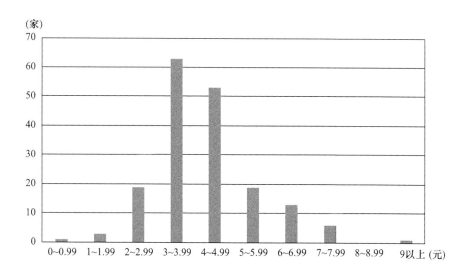

图 6 - 7 - d　上海居民购买梨的价格分布图

数据来源：笔者计算而得。

通过对比可以看出，上海居民消费梨的价格相对最高，其次是北京，深圳和南京居民消费梨的价格情况相近。一般情况下，当梨的价格超过一定限度时，消费者就不会再买梨用于自身消费。根据所搜集的数据，南京居民认为其梨消费的价格上限的众数为5元，平均数4.866元；北京居民梨的价格上限的众数也为5元，价格上限的平均数为6.615元；深圳居民梨消费的价格上限为4.935元；上海居民梨消费的价格上限最高，为8.35元。可以看出，上海居民可接受的梨消费价格上限的平均价格最高，北京是其次。这是因为上海居民生活水平和物价水平均最高，所以人们所能承受的价格上限会相对其他地区更高。

6. 有机梨消费

对南京调查的数据进行分析，剔除无效数据，得到不愿意为有机梨多支付的消费者有17.22%，愿意多支付10%以下的占23.45%，愿意多支付10%～20%的占32.06%，愿意多支付20%～30%的占16.27%，愿意多支付30%～40%占0.19%，愿意多支付40%～50%占4.31%，愿意多支付50%以上占0.48%。

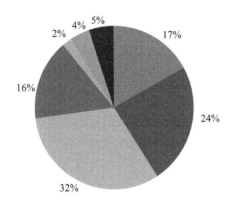

■不愿意 ■10%以下 ■10%~20% ■20%~30% ■30%~40% ■40%~50% ■50%以上

图6-8-a 南京居民有机梨支付意愿分布图

数据来源：笔者计算而得。

在北京的调查中，不愿意为有机梨多支付的占7.61%，愿意为其多支付10%以下的占39.13%，愿意多支付10%～20%的占39.13%，最高支付意愿——愿意多支付20%～30%的占14.13%。

在深圳的调查中，不愿意为有机梨多支付的占16.67%，愿意多支付10%以下的占36.67%，愿意多支付10%～20%的占31.67%，愿意多支付20%～30%的占11.67%，愿意多支付30%～40%的占3.33%。

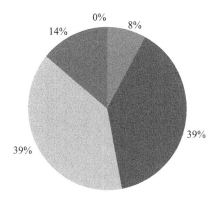

■不愿意 ■10%以下 ▨10%~20% ▨20%~30% ▨30%~40% ▨40%~50% ■50%以上

图6-8-b　北京居民有机梨支付意愿分布图
数据来源：笔者计算而得。

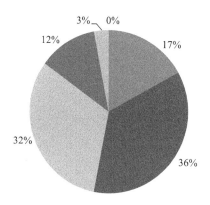

■不愿意 ■10%以下 ▨10%~20% ▨20%~30% ▨30%~40% ▨40%~50% ■50%以上

图6-8-c　深圳居民有机梨支付意愿分布图
数据来源：笔者计算而得。

在上海的调查中，不愿意为有机梨多支付的占50%，愿意多支付10%以下的占25%，愿意多支付10%~20%的占17.5%，愿意多支付20%~30%的占6.35%，愿意多支付50%以上的占1.25%。

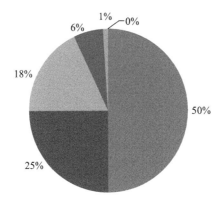

■不愿意 ■10%以下 ■10%~20% ■20%-30% ■30%~40% ■40%~50% ■50%以上

图 6 – 8 – d　上海居民有机梨支付意愿分布图

数据来源：笔者计算而得。

通过比较可以看出，不愿意为有机梨支付的居民在北京地区所占比例最低，为 7.61%，南京与深圳地区所占比例为 16% ~ 17%。而南京地区居民愿意为有机梨多支付的最高支付意愿比深圳、北京相对更高，甚至有 0.48% 的居民愿意支付 50% 以上。上海地区不愿意为有机梨支付的家庭比例居然高达 50%，出乎意料，愿意多支付 10% 以下和 10% ~ 20% 的比例还算正常。这可能是有机梨宣传力度不够、不被了解和重视，因为认知不够所以人们的支付意愿不够强。

由购买梨的价格和愿意为有机梨多支付的比重可以算出，南京居民平均每人愿意为有机梨多支付 0.469 元，北京居民愿意为有机梨多支付的平均价格为 0.409 元，深圳居民愿意为有机梨多支付的平均价格为 0.303 元，上海居民愿意为有机梨多支付的平均价格为 0.232 元，可以看出其中南京居民人均支付意愿最高，上海居民最低。所以商家在引进有机梨的时候要充分考虑到当地居民的支付意愿和支付能力，才能做出正确的决策获取利益。

另外，考虑到收入可能对有机梨支付意愿会产生比较大的影响，且考虑样本的充足性，选取差异较为明显的两个收入阶层，如 2000 元以下和 6000 ~ 8000 元的南京地区居民作为样本来进行对比分析，平均月收入 2000 元以下的家庭愿意为有机梨消费多支付的价格是 0.256 元，而平均月收入 6000 ~ 8000 元的家庭愿意为有机梨多支付的价格是 0.53125 元，分别占市面上普通梨的价格 2.5 元/斤的 10.25% 和 21.25%。这可以看出，有机梨具有比较大的市场前景，而且收入较高的阶层对有机梨的支付能力和支付意愿会更强。

7. 梨加工品消费

对于南京居民来说，在吃过的梨加工品中，梨罐头比例最高，为 44.29%；

其次是梨汁与梨饮料所占比例较高，分别为 24.66% 和 23.29%；梨果脯占 19.18%；梨膏占 12.79%；梨酒占 5.02%；没有吃过梨加工品的居民比例也比较高，占 30.14%。而没有吃过梨加工品的调查者中，有 26 位选择的是不喜欢，13 位认为是种类少，12 位是买不到。可以看出，目前南京居民梨加工品消费量不足的主要原因是消费习惯、梨加工品种类单一、买不到。

北京居民吃过的梨加工品中，梨汁所占比重最高，为 28.38%；其次为梨果脯和梨酒，分别占 23.14% 和 18.78%；梨罐头占 13.97%；梨膏 6.99%；梨饮料占 2.18%；没有吃过梨加工品的比例为 6.55%。在对没有吃过梨加工品的居民调查中发现其主要原因为不喜欢、质量无保证和不好吃。

与南京居民类似，深圳居民消费的梨加工品中梨罐头比例最高，为 35.48%；其次是梨汁与梨饮料，分别占 19.35% 和 13.98%；再次是梨果脯占 5.54%；梨膏占 3.23%；梨酒占 2.15%；没有吃过梨加工品的居民比例也较高，占到 20.43%。

上海居民吃过的梨加工品中，梨果脯比例最高，占 42.18%；其次为梨罐头和梨膏，分别占 21.09% 和 19.73%；再次为梨酒占 6.80%，梨汁占 5.44%，梨饮料占 2.04%。没有吃过梨加工品的居民比例为 8.84%。在对没有吃过梨加工品的居民调查中发现不喜欢所以没有吃过的仍为最主要原因，还有质量无保证和买不到。

可以发现，北京地区居民没有吃过梨加工品的比例最低且梨加工品消费分布相对于南京、深圳、上海来说，更加分散。这说明北京梨加工品市场开拓得相对较好，梨加工品消费趋于多元化。南京和深圳居民消费最多的是梨罐头，上海居民消费最多的为梨果脯。梨加工品商家应当根据当地居民对梨加工品的喜好，积极地开拓和发掘梨加工品市场。

因为水果加工行业是一个比较容易增值的行业，随着经济社会的不断发展以及全球化不断推进，人们的消费习惯正在不断改变，对水果加工品的消费需求会不断增加。相对于其他水果来讲，梨具有一定的特殊性，难以被加工，所以要积极引进先进科学技术与加工工艺，保证在生产梨加工品的过程中梨的风味、色泽、质量等不发生改变，开辟梨加工品的市场。

8. 替代效应

通过对消费者不买梨而最可能买的水果种类进行统计分析，对于南京居民来说，替代梨可能性由强到弱的排列依次是苹果、柚子、葡萄、香蕉、柑橘类。结合该水果的价格和其百分比进行综合分析，以苹果为例，当苹果价格下降幅度在 0.455 元以内时，消费者不会减少对梨的购买，当苹果价格下降超过 1.106 元时，苹果基本上对梨能够实现完全替代。以柚子为例，当柚子价格下降幅度在 0.427

元以内时，不会对梨的购买造成影响，也不会减少对梨的消费，而当柚子价格下降超过 1.032 元时，也可实现对梨的完全替代。由表 6-3 可以得出，对梨消费影响价格下限最低的是柑橘类，完全替代效果最差的水果是葡萄。

表 6-3　南京、北京居民替代水果价格变动上、下限　　　　单位：元

a：南京居民替代水果价格变动上、下限			b：北京居民替代水果价格变动上、下限		
水果种类	价格影响下限	价格影响上限	水果种类	价格影响下限	价格影响上限
苹果	0.455	1.106	苹果	0.539	1.799
柚子	0.427	1.032	柑橘	0.618	2.2
葡萄	0.489	1.169	香蕉	0.615	1.767
香蕉	0.475	1.165	葡萄	1.125	3.22
柑橘类	0.451	1.103	柚子	0.654	2.079

北京市居民替代水果可能性从大到小排列为苹果、柑橘、香蕉、葡萄、柚子。与南京地区略有不同，柚子在南京地区对梨的替代作用大于其在北京地区，柑橘、香蕉在北京地区对梨的替代作用大于其在南京地区。对水果的替代能力进行评估可以发现，在北京地区，苹果的替代能力最强，当价格下降超过 0.539 元时，消费者就会减少对梨的购买，当价格下降超过 1.799 元时，苹果将实现对梨的完全替代，此时消费者将不再购买梨。由于深圳和上海地区可用有效样本太小，因此不足以列举说明。

三、消费行为分析

（一）消费季节

南京居民主要在春季购买梨较多的家庭为 7 家，占 3%；主要在夏季购买梨较多的家庭为 32 家，占 13.8%；主要在秋季购买梨较多的家庭为 140 家，占 60.3%；主要在冬季购买梨较多的家庭为 10 家；占 4.3%；节假日期间消费为主的家庭为 6 家，占 2.6%；不计较季节购买梨的有 37 家，占 16%。由图 6-9-a 可以看出，60%的居民是在秋季消费梨的，另外大部分是在夏季消费梨的。因为梨的上市季节集中在秋季，所以在秋季梨的商家要抓住时机，做好各项准备。在其他季节应该做好梨的储备工作，以此保证其他季节的消费。

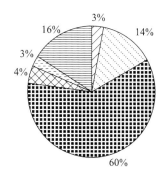

春　夏　秋　冬　节庆期间　无所谓，只要有梨

图 6 - 9 - a　南京居民梨消费季节分布图

数据来源：笔者计算而得。

北京居民对梨的消费季节明显集中在夏季和秋季，3%的家庭主要在春季消费，15%的家庭认为无所谓。在调查时发现主要在冬季消费梨的家庭为0，虽然有点夸张，但也能说明在冬季消费梨的家庭比其他地区相对更少，这可能是由于北方的冬天太冷，不适合吃这种含水量高的水果。

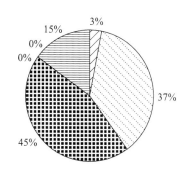

春　夏　秋　冬　节庆期间　无所谓，只要有梨

图 6 - 9 - b　北京居民梨消费季节分布图

数据来源：笔者计算而得。

在深圳，消费季节分布在夏季、秋季和冬季，在三地区中，深圳冬季消费梨的比重最高，为14.29%，这是因为深圳地处我国南部，冬季气候适宜，适合消费梨果，所以冬季消费比重较高。深圳对消费季节无所谓的家庭占32.86%，比南京的16%和北京的15%都高。这说明深圳居民受消费季节的影响比南京和北京居民要小。

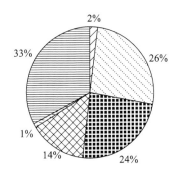

图6-9-c 深圳居民梨消费季节分布图

数据来源：笔者计算而得。

对上海居民来说，消费季节主要分布在秋季，占49%，接近一半，还有44%的居民认为季节对其消费无影响，剩下的2%主要在春季消费和5%在夏季消费，冬季消费的家庭所占比重为0。与南京、北京、深圳相比，上海居民受消费季节的影响更小。

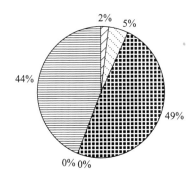

图6-9-d 上海居民梨消费季节分布图

数据来源：笔者计算而得。

（二）消费场所

通过对数据整理分析我们发现，南京居民在超市购买水果的比例最大，为40%，其次是水果专营店、集贸市场、路边地摊及批发市场。大部分消费者习惯在超市购买水果，超市成为水果最主要的零售场所，超市良好的购物环境和企业信誉使得消费者更多地选择在这里进行消费，消费者对超市出售的水果较为信赖，愿意在此经常性购买。

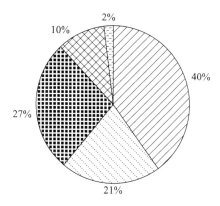

□超市 □集贸市场 ▦水果专卖店 ◹路边地摊 □批发市场

图 6 - 10 - a 南京居民梨消费场所分布图

数据来源：笔者计算而得。

由图 6 - 10 - b 和图 6 - 10 - c 可以看出，在北京和深圳，居民在超市购买梨的比重更大，达到 69% 和 75%，路边地摊购买水果的比例只占 5% 和 3%，这说明在北京和深圳超市发展更加完善，水果主要通过超市这一渠道进入消费领域，对水果监督把关更加严格，所以路边地摊这一销售方式所占比例较低。与前几个地区不同的是，上海居民则更倾向于去水果专卖店购买梨，其占 59%，其次才是在超市购买，占 35%，这说明上海居民偏好在水果专卖店购买水果。

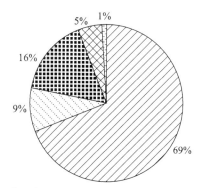

□超市 □集贸市场 ▦水果专卖店 ◹路边地摊 □批发市场

图 6 - 10 - b 北京居民梨消费场所分布图

数据来源：笔者计算而得。

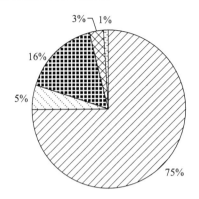

☑超市　☑集贸市场　▦水果专卖店　▨路边地摊　☒批发市场

图 6 – 10 – c　深圳居民梨消费场所分布图

数据来源：笔者计算而得。

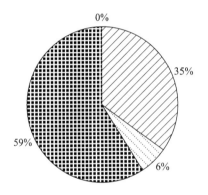

☑超市　☑集贸市场　▦水果专卖店　▨路边地摊　☒批发市场

图 6 – 10 – d　上海居民梨消费场所分布图

数据来源：笔者计算而得。

消费者在选择梨的购买地点时，以南京地区为例，考虑最多的是便利的因素，其次是便宜、质优、选择余地大、习惯、诚信、服务好等因素。图 6 – 11 是对各原因的重要程度分别赋值，得出总排名，从而算出总体上影响购买地点的因素的先后重要度。

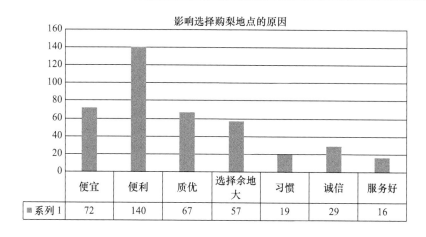

	便宜	便利	质优	选择余地大	习惯	诚信	服务好
■系列1	72	140	67	57	19	29	16

图 6 – 11　影响南京居民梨地点原因

数据来源：笔者计算而得。

四、消费者认知部分

（一）留意项目重要度分析

将消费者对营养成分、农药残留、甜度、酸度等各个项目是否留意过及消费者对该项目的重要程度进行分析。由表 6 – 4 对比可以看出，与其他地区居民不同的是消费梨果时，北京居民和深圳居民对农药残留的留意程度要高于其他地区，这说明北京和深圳地区居民的食品安全意识相对更强。上海、北京对购买梨距离远近的方便程度要高于其他地区，这是因为上海和北京是国际现代化大都市，人们的生活节奏更快，追求高效率的生活方式，所以梨购买地点的方便程度影响其购买行为的作用更加显著。上海、北京、深圳居民对梨甜度的注重程度要高于南京居民，其中上海居民最高，这可能是由于食品偏好引起的，上海居民更偏好甜食。北京居民对梨的价格的注重程度要高于其他地区，这是因为北京地处我国北方，北京居民对梨的偏好程度要低于其他地区，所以价格在其购买梨时起的作用更加显著。

表 6 – 4　留意项目重要度排列

南京		上海		北京		深圳	
新鲜度	2.382	新鲜度	3.676	价格	3.402	新鲜度	3.200
水分	2.290	水分	3.597	农药残留	3.272	水分	2.760
甜度	1.990	距离远近	3.221	甜度	3.217	农药残留	2.625

南京		上海		北京		深圳	
价格	1.831	甜度	3.206	水分	3.217	价格	2.479
农药残留	1.609	营养成分	2.794	新鲜度	3.152	甜度	2.404
距离远近	1.599	价格	2.765	酸度	2.978	营养成分	2.235
营养成分	1.589	品种	2.279	距离远近	2.707	酸度	2.222
酸度	1.420	农药残留	1.897	营养成分	2.696	质量认证	1.809
大小	1.387	大小	1.794	芳香度	2.174	品种	1.617
芳香度	1.242	酸度	1.662	大小	1.804	芳香度	1.444
质量认证	1.140	外包装	0.809	品种	1.250	大小	1.413
品种	1.063	质量认证	0.500	质量认证	1.022	距离远近	1.319
外包装	0.628	芳香度	0.471	品牌	0.880	品牌	1.174
品牌	0.440	品牌	0.324	外包装	0.739	外包装	1.106

可以看出，各地居民对梨的新鲜度、水分、甜度、酸度、营养成分都是普遍关注的。所以根据这一结论，梨生产者和梨商家要注重提供新鲜度高、水分多、酸甜符合口味、价格合适的梨，用以增加梨消费者对梨的需求。

（二）认为重要但是经常被忽略的因素

容易被忽视但是重要的因素按其重要程度进行排名，可得到表6－5，由此可以看出，较其他地区来说，在南京，农药残留项目容易被居民忽略，这说明居民的食品安全意识较其他地区来说仍然较低。质量认证、品牌、芳香度虽然是消费者认为重要程度比较高的项目，但是经常被消费者所忽略。所以，商家在促销的过程中如果能很好地利用这些因素，通过各种促销渠道，对这些项目进行宣传，提醒消费者，以提高自身的竞争力，使其占据一定的市场份额，从而脱颖而出。

表6－5　非留意项目重要度排列

南京		上海		北京		深圳	
农药残留	1.531	质量认证	2.088	质量认证	1.163	营养成分	0.961
营养成分	1.222	品牌	1.632	外包装	1.141	品牌	0.913
质量认证	1.145	芳香度	1.500	品牌	1.076	农药残留	0.896
品牌	1.140	农药残留	1.162	品种	0.870	芳香度	0.800
芳香度	1.005	酸度	1.118	大小	0.554	质量认证	0.723
品种	0.986	外包装	0.809	芳香度	0.478	外包装	0.702

续表

南京		上海		北京		深圳	
酸度	0.957	大小	0.706	营养成分	0.304	大小	0.652
外包装	0.937	品种	0.456	距离远近	0.250	距离远近	0.638
新鲜度	0.879	营养成分	0.265	农药残留	0.196	品种	0.489
甜度	0.870	价格	0.265	酸度	0.185	甜度	0.277
价格	0.855	新鲜度	0.118	新鲜度	0.152	酸度	0.267
大小	0.807	甜度	0.103	水分	0.109	水分	0.200
距离远近	0.797	水分	0.090	甜度	0.065	价格	0.146
水分	0.681	距离远近	0.000	价格	0.022	新鲜度	0.060

五、小结与讨论

（1）市场上的进口梨大多外观讲究，并且营养丰富、口味独特。这些较之于国产梨的差异化因素，使得进口水果备受消费者特别是高端消费者的青睐。品种丰富、品质较高、包装精美是消费者选择进口梨的重要原因。所以可以引进优质的进口梨提高梨商家的利益，但是需要调查进口梨消费人群的喜好，以此满足目标群体的需求。

（2）随着人们生活水平的提高，礼品梨的消费正日益普遍化，各大城市礼品梨的消费比重都相对较高，接近一半。礼品梨较为美观，能实现梨果迅速增值，具有相对广阔的市场，因此应当重视礼品梨市场，树立各种知名礼品梨品牌，推进其积极发展。

（3）各地居民对有机梨的潜在支付意愿相对较强，有机梨具备一定的潜在市场，但是商家在引进有机梨的时候要充分考虑到当地居民的实际支付意愿和支付能力，进而做出正确的决策。

（4）加工品的消费与其他发展中国家和发达国相比还有非常大的差距，存在很大的发展空间。梨通过加工可制成罐头、果脯、果汁、果酒、果酱等产品。随着经济社会不断发展以及全球化不断推进，人们的消费习惯正在不断改变，对食品质量要求不断提高，我国梨加工品和有机梨具有较大的潜在市场，所以要积极引进先进科学技术、先进加工工艺，保证梨加工品的风味、色泽、质量等不发生改变，开辟梨加工品的市场。

（5）梨的上市季节集中在秋季，所以在秋季，梨的商家要抓住时机，做好各项准备。在其他季节，如夏季，梨的供应应该依靠梨的储藏来解决。梨贮藏期应适当，过长不仅使果肉组织出现蜂窝状空腔，褐变有时在库内发生，有时在上市后很快发生，对销售造成极为不利的影响。所以需要积极引进先进技术改进梨的储藏效果。

（6）大部分消费者习惯在超市购买水果，超市成为梨的最主要的零售场所，超市良好的购物环境和企业信誉使得消费者更多选择在这里进行消费，消费者对超市出售的水果较为信赖，愿意在此经常性购买。由此，提供良好的环境和服务，可以在各个社区开设水果专卖店，提供便宜、质优、多种品种的梨，也能促进消费者对梨的消费。

（7）酸度、甜度、大小是消费者购买梨时经常关注的，也被其认为是重要的因素，所以要对梨进行分级、选别，推进梨产品的商品化，提高质量，注重打造知名梨品牌。由于高品质水果质优价高，受人追捧，低品质水果成大路货，质劣价廉，无人问津，对产品进行分级挑选，标注其酸度、甜度、含水量等指标可以引导消费者对其消费和选择，提高梨消费量，实现产品增值。

第三节　梨果消费者市场细分：以南京为例

以土地制度改革为核心的家庭联产承包责任制极大地提高了农民生产积极性，也提高了土地和劳动生产率（黄季焜，2010），农产品产量大幅增加。在国内，农产品的买方市场已形成，市场的竞争格局正在发生深刻变化。果品作为我国继粮食、蔬菜之后的第三大农产品，种植面积由1978年的1657千公顷增加到2008年的10734千公顷，产量由657万吨增加到19220.2万吨，其中梨果的产量由151.7万吨增加到1353.81万吨。产量的快速增长使不同果品间的竞争关系更加激烈。激烈的市场竞争关系和消费者需求的多样化迫使梨果生产经营者（企业）需重新定位其营销策略，而营销策略应根据目标市场的特点制定。因此，根据消费者在购买梨果时的利益诉求和偏好进行消费者市场细分，对梨果生产经营者（企业）制定适当的营销策略作用不言而喻。

1956年，美国营销学教授温德尔·史密斯首次提出了市场细分理论，这一理论已成为现代管理理论的重要组成部分。在买方市场条件下，顾客需求的多样化使企业不可能满足所有客户的需求，企业的营销活动必须针对某一具体的目标市场，在目标竞争市场中比竞争对手更有效地满足客户需求。从理论上讲，任何市场都可以进行细分，从而可以找到企业的目标群体，提高企业的获利性和经营效率（郑琦，2000）。地理、人口统计学特征、心理特征变量以及顾客对产品的反应常常作为市场细分的依据，其中顾客对产品的反应可包括使用时机、追求的利益和品牌忠诚度。这些细分方式既可以单独使用也可以组合使用，但有研究认为利益细分是市场细分最为有效的方法（Haley，1995；Joby and Miaoulis，1992；Wind，1978），其优点在于它以因果性因素而非描述性因素作为基础（Haley，1968；陈丽芬，2008）。Green 和 Wind（2000）、何志毅（2005）认为测量消费者产品利益的方法有以下两种：一是根据消费者对产品特性的态度和评价进行打分；二是根据影响品牌选择的不同产品利益的重要性进行打分。本书选择第一种方法测量消费者的产品利益诉求。

正是基于利益细分的市场细分研究具有较多优点，目前该方法已在多个领域市场细分研究中被广泛采用。如 Rusell Haley（1997）、郑琦（2000）对牙膏市场细分的研究；Kim（2004）、Frochot（2005）、梁江川和陈南江（2006）对旅游业市场细分的研究；何志毅（2005）对中国耐用消费品市场进行了细分；陈丽芬和安玉发等（2008）、孙艳华等（2009）分别对日本蔬菜市场和湖南省蔬菜市场进行了利益细分，并提出营销策略；刘瑞涵和李先德（2008）对北京市果品市场进行了细分。但以往的研究多基于工业品或某大类农产品的市场细分，已有文献没有基于某一具体农产品的消费者利益诉求基础上的市场细分研究，本书可以从实证上进一步丰富基于利益细分的市场细分研究。

一、研究方法与样本特征

（一）问卷设计

首先向相关专家了解梨果的主要品质特征，再结合消费者的利益需求特点，设计调查问卷并对南京市城市消费者进行了预调研，根据预调研情况进一步完善调研问卷。调查问卷分为以下三部分：第一部分反映消费者水果尤其是梨果的消费情况，包括购买金额、地点、品种等；第二部分反映消费者购买梨果时考虑的关键性指标，采用李克特（Likert）5 点量表，1 代表"很不重要"，5 代表"很重要"，旨在了解消费者的利益需求所在；第三部分为信息甄别部分，包括消费者的性别、年龄、文化程度、家庭收入等基本情况。

（二）调查对象

采用问卷调查的方法对南京市民梨果消费行为进行了抽样调查。调查时间为 2009 年 11 月 27 ~ 30 日，调查员为南京农业大学经济管理学院在校本科生和部分研究生，调查之前对调查员进行了必要培训。为了提高样本的代表性，本次调查在南京市内 6 个区同时展开，调查地点涉及超市、农贸市场、水果店。本次调查共发放问卷 300 份，回收问卷 271 份，在剔除无效问卷后最终获取有效问卷 212 份作为实证分析依据。

（三）分析方法

本书主要以统计分析方法对所获取数据进行分析。主要采用描述性统计

中国梨产业经济研究

（Descriptative Analysis）了解样本资料分布情况，运用因子分析和聚类分析对消费者市场进行细分，并在此基础上进一步描述各细分市场的人口统计学特征。

（四）样本描述

表6-6为样本的描述性分析结果。从性别看，女性占59.9%，男性占40.1%，可见女性是水果的主要购买群体。年龄结构中，35岁以下的年轻人居多，占59.9%，35岁以上群体相对较少，说明年轻人更关注饮食结构的合理性。南京市是我国东南沿海发达城市，居民文化水平较高，样本群体拥有高中学历者占63.7%，其次是拥有大学及以上学历者。家庭月收入以4000~6000元者最多，占25%，其次分别是2000元以下者和2000~4000元者，8000元以上的占14.2%，在6000~8000元的家庭最少，表明南京市家庭收入水平整体较高。从家庭人口规模看，家庭人口在4人及以上的占41.5%、3人的占37.3%、2人及以下的占21.2%。

表6-6　样本人口统计学特征

统计指标及分类		频数	占总样本比例（%）
性别	男	85	40.1
	女	127	59.9
年龄	25岁以下	79	37.3
	26~35岁	48	22.6
	36~55岁	57	26.9
	56岁以上	28	13.2
学历	小学	4	1.9
	初中	25	11.8
	高中	135	63.7
	大学及以上	48	22.6
家庭人口规模	2人及以下	45	21.2
	3人	79	37.3
	4人及以上	88	41.5
家庭月收入	<2000元	52	24.5
	2000~4000元	49	23.1
	4000~6000元	53	25.0
	6000~8000元	28	13.2
	≥8000元	30	14.2

调查中发现，南京市家庭水果消费排在前四位的分别是苹果、梨、香蕉和柑橘。在 2009 年 9 月和 10 月，家庭每月水果消费以 20 ~ 50 元的居多，占 34%，月水果消费 50 ~ 100 元的占 33%，100 元以上的占 20.8%，20 元以下的占 12.3%。在水果消费中，梨果消费占家庭水果消费比重在 10% 以下的占 34%，10% ~ 30% 的消费者家庭占 43.9%，30% ~ 50% 的家庭占 16.5%，50% 以上的占 5.7%。46.7% 的消费者购买的梨果价格在每斤 2 ~ 3 元，每斤价格在 2 元以下的占 23.1%，每斤价格在 3 ~ 4 元的消费者占 22.2%，只有 8% 的家庭购买的梨果价格在每斤 4 元以上，说明中档梨果在市场中最受南京市消费者青睐。从全年购买梨果的季节看，63.7% 的消费者在秋季消费梨果最多，对季节不敏感的紧随其次，占 17.4%，夏季占 13.2%，选择在春季和冬季的各占 2.8%，说明秋季气候干燥，是梨果消费的黄金季节。数据同时显示，南京市消费者购买水果主要地点为超市，占 41%，其次为集贸市场，占 32.5%，选择在水果店购买的占 26.4%，这与南京超市（含便利店）营业网点较多有密切关系。在消费者主要购买的梨果品种中，砀山酥梨占 31.3%，鸭梨占 23.5%，黄金梨占 13.9%，丰水占 11.0%，水晶梨占 10%，库尔勒香梨占 7.4%，其他品种占 2.9%，这与我国梨品种结构和南京市消费者消费习惯有关，砀山酥梨和鸭梨是我国产量最大的两个梨主栽品种，且酥梨主产区砀山县离南京市较近，得天独厚的区位优势使砀山酥梨在市场中已形成稳定的消费群体。

二、实证分析

（一）信度与效度检验

本书首先对数据的信度和效度分别进行检验。信度检验采用衡量内部一致性的 Cronbach's α 系数，经计算 Cronbach's α 系数为 0.740，大于 0.70，属于高信度，表明问卷设计项目比较理想。另外，采用探索性因子分析方法对效度加以检验，测量各变量的共同度，结果显示各测量变量的共同度均在 0.5 以上，说明问卷的效度是可以接受的。

（二）因子分析

因子分析是从多个变量中选择少数几个综合变量的一种降维多元统计分析方法。因子提出使用主成分分析方法（Principal Factor Analysis），因子旋转使用方差极大法（Varimax）。结果显示：Bartlett 值 = 472.02，Sig. = 0.000；KMO 值 = 0.722 > 0.5，表明本数据可用于因子分析。以特征根大于 1 的标准截取数据，结果表明，本问卷的 13 个测量变量能较好地被 4 个因子所解释，累计方差贡献率为 55.39%，说明这 4 个因子对原有的 13 个测量变量具有 55.39% 的解释能力（见表 6 - 7）。表 6 - 7 显示了 4 个因子各自所包含的测量变量及含义，结合文献阅读和专家咨询，本书对 4 个因子命名并进一步解释：

表6-7 正交旋转后的因子载荷

因子	测量变量	载荷	贡献率（%）	累计贡献率（%）
因子1	X₁：产地著名 X₂：品种 X₃：包装 X₄：大小	0.793 0.679 0.595 0.422	16.77	16.77
因子2	X₅：固形物含量 X₆：果酸（口感） X₇：香味 X₈：新鲜程度	0.755 0.678 0.593 0.566	15.22	31.99
因子3	X₉：农药残留 X₁₀：营养丰富 X₁₁：质量认证	0.729 0.647 0.545	11.75	43.74
因子4	X₁₂：价格 X₁₃：购买地点	0.807 0.727	11.65	55.39

因子 1 为"视觉"因子。"产地著名"、"品种"、"包装"、"大小"四个测量变量在该因子上具有较高载荷，该因子的方差贡献率为 16.77%。消费者购买水果时非常注重其第一印象，商家产品的标识对消费者有较大影响。虽同属酥梨，在南京超市中"新疆贡梨"的价格为每斤 5.8 元、普通贡梨每斤 3.8 元，而砀山酥梨每斤为 2 元，三者价格相差较大。由于梨果品种较多，不同的品种意味着不同的品质，消费者对梨的品种也很关注，普遍认为国内梨品种中库尔勒香梨品质最好。此外，梨果包装以及梨果本身的大小亦反映出消费者购买时的利益诉求，如南京市消费者对单个果重在 6 两以上的梨果有较高的购买偏好，而重庆市消费者则青睐于单个果重在 4~6 两的梨果①。

因子 2 为"口味"因子。因子 2 的方差贡献率为 15.22%，反映出南京市消费者在购买梨果时较多地追求口味以及以往的特殊偏爱，同时也考虑到家庭成员的饮食偏好。

因子 3 为"营养和安全"因子。该因子的方差贡献率为 11.75%。虽然食品

---

① 笔者在陕西蒲城县从酥梨产地运销商中了解到的情况。

安全问题受到消费者的密切关注，但与蔬菜等农产品不同（陈丽芬研究认为蔬菜的安全因子方差贡献率最大），梨果存放时间长且消费者大多削皮后食用，因而对农药残留的关注程度不如蔬菜高。同时，作为一种食品，消费者在购买梨果时亦关注梨果的营养情况。

因子4为"便利"因子，即购买方便且实惠。"便利"因子的方差贡献率为11.65%，反映南京市消费者在购买梨果时对方便性的利益要求，他们关注梨果价格，并且喜欢到附近的地点购买梨果。

（三）聚类分析

对目标市场进行细分，聚类分析不失为一种有效的方法。聚类分析一般有层次聚类法（Hierarchical Cluster Analysis）和逐步聚类法（K - means Cluster）两种方法。由于本书的观测值个数较多，宜采用逐步聚类法。在进行聚类分析之前，首先将因子分析过程中的4个因子的标准化因子值保存为4个新的变量因子，再基于4个变量因子对212个样本进行聚类分析。笔者通过反复比对，最终确定了3类细分市场。表6-8显示了3个细分市场样本在4个因子上的均值，方差分析结果表明，在显著性水平为0.01时，3个细分市场在4个因子上具有显著差异，各类细分市场以得分最高的因子命名。

表6-8 南京梨果消费者市场细分（聚类结果）

	细分1 安全型	细分2 视觉型	细分3 口味型	F	显著性
因子1	0.43721	0.17131	- 0.41969	15.470	0.000
因子2	0.26821	- 1.02861	0.68458	108.963	0.000
因子3	0.74558	- 0.07647	- 0.75887	67.662	0.000
因子4	0.37177	- 0.46236	0.02739	13.921	0.000
样本量	77	66	69	—	—
所占比例（%）	36.32	31.13	32.55	—	—

（四）交互分析

首先通过交叉分析中的卡方检验（Chi - Square）来判断不同细分市场上各人口统计学变量是否存在显著差异。显著性水平为0.05的情况下，各细分市场在"年龄"、"学历"、"家庭月收入"等人口统计学变量和行为变量"购买地点"上存在显著差异（见表6-9）。从表6-9中我们可以进一步看出各细分市场人口统计学变量存在的差异。

表 6 - 9　不同细分市场上人口统计变量频率分布

项目	人口统计学变量	样本	安全型	视觉型	口味型	χ^2	显著性
性别	男	40.1	46.8	36.4	36.2	1.08	0.185
	女	59.9	53.2	63.6	63.8		
年龄	25 岁以下	37.3	25.97	54.55	33.33	17.24	0.000
	26～35 岁	22.6	24.68	22.73	20.29		
	36～45 岁	26.9	35.06	18.18	26.09		
	56 岁以上	13.2	14.29	4.55	20.29		
学历	小学	1.9	2.60	0	2.90	11.23	0.007
	初中	11.8	9.09	12.12	14.49		
	高中	63.7	54.55	71.21	66.67		
	大学及以上	22.6	33.77	16.67	15.94		
家庭规模	2 人及以下	21.2	29.9	15.2	17.4	0.98	0.613
	3 人	37.3	24.7	51.5	37.7		
	4 人及以上	41.5	45.5	33.3	44.9		
家庭月收入	<2000 元	24.5	24.7	22.7	26.1	25.21	0.000
	2000～4000 元	23.1	19.5	28.8	21.7		
	4000～6000 元	25.0	28.6	22.7	23.2		
	6000～8000 元	13.2	11.7	13.6	14.5		
	≥8000 元	14.2	27.3	25.8	28.9		
购买地点	超市	41.0	40.26	45.45	37.68	19.23	0.000
	集贸市场	32.5	25.97	31.82	40.58		
	水果店	26.4	33.77	22.723	21.74		

细分市场 1：安全型消费者。梨果的质量安全与卫生是这一细分市场消费者考虑的主要因素，该细分市场占有 36.32% 的市场份额。这个消费群体以年轻人居多，他们对食品安全信息敏感且侧重于饮食结构的合理与营养的平衡，多属于高学历、相对较高家庭月收入（4000～6000 元）的家庭，同时梨果的购买场所大多在超市和水果店。

细分市场 2：视觉型消费者。产地标识、品种、包装和大小是这一细分市场消费者主要考虑的因素，这一细分市场占有 31.13% 的市场份额。他们以年轻人居多、学历相对较高、家庭月收入在 2000～4000 元、购买地点多选择在超市和农贸市场。

细分市场 3：口味型消费者。口味型消费者市场以口味作为主要利益诉求点，市场份额为 32.55%，这一细分市场 25 岁以下的年轻人为多，学历相对较高、家庭月收入以 4000 元以下的居多。他们注重梨果的口味，同时考虑是否适合家庭成员的偏好，且对梨果的产地、质量安全均有较高的要求，经常在超市和农贸市场购买梨果。

三、小结与讨论

（一）主要结论与意义

本书的目的在于了解南京市城镇居民梨果购买行为及市场细分的相关信息。结果表明，影响南京市城镇居民梨果购买行为的因子主要有 4 个，即"视觉"因子、"口味"因子、"便利"因子、"营养和安全"因子。同时，进一步通过聚类分析将南京城镇居民梨果消费市场细分为安全型消费市场、口味型消费市场和视觉型消费市场，且各市场存在显著性特征差异。

通过上述分析，可以使梨果生产经营者深刻认识到果品市场尤其是梨果市场需求发生的深刻变化。梨果已从改革开放之初的卖方市场转变为买方市场，消费者的利益需求也已发生显著性变化，对消费者利益需求的研究与市场细分探索为梨果生产经营者有效响应市场需求提供了参照。同时，不同细分市场上的消费者在年龄、学历、购买地点和收入上的显著差异揭示了其市场分层特征，为梨果生产经营者在不同细分市场上制定差异化营销策略提供了决策参考。

（二）研究的不足与讨论

作为探索性分析，本书研究内容存在以下局限性：

由于时间、精力的限制，本书选取的南京市城市梨果消费者作为研究对象以反映居民梨果消费的利益诉求，由于南京市是我国东南沿海地区发达城市，人均收入水平、受教育程度、超市等现代物流形态等均高于全国平均水平。而且，在考虑居民梨果消费行为时未能将农村居民列入调查对象。2013 年，我国农村常住人口仍占全国人口的 46.27%，乡村居民在文化环境、收入、教育等各方面都与城市居民存在差异，其对梨果消费的利益诉求有别于城市居民。由此，为更好地反映我国居民对梨果消费行为的利益诉求，应进一步增加对不同经济发展水平的地区、城市和乡村的调研。

第七章 梨价格与市场行情分析

第一节 近年来我国梨价格变动趋势

一、我国梨价格波动分析

（一）梨长期价格分析（1995～2012 年）

1. 四大类梨长期价格分析

（1）白梨。鸭梨、红肖梨和苹果梨均属于白梨系统。从长期来看，鸭梨、苹果梨等品种与白梨整体的价格走势基本一致，平均价格呈现先下跌再回升的趋势，近两年价格上涨较快。如图 7－1 所示，将它们按价格波动分为以下四个部分：一是从 1995～2000 年，鸭梨价格大幅下跌，从 2.68 元/公斤下降到 1.27 元/公斤，跌幅达到 52.54%，平均每年下跌达 26%，而白梨整体均价也分别从 1998 的 1.84 元/公斤下降到 2000 年的 1.52 元/公斤，跌幅为 17.39%，苹果梨和鸭梨、白梨整体不同的一点是价格谷底出现在 1999 年，其跌幅也达到了 19.6%；二是 2000 年价格跌入谷底后，2001～2005 年，鸭梨和白梨整体平均价格未出现大幅度变化，分别在 1.4 元/公斤和 1.99 元/公斤之间徘徊，但是苹果梨的价格在 2002 年出现较大幅度下跌，价格从 1.47 元/公斤跌至 0.8 元/公斤，在 2003 年亦反弹回正常水平；三是 2006 年开始，梨价格以周期性波动的形式上涨，例如鸭梨均价在 2006 年上涨到 2.24 元/公斤，随后在 2007 年又跌回至 1.92 元/公斤，涨幅和跌幅分别达到了 42.68% 和 14.29%，从 2008 年又回升到 2.39 元/公斤；四是 2009 年开始，梨平均价格开始快速上涨，如鸭梨均价从 2.5 元/公斤上涨至 2010 年的 2.78 元/公斤，涨幅为 11.2%，2011 年鸭梨价格暴涨至 3.74 元/公斤，涨幅为 34.53%，红肖梨的价格波动与鸭梨相比不一致，两者都是 9 月至 10 月左右成熟的梨，但是红肖梨在成熟时并不急于上市，一般会贮藏几个月才能达到较好口感，其上市时间一般在第二年的1、2月份，这可能是红肖梨价格与其类似品种之间波动不一致的原因之一。

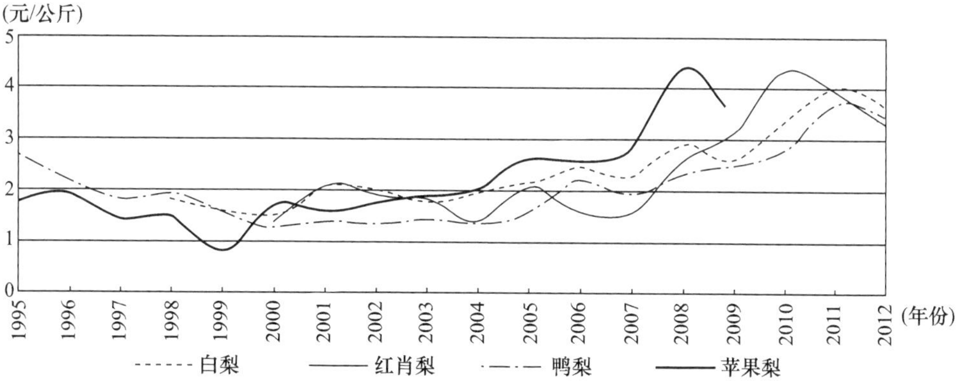

图7－1 全国白梨类均价波动（1995～2012年）

（2）新疆梨。新疆梨以库尔勒香梨为代表，产量大，质量好，是新疆在海内外最负盛名的果品之一，被誉为“中华蜜梨”、“梨中珍品”。库尔勒香梨其种植面积达2.4万亩，年产量在千吨以上。产品受到沿海大城市的欢迎，外销到中国香港、东南亚等地，出口价比其他梨高出1～2倍。从长期数据我们也可以看出，库尔勒香梨的平均价格远远高于其他品种，这主要是消费者尤其是经济能力较强的消费者对库尔勒香梨的偏好更强。如图7－2所示，库尔勒香梨的平均价格最低出现在2000年，其价格也已经超过4元/公斤。近些年来，库尔勒香梨的价格更是节节攀升，平均价格已经超过9元/公斤，相比之下其他梨的价格最多不超过5元/公斤。库尔勒香梨的价格也呈现出和其他梨相同的走势，即2000年之前持续下降，2000年价格达到最低点，之后缓慢持续上升，并在近几年价格开始加速上升。

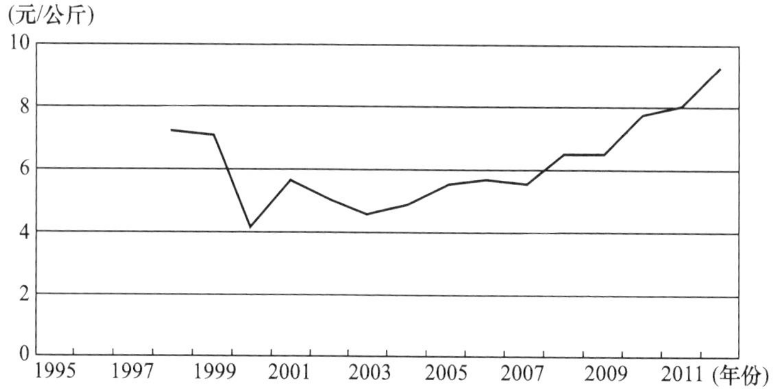

图7－2 全国库尔勒香梨平均价格走势（1995～2012年）

（3）秋子梨。秋子梨包括安梨、大香水、花盖、南果梨等品种，主要分布在辽宁、吉林及河北北部一带，甘肃、陇中和河西地区也有分布。如图7－3所示，相比于其他梨，秋子梨的价格在1998～2009年长期保持平稳增长的趋势，除了2002～2003年间的短期波动之外，其他时间价格十分稳定。2009年开始，随着全国梨价格的普遍上涨，秋子梨的价格也开始快速攀升，从2009年的2.76元/公斤上涨到2012年的5.6元/公斤。

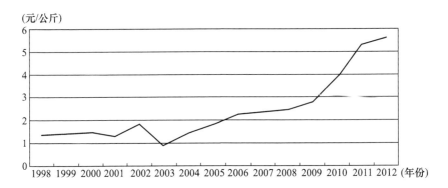

图7－3　全国秋子梨平均价格走势（1998～2012年）

大香水、小香水在一些地方也称为香水梨。大香水、小香水主要产地分布于辽宁、宁夏、甘肃和重庆等地。重庆巫山的大香水、小香水有着悠久的栽培历史，具有丰产、高抗、高适应性特征，有较高的市场开发潜力。但由于受政策、技术等因素的影响，巫山县大小香水遭遇到了毁灭性的砍伐，至20世纪80年代已逐渐走向灭亡。进入21世纪后，地方政府开始重视对大小香水的保护。2006年立项了"地方名特品种香水梨的保护选育及应用推广项目"，陆续开展了初选和果实的采收工作。我们的全国香水梨的交易价格数据也是从2005年开始，如图7－4所示，香水梨的价格从2005年到2008年末均价维持在2.33元/公斤左右，但从图7－5香水梨的周价格分布图可以发现，短期中的价格存在较大波动，最低价只有1元/公斤，最高达到6元/公斤。2009年，香水梨的价格下跌了21.93%，2010年又暴涨至3.6元/公斤，涨幅达102.39%，2011年再下跌至2.6元/公斤，跌幅为27.78%，2012年再次上涨为3.4元/公斤，涨幅30.76%。可见从2008～2012年，香水梨的价格在周期性的波动中上升。

（4）砂梨。砂梨广泛分布在长江流域至华南、西南地区，地方品种包括宝珠梨、苍溪雪梨、火把梨、棕包梨等，选育品种包括翠冠、黄花、金水1号、清香等，也包括日本的丰水、幸水、南水和韩国的秋黄梨、甘川梨、圆黄等品种。丰水前期价格较高，但是在2005年开始，其价格开始下降，只比传统砂梨系统

(元/公斤)

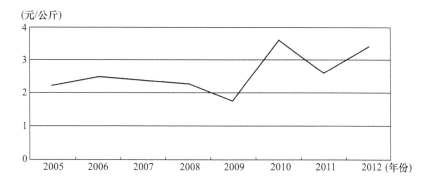

图7－4 全国香水梨平均价格走势（2005～2012年）

(元/公斤)

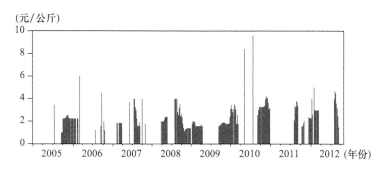

图7－5 全国香水梨平均周价格走势（2005～2012年）

价格略高，2005～2012年的价格波动方向趋于一致。

2. 各品种梨之间价格相互关系

表7－1、表7－2分别为各大类品种和具体品种全国长期均价之间的相关系数。相关系数表明：各大类品种中，白梨与秋子梨之间有很强的相关性，说明这两类梨的价格在长期中是相互影响，且存在一致的波动趋势的；各具体品种中，鸭梨与苹果梨、雪花梨、库尔勒香梨都有很强的相关性，相关系数不低于0.85，说明这些具体品种的市场联动性强；而大小香水和红肖梨、丰水的相关性很弱，其相关系数不超过0.2，说明这些具体品种的市场相对比较独立。

表7－1 各大类品种梨全国长期均价之间的相关系数

	白梨	砂梨	秋子梨
白梨		0.63	0.95
砂梨			0.62
秋子梨			

表 7 – 2　各具体品种梨全国长期均价之间的相关系数

	鸭梨	红肖梨	苹果梨	砀山酥梨	雪花梨	丰水梨	库尔勒香梨	大小香水梨
鸭梨		0.69	0.95	0.67	0.92	0.62	0.85	0.5
红肖梨			0.66	0.56	0.59	0.36	0.56	0.12
苹果梨				0.63	0.83	0.56	0.79	0.38
砀山酥梨					0.83	0.49	0.82	0.5
雪花梨						0.49	0.85	0.6
丰水梨							0.5	0.2
库尔勒香梨								0.69
大小香水梨								

（二）梨短期价格波动（2011 ~ 2012 年日价格）

1. 梨短期价格与交易量的相关性分析

一般来说，价格由供求关系决定，当供给量上升时可以推动均衡价格下降，当供给量下降时，均衡价格就会上升。短期内价格和交易量的相关系数可以反映供求关系的影响力，如果供求关系对价格的影响力越大，则相关系数应越接近于 – 1。从总体上看，梨的价格和交易量的关系并不明显，相关系数只有 – 0.18872。分大类品种看，不同大类品种存在差异。如秋水梨的价格和交易量相关性较强，达到 – 0.83139，这说明市场需求相对稳定；而白梨的价格与交易量存在一定的正相关关系，即随着交易量的上升，价格也在上升，这意味着市场需求有较大的增长。从具体品种看，有些品种如丰水和红肖梨的价格与交易量也存在一定的负相关关系，这表示交易量与价格的反向变动关系。也有些品种如苹果梨的价格与交易量存在一定的正相关关系，即随着交易量的上升，价格也在上升。还有些品种，如砀山酥梨、雪花梨、大小香水梨和库尔勒香梨的价格与交易量之间相关性很小。

2. 梨短期价格波动分析

变异系数是反映数据离散程度的绝对值，当进行两个或多个资料变异程度的比较时，如果度量单位和（或）平均数不同，比较其变异程度不能采用标准差，而需采用标准差与平均数的比值即变异系数来比较。一般来说，变量值平均水平高，其离散程度的测度值也大，反之越小。表 7 – 3 为以各品种梨 2011 年 11 月 1 日至 2012 年 10 月 27 日的日价格为数据计算的变异系数，从总体上看，梨价格在短期内变异系数都比较大，其变异系数为 10.73%；从具体品种看，最大的是苹果梨，高达 29.92%，最小的是鸭梨，为 3.81%，这说明，短期中梨市场的价格波动剧烈。表 7 – 4 为各品种梨 2011 年 11 月 1 日至 2012 年 10 月 27 日的日交易量的变异系数，砂梨的日交易量数据为0，因此没有反映在表中，我们可以发现，交易量和价格的波动程度存在着正相关关系，计算两者的相关系数为0.73，可见两者之间存在着较强的正相关关系，因此，价格的波动与交易量的波动有着较强的关系。

表7-3 各品种梨价格变异系数

	梨	砂梨	白梨	秋子梨	红肖梨	库尔勒香梨	砀山酥梨	苹果梨	丰水梨	雪花梨	鸭梨	大小香水梨
均值（元）	3.11	3.87	3.66	5.31	2.96	9.25	2.61	3.69	4.12	3.48	3.54	3.18
标准差	0.33	0.79	0.56	0.81	0.31	0.96	0.22	1.1	0.45	0.25	0.14	0.91
变异系数（%）	11	20	15	15	10	10	9	30	11	7	4	29

表7-4 各品种梨交易量变异系数

	梨	秋水梨	白梨	鸭梨	红肖梨	砀山酥梨	苹果梨	丰水	雪花梨	库尔勒香梨	香水梨
均值（吨）	1138.83	19330.1	8922.71	1210.23	9.8	187.26	8105.51	150.27	259.51	521.35	4.28
标准差	427.68	566.87	9808.32	341.05	3.21	131.8	9565.71	93.64	146.41	208.16	5.61
变异系数（%）	38	3	110	28	33	70	118	62	56	40	131

3. 各类梨短期价格波动趋势分析

（1）白梨。图7-6为白梨整体与鸭梨这一具体品种的日价格波动图，由于红肖梨的价格数据过少，没有考虑进来。作为白梨之一的鸭梨，价格与白梨整体处于同一水平，但是短期价格波动并不一致。从图中可以看到，白梨整体的价格波动更为剧烈，而鸭梨的价格波动则较为平稳，这主要是由其他白梨品种价格波动更大引起的。白梨的价格在2012年的上半年波动最为剧烈，下半年相对要平稳一些；而鸭梨的价格在2012年上半年波动十分平稳，只在2012年春节期间和7月14日左右出现了短期的价格波峰。白梨整体全年的价格最低为4月6日的2.5元/公斤，最高为5月4日的5.6元/公斤。白梨整体全年日均价格可分为以下四部分：一是从2011年11月至2012年春节前，白梨整体的价格波动较小，变异系数只有6.31%，价格位于3~4元/公斤；二是在春节3天短暂的无销售状态之后至4月初的价格上涨阶段，波动幅度增加，变异系数达12.82%；三是从4月开始至7月，白梨整体的价格呈周期性大幅度的波动，变异系数达17%；四是7月至10月新梨上市前后，7月至8月末，白梨整体价格波动下跌，9月开始波动上涨，这可能是因为新梨在 9 月上市，而在 7、8 月一些早熟梨已经新鲜上市，因此上一季的白梨整体价格下跌，新梨上市后梨的价格又开始上涨。

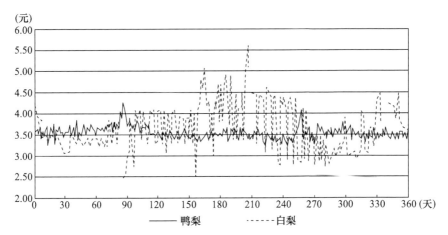

图 7-6　全国白梨和鸭梨日价格数据（2011 年 11 月 1 日至 2012 年 12 月 27 日）

（2）新疆梨。库尔勒香梨是新疆梨类的主要品种，其年生长周期从 3 月底 4 月初到 11 月，一般 9 月上市，新疆库尔勒地区搭建了适合水果运输的全程冷链运输体系，因此库尔勒香梨的销售期可以延长到 12 个月，每年 9 月收获的库尔勒香梨，在中秋节之前只销售 20% 左右，春节期间销售 50% 左右，剩下的 30% 在春节后销售。可以这么说，产于秋季的库尔勒香梨，大约有 80% 在冬春市场进行反季节销售。

图 7-7 为 2011 年 11 月 1 日至 2012 年 10 月 31 日的库尔勒香梨日价格波动图，X 轴为天数，Y 轴为价格。库尔勒香梨的价格比较高，全年价格都高于 7 元/公斤。库尔勒香梨的价格在短期内总体波动并不大，库尔勒香梨全年价格最高点为 2012 年 4 月 17 日的 10.74 元/公斤，最低点出现在 2012 年 8 月 24 日的 7.17 元/公斤。库尔勒香梨全年价格可分为上涨、维稳、下跌、维稳四个阶段。从 2011 年 11 月至次年 4 月末是库尔勒香梨价格波动上涨的阶段，价格从 8.77 元/公斤上涨到最高 10.74 元/公斤；从 4 月末至 7 月末，库尔勒香梨的价格波动维持均价 10.06 元/公斤左右；从 7 月末（7 月 23 日左右）至 8 月中旬（8 月 17 日左右）20 天的时间里库尔勒香梨价格出现大幅下跌的现象，从 9.91 元/公斤跌至 7.89 元/公斤；8 月末至 10 月末，库尔勒香梨价格的波动再趋于平稳，均价维持在 7.66 元/公斤左右。

从图 7-7 可以看到，库尔勒香梨的价格在两个阶段存在偏差。第一阶段是 1 月 23 日至 2 月 7 日约两周时间内的价格波动很大，这段时间是 2012 年的春节，其价格首先下跌可能是由于春节开始前人们集中采购，春节开始后反而减少了消

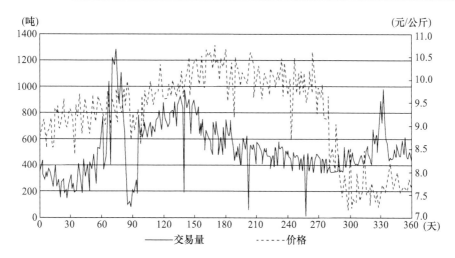

图 7 - 7 全国库尔勒香梨日价格波动图（2011 年 11 月 1 日至 2012 年 10 月 31 日）

费。从交易量也可以看出该段时间出现了交易量大幅下跌的现象，一直到春节的第二个星期才开始回升。第二阶段是 6 月 29 日至 6 月 30 日，价格从 9.99 元/公斤下跌到 8.66 元/公斤。

（3）砂梨。图 7 - 8 为 2011 年 11 月 1 日至 2012 年 10 月 27 日的砂梨类日价格波动图。砂梨的数据过少，无法作图，砂梨类的还包括雪梨[①]、砀山酥梨和丰水，它们的价格变异系数分别为 7.07%、8.56% 和 10.95%，可见波动程度都不大。价格在 2～4 元/公斤浮动，丰水价格略高于雪梨，雪梨价格略高于砀山酥梨。

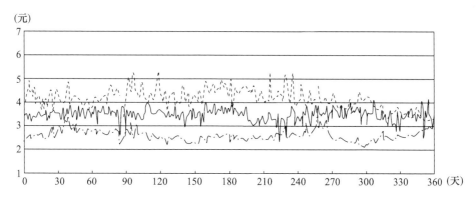

图 7 - 8 砂梨类日价格波动图（2011 年 11 月 1 日至 2012 年 10 月 27 日）

---

① 目前的主栽品种中有苍溪雪梨、灌阳雪梨、徽州雪梨等品种，此处雪梨表示这些品种的统称。

从图7-8我们可以看到，丰水的价格波动大致可分为五部分：2011年11月至2012年1月，丰水的价格平稳波动；2月丰水出现价格高峰，均价4.46元/公斤，波动剧烈，变异系数为14%，远高于全年水平；3～5月维持2月以来的高价，但变异系数只有6.82%，波动较小；6月均价与3～5月差不多，但是波动加剧，变异系数为9.2%；7月至10月，丰水的价格波动下跌，从3～6月的4.37元/公斤下跌到3.74元/公斤，最低在10月，均价只有3.28元/公斤。

雪梨的价格全年都比较平稳。从11月至次年3月价格平稳，均价为3.5元/公斤，变异系数5.73%，只有春节两天雪梨价格遭遇较大幅度波动下跌，但十分短暂，随即价格回升；4月开始，雪梨价格呈现周期性小幅度波动状态，出现了4月中旬至5月上旬、6月下旬至9月中旬两个价格波峰和5月中旬至6月中旬的价格波谷，两个波峰阶段均价分别为3.65元/公斤、3.52元/公斤，波谷均价为3.19元/公斤。

砀山酥梨全年价格波动不大，只出现了两个较为明显的价格高峰，分别是11月末至12月初、7月，均价分别为2.86元/公斤、2.91元/公斤，明显高于全年均价2.61元/公斤，剔除这两个阶段，全年的价格变异系数为7.2%。

（4）秋子梨。秋子梨类的价格和交易量有着较强的负相关关系，也就是说日价格和交易量呈反向波动现象明显，从图7-9不难看出，秋子梨类的价格和交易量之间是绝对的反向波动关系，秋子梨类的价格在2011年12月至2012年1月最低，为3.9元/公斤，从2月到5月维持在5.8元/公斤，期间价格几乎没有波动。秋子梨类的交易量变异系数只有2.93%，可见稳定的交易量是价格维持平稳状态的主要原因。

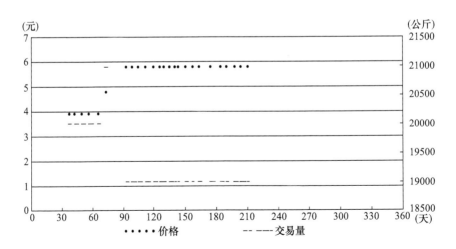

图7-9 秋子梨类日价格和交易量（2011年11月1日至2012年10月27日）

（三）近两年主要品种梨市场价格分析（2013～2014年）

1. 各主要品种梨重点销地和产地月度价格走势和同比分析

（1）白梨。鸭梨是白梨中的重要品种。图7-10显示，从2013年1月至2014年12月，鸭梨各主要销地和产地月度价格走势较为一致，可分为以下三个阶段：2013年1月至2013年10月，各主销地及产地价格表现较为平稳，涨跌均较小；2013年11月至2014年7、8月间，鸭梨价格处于稳定增长阶段，在2014年7、8月份呈现一个较为明显的峰值；2014年7、8月至2014年12月，价格呈现下降趋势，至12月，其价格已下降至2013年10月的水平。

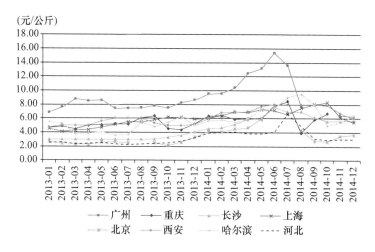

图7-10 鸭梨主要销地和产地月度均价（2013～2014年）

各主要销地的价格水平呈现出离主产地河北距离越远，其价格水平越高，广州价格最高，重庆、上海、长沙、西安、哈尔滨次之，北京价格相对较低，与其距主产地河北距离较近有关。

图7-11显示，三个主要销地广东、上海、北京以及主要产地河北2014年价格相比2013年均有不同程度的上涨：广东2014年1～8月价格均高于2013年1～8月价格，在1～4月，同比增长了19%～46%不等，在5、6、7月增长幅度较大，分别同比增长了53%、108%、82%；上海2014年1～10月价格均高于2013年1～10月价格，各月份同比增长幅度差别不大，均值在44%左右；北京2014年1～12月价格均高于2013年1～12月价格，各月份同比增长幅度差别较大，1～6月增长幅度较大，平均增长率在109%，6月份最高达到了200%；主产地河北2014年1～11月价格均高于2013年1～11月价格，各月份同比增长幅度差别较大，1～8月增长幅度较大，平均增长率在84%，特别在7月份增长了200%。

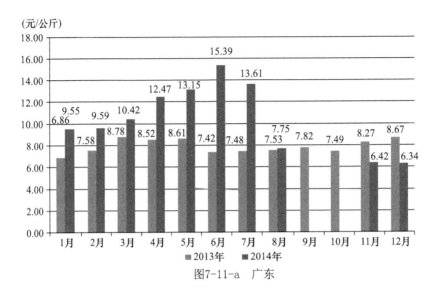

图7-11-a 广东

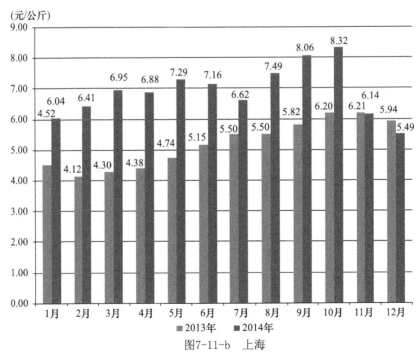

图7-11-b 上海

图 7 - 11 2013 年、2014 年鸭梨主要销地和产地月度均价

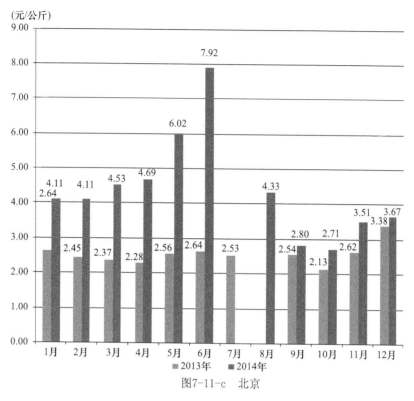

图7-11-c 北京

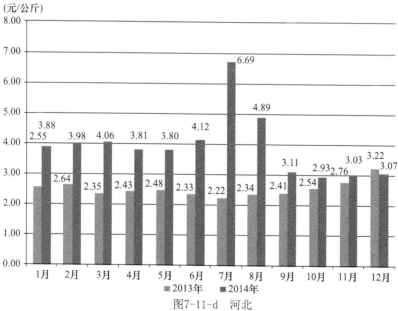

图7-11-d 河北

图 7-11 2013 年、2014 年鸭梨主要销地和产地月度均价（续）

（2）新疆梨。新疆梨以库尔勒香梨最著名，由于库尔勒香梨只能生长在特定的气候条件下，不能在其他外省份种植，因此库尔勒香梨的主产区是新疆，主要分布在库尔勒、尉犁、喀什、麦盖提等地区。我国库尔勒香梨种植面积高达2.4万亩，年产量在千吨以上。由于消费者对库尔勒香梨的偏好较强，库尔勒香梨销售遍布中国，并且远销东南亚、中亚及东欧国家和地区。

图7－12显示，从2013年1月至2014年12月，主销地北京和主产地新疆波动较为一致且可分为以下三个阶段：2013年1月至2013年8、9月，呈微弱的下降趋势；2013年9、10月至2014年6、7月呈稳定上涨，在2014年6、7月间存在一个小峰值；2014年7、8月至2014年12月是一个急剧下降阶段。主销地广东、江苏①价格，与主销地北京、主产地新疆在2013年1月至3月间，以及2014年8~11月间价格较为一致，在其他时间段波动较为复杂。总之，库尔勒香梨月度价格波动幅度要小于鸭梨，且地区间波动一致程度低。

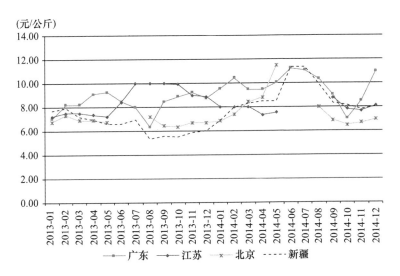

图7－12　库尔勒香梨主要销地和产地月度均价波动（2013~2014年）

2. 主销地和产地月度价格同比分析

图7－13显示，三个主销地广东、江苏、北京，以及主产地新疆2014年各月价格相比2013年涨跌存在差异：广东2014年1~9月以及12月价格均高于2013年同期价格，在6、7、8月涨幅较大，分别同比增长了33%、39%、63%；

---

① 库尔勒香梨主销地价格只选取了广东、江苏、北京和新疆与上述鸭梨选取的销地市场有差异，是因为农业部对每个品种选取了不同地区进行价格统计，囿于数据的限制，因此报告会存在针对不同品种主销地选取的差异。在下述砂梨主销地选取与鸭梨、库尔勒香梨也有差异，原因同此。

江苏2014年各月价格相比2013年涨跌均较微弱；北京2014年1～12月价格均高于2013年同期价格，在4、5、8月涨幅较大，分别同比增长了22%、28%、70%，其他月份涨幅较小；新疆除2014年1月略低于2013年同期外，2～12月价格均高于2013年同期价格，在6、7、8月涨幅较大，分别同比增长了71%、63%、86%，9、10、11、12月涨幅相近，增长率均值在41%左右。

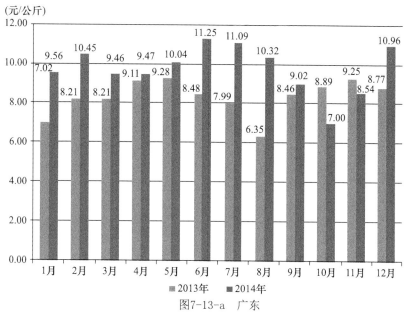

图7-13-a　广东

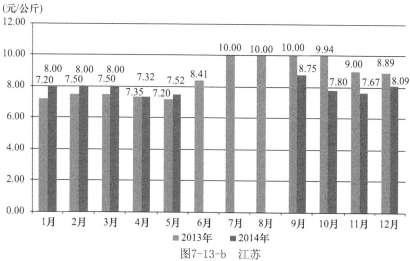

图7-13-b　江苏

图7-13　2013年、2014年库尔勒香梨主要销地和产地月度均价

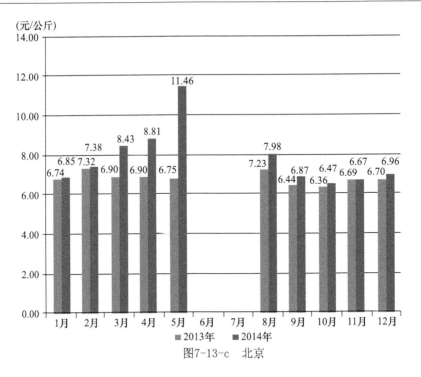

图7-13-c 北京

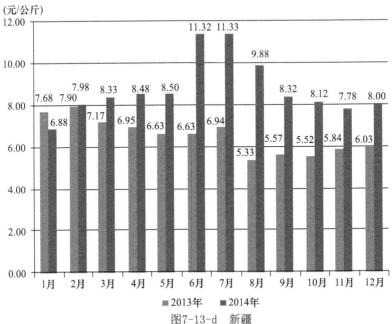

图7-13-d 新疆

图 7 - 13 2013 年、2014 年库尔勒香梨主要销地和产地月度均价（续）

（四）砂梨

砂梨是我国主要种植的另一大类梨，主要代表性品种有雪梨、砀山酥梨和丰水。砂梨喜温暖多雨气候，耐寒力较差，主要分布于长江流域至华南、西南地区，广东、江西、湖北和广西均是砂梨主产地。本书主要以砂梨系统中种植和消费量最大的雪梨、砀山酥梨为例，分析其主销地月度价格走势。

图7-14显示，4个地区雪梨月度价格在2013年间较为平稳，而从2014年1月起，价格开始稳定上涨，至2014年7、8月间涨至最高点，然后开始下降，至12月其下降水平仍高于2013年同期水平。

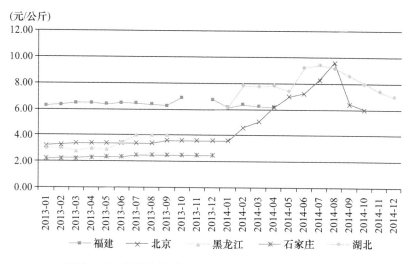

图7-14 雪梨主销地月度均价波动（2013~2014年）

从图7-15可以看到，销地北京和合肥的砀山酥梨月度价格在2013年1~10月较为平稳，而从2013年11月起，北京市场上的砀山酥梨价格开始缓慢上涨，而合肥市场上的砀山酥梨月度价格呈波动上涨，且涨幅较大，至2014年6、7月间涨至最高点，然后合肥价格开始急剧下降，而北京价格由于涨幅不大，价格并未下降而呈稳定状态。

1. 主销地和产地月度价格同比分析

从图7-16可以看到，北京市场上的雪梨和砀山酥梨月度价格在2013年间较为平稳，而在2014年各月度存在不同程度的上涨：雪梨2014年1~10月，其价格均高于2013年同期，在6、7、8月价格同比涨幅最大，相比2013年同期，上涨率分别达到了113%、143%、183%；砀山酥梨2014年2~12月，其价格均高于2013年同期，在4~12月价格涨幅差异不大，各月度价格相比2013年同期，平均上涨率为52%。

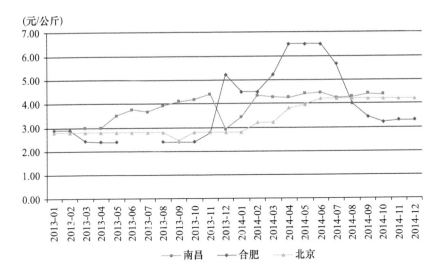

图 7 - 15　砀山酥梨主要销地月度均价波动（2013 ~ 2014 年）

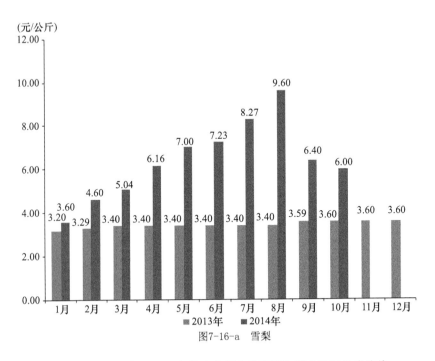

图7-16-a　雪梨

图 7 - 16　2013 年、2014 年北京市场上的雪梨和砀山酥梨月度均价

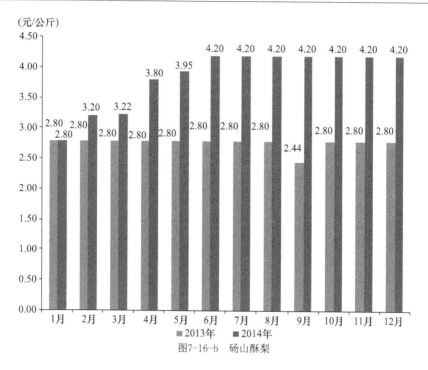

图7-16-b　砀山酥梨

图 7 - 16　2013 年、2014 年北京市场上的雪梨和砀山酥梨月度均价（续）

2. 各主要品种梨主要销地月度价格波动对比分析

图 7 - 17 显示，4 种梨的价格从高至低依次为库尔勒香梨、雪梨、鸭梨、砀山酥梨。就波动走势而言，库尔勒香梨、雪梨、鸭梨走势较为一致，其在 2013 年较为平稳进入，2014 年后开始急剧上涨，至 2014 年 6、7、8 月达到较高值后，开始急剧下降，总之在 2014 年 6、7、8 月形成了一个波峰。而砀山酥梨价格较为平稳，上涨幅度也较小，进入 2014 年后有一个微弱的上涨，2014 年 4 月之后上涨水平保持较为稳定的状态。

二、主要省份梨价格波动分析

各主要品种梨主产地价格与全国价格的关系分析如下：

（一）白梨

白梨多分布在长江流域以北，直至河北长城一带和辽西地区的广大温暖地区，其主产地为河北、山西、陕西、甘肃、青海、山东、河南等地。根据所拥有的数据，我们选取河北省的白梨价格与全国价格作对比，图 7 - 18 为 1998 ~ 2012 年河北省白梨交易均价与全国白梨均价对比图，除了 2004 ~ 2007 年这段时间之

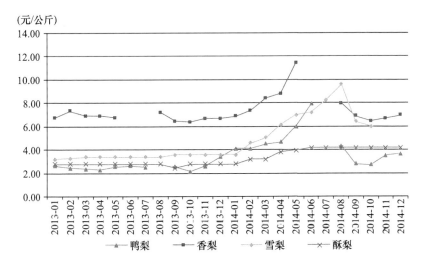

图 7 - 17　北京销地 4 种主要品种梨月度均价波动情况（2013~2014 年）

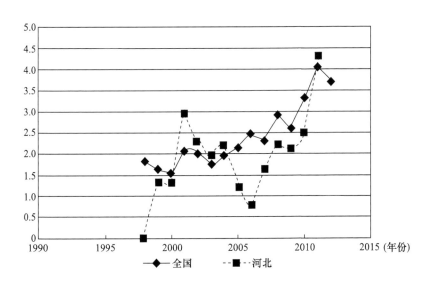

图 7 - 18　河北省白梨交易均价与全国白梨均价对比图（1998~2012 年）

外，河北省的白梨交易均价与全国白梨均价长期来看显示出较强的相关性，整个时期水平量相关系数为 0.74。剔除 2004~2007 年的反常阶段，1998~2003 年的相关系数为 0.96，而 2007~2012 年的相关系数为 0.95，说明两组数据样本点之间变动存在着相当高的关联度，这表明，作为主产区的河北，它的白梨价格直接影响全国白梨的价格。辽宁、北京和安徽也是白梨产区，相对于河北，这三个地区的白梨对全国价格的影响要小得多。吉林的白梨以苹果梨为主，其价格与全国均价高度相关，可能是因为当地白梨销售量小，其他梨占市场销售份额较大，白梨的价格跟着全国的价格变动。同理，四川和广东也是白梨的销售区，而非产区，其价格均依据全国价格变动。另外，内蒙古的白梨价格与全国价格反向变动。

（二）砂梨

砂梨是我国主要种植的另一大梨品种，它喜温暖多雨气候，耐寒力较差。原产我国华东、华中、华南、西南地区，主要分布于长江流域至华南、西南地区。广东、江西、湖北和广西均是砂梨主产地。根据拥有的数据，我们选取广东和江西砂梨均价和全国砂梨均价进行对比，如图7－19所示，2003～2007年的广东砂梨价格走势与全国砂梨价格走势趋于一致，只是在2005年到2006年间，广东省的砂梨均价跌幅要快于并大于全国的砂梨均价跌幅，两者相关系数为0.78，说明仍然具有一定的相关性。2008年到2009年间，江西省砂梨价格与全国砂梨价格以相近的幅度和速度上升，两者相关系数为1。

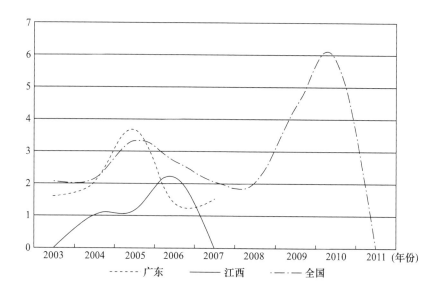

图7－19　广东、江西砂梨交易均价与全国砂梨均价对比图（2003～2010年）

（三）新疆梨

我们首先对比库尔勒香梨新疆产区的交易均价与全国库尔勒香梨价格之间的波动。图7－20是1998～2012年新疆市场上库尔勒香梨交易均价和全国库尔勒香梨交易均价的对比图，图中可以看出库尔勒香梨在原产地的均价一般要略低于

中国梨产业经济研究

全国均价，近两年库尔勒香梨在原产地的价格攀升要快于全国香梨均价，从长期来看，全国库尔勒香梨均价与新疆市场上库尔勒香梨均价波动基本一致，两者相关系数高达0.93。

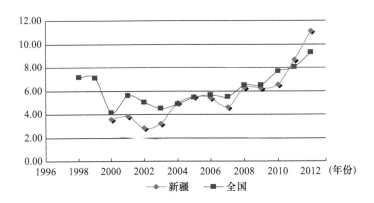

图7-20　库尔勒香梨在新疆和全国市场中的交易均价对比图（1998~2012年）

根据数据，我们选取北京、浙江、广东三个省份作为消费区域的代表，比较原产地新疆的库尔勒香梨均价和这三省的均价长期波动情况。如图7-21所示，北京和浙江市场上的库尔勒香梨均价略高于原产地的均价，而广东的库尔勒香梨价格要高于原产地价格很多。近几年来，由于保鲜、运输的发展，距离对库尔勒香梨价格的影响越来越小，使得销售地与原产地的库尔勒香梨均价趋于一致。

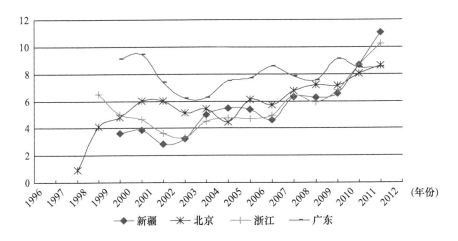

图7-21　京浙粤库尔勒香梨交易均价和新疆香梨交易均价对比图（1998~2012年）

· 208 ·

北京、浙江、广东与新疆的库尔勒香梨均价之间的相关系数分别为 0.83、0.96 和 0.24，可见，北京和浙江的库尔勒香梨均价与原产地新疆的库尔勒香梨均价存在较强的相关性，尤其是浙江，而广东与原产地的相关性很弱。从图上可以看到，2002~2012 年广东的库尔勒香梨均价波动与新疆的均价波动存在类似反向波动的关系，将广东的库尔勒香梨均价滞后一期与新疆的均价相对比，发现两者相关系数为 0.78，因此，可能原产地的价格波动到达广东存在滞后的情况。

（四）秋子梨

如图 7-22 所示，由于数据不全，选取主产区黑龙江 1998~2005 年的数据和辽宁 2005~2012 年的数据与全国秋子梨均价对比，2003~2004 年黑龙江的秋子梨均价与全国的均价波动方向相反，而 1998~2002 年间两者波动一致。1998~2005 年黑龙江与全国秋子梨均价之间的相关系数为 0.92，2005~2012 年辽宁与全国秋子梨均价之间相关系数为 0.95，因此，作为主要产区，黑龙江和辽宁的秋子梨均价在较长时期内与全国的秋子梨价格波动一致。

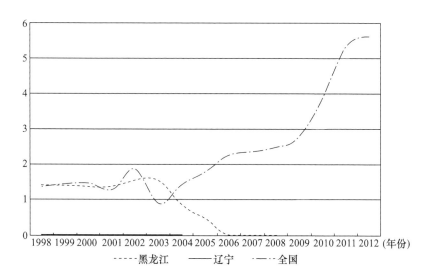

图 7-22　东北秋子梨均价与全国秋子梨均价的对比图（1998~2012 年）

综上所述，本书基于农业部梨价格生产、市场数据，按照品种、省份、期限（年度数据与日数据）差异，分析了 1995 年以来我国主要梨品种的价格变动趋势特征。结果发现：第一，梨价格整体上在波动中上升，且主要品种都在 2008 年之后价格上涨幅度提高；第二，同一大类但不同品种价格的差异在缩小；第三，同一品种在不同省份的价格差异在缩小。价格差异的缩小在一定程度上表明了市场整合程度在提高，市场效率得以改善。

第二节　梨价格波动特点及影响因素

梨价格波动总体呈现循环波动和季节波动的特点。

一、循环波动与季节波动

（一）循环波动

农产品的生产量由于受季节变动的影响，非常不规则，但从长期来看，其变动有一定的循环周期存在，价格也呈现出循环波动。通常一个周期短则两三年，长则达到五六年，周期的长短取决于生长周期的长短。以生猪为例，整个循环周期如下：①生猪价格低落到某一程度时，养猪户开始屠宰母猪，且饲养的小母猪也供屠宰而非留下作种猪用。②由于母猪头数减少，经过一段时间（通常 6～12 个月）后市场上可供屠宰的生猪减少，从而猪价开始回升。③猪价上涨，养猪业有利可图，养猪户开始扩大饲养规模。④仔母猪开始停止宰杀并留作种猪用，可屠宰的生猪进一步减少，价格继续上涨，愈促使养殖户将小母猪留下作种猪用，于是价格愈加高涨。⑤增加的母猪从生产仔猪到仔猪生长到可上市屠宰的生猪要 6～12 个月，届时屠宰量增加，猪肉生产量增加。结果价格下跌，再度促使母猪被宰杀，由此形成一个循环。

梨的循环波动一般体现为长期波动。以白梨为例，从长期来看，鸭梨、苹果梨和白梨整体的价格走势基本一致，平均价格呈现先下跌再回升的趋势，近两年价格上涨较快。将它们按价格波动分四个部分：一是从 1995～2000 年，鸭梨价格大幅下跌，从 2.68 元/公斤下降到 1.27 元/公斤，跌幅达到 52.54%，平均每年下跌达 26%，而白梨均价也分别从 1998 年的 1.84 元/公斤下降到 2000 年的 1.52 元/公斤，跌幅为 17.39%，苹果梨和鸭梨不同的一点是价格谷底出现在 1999 年，其跌幅也达到了 19.6%；二是 2000 年价格跌入谷底后，从 2001～2005 年，鸭梨和白梨整体平均价格未出现大幅度变化，分别在 1.4 元/公斤和 1.99 元/公斤之间徘徊，但是苹果梨的价格在 2002 年出现较大幅度下跌，价格从 1.47 元/公斤跌至 0.8 元/公斤，但在 2003 年亦反弹回正常水平；三是 2006 年开始，梨价格以周期性波动的形式上涨，例如鸭梨均价在 2006 年上涨到 2.24 元/公斤，随后在 2007 年又跌回至 1.92 元/公斤，涨幅和跌幅分别达到了 42.68% 和 14.29%，2008 年又回升到 2.39 元/公斤；四是 2009 年开始，梨平均价格开始快速上涨，如鸭梨均价从 2.5 元/公斤上涨至 2010 年的 2.78 元/公斤，涨幅为

11.2%，2011年鸭梨价格暴涨至3.74元/公斤，涨幅为34.53%。红肖梨的价格波动，与鸭梨相比不一致，三者都是9~10月左右成熟的梨，但是红肖梨在成熟时并不急于上市，一般会贮藏几个月才能达到较好口感，其上市时间一般在第二年的1、2月，这可能是红肖梨价格与其类似品种之间波动不一致的原因之一。

（二）季节波动

农产品价格的季节变动，主要是农业生产受季节影响而发生季节间的产量不同所引起的。一般来说，在植物生产上，季节条件的影响极为显著，播种期、生产期、收获期都相当固定。畜产品和若干蔬菜作物虽一年四季皆可生产，但其产量因为生物特性、病虫害以及生产成本的季节差异等因素的影响而有差别。可见，农产品供给的季节变化是造成农产品价格季节变动的重要因素，在收获季节或旺季时价格下跌，淡季时价格上升，直至下一个收获季节来临时再度下降。例如中国北方的蔬菜供给量，夏季时最高，冬季时最低。又如中国台湾的牛乳价格因冬季产量多，价格低，夏季产量少，价格也较高，都是因为价格的季节变动。除了供给变动外，某些农产品的需求也具有季节性的差异，如美国火鸡的需求在感恩节或圣诞节时期尤为殷切；中国肉类的消费夏天较冬天少，鲜牛奶的消费夏天较冬天多。这也是农产品价格季节变动的原因之一。如果供给与需求的季节变动一致，则价格发生季节变动就不明显，但往往供需的季节差异正好相反。这样，如果没有政府的干预，价格的季节波动必然会产生。

（三）循环波动和季节波动

循环变动与季节变动都是因为供需失调所引起的，后者的起因主要是季节的变动带来农产品生产成本的差异所致，大多来自自然因素，是周期较短的波动；而前者的起因则来自人为因素，当农产品价格波动引起农民生产的过度调整，加上农业生产对价格反应有时滞性，从而产生农产品价格循环不断的波动。对于那些市场供需对价格变动能立即调整或短期内能调整的产品，其价格就不会有循环变动发生。

一般而言，农作物的生产受自然条件及空间的限制比畜产品严格，所以价格的循环变动不如畜禽产品明显。此外，农产品价格的循环周期因产品种类而异，如生猪生产对价格的反应约滞后两年，其平均循环周期约为3~4年，而肉牛的生产对价格反应的时间更加滞后，循环周期也更长，约10~12年。

二、梨价格波动影响因素

（一）供给方面

由于生产的季节性，造成供给量季节间的差别，从而导致了农产品价格的季节波动。因此，通常生产越具有季节性的农产品，其价格的季节差别也越明显。我们以前已经分析过，供给和需求共同作用形成了价格，一般来说，当价格上涨时，需求减少，价格下降时，需求增加；同时，供给在价格变化时，也要发生变化，即价格上涨，供给增加，价格下降，供给减少。这种商品经济的规律在农产品价格的季节波动中都有特殊表现。农产品供求旺季，农产品价格下降，与一般规律相反，此时，农产品的供给却在增加；在生产淡季，农产品的价格提高，而供给量却在减少。表面上看，这是气候条件影响的结果，其内在的经济原因是农产品的生产成本受到季节变化的影响。这种季节变化对农产品生产成本的影响是导致农产品价格季节变动的根本原因。此外，农产品不易储存或储存成本太高，往往需要在收获后短期内上市，因此，生产期产品大量涌进市场时，价格就会下跌；生产淡季，因无存货可以调节，供给紧张价格高涨，所以不易储存的农产品价格的季节性波动较易储存农产品的更为剧烈。

梨产量的变动是影响梨价格波动的重要原因。梨生产极易受到天气的影响，部分地区异常气候是梨果产量变动（减产）的主要原因。以库尔勒香梨为例，2011年新疆库尔勒香梨产量较往年减产70%左右，减产主要原因有以下两方面：一是在2011年1月4~22日期间梨树遇到 −30 ~ −20℃的低温冻害；二是在4月13~28日花期遇到30℃以上的高温。库尔勒香梨供给严重减少导致价格大幅上涨，2011年库尔勒香梨价格上涨幅度达到50%以上。

（二）需求弹性

需求弹性较大的农产品，消费者对于价格的涨跌反应较敏感，当生产淡季价格上升时，消费量将随之大量减少；当生产旺季价格下跌时，消费者便增加消费，使大量农产品得以售出。因此，价格的季节涨跌将不至于太大。反之，需求弹性很小的农产品，价格的季节波动对消费量的影响很小，供给的季节性差异无法通过需求来调整，而造成价格波动剧烈。相对而言，梨的需求弹性小于粮棉油等必需品，所以梨价格波动小于前者。但是相对于小宗水果而言（需求弹性大于梨），梨价格波动大于前者。

（三）市场宽度

商品的市场宽度包含运销的时间宽度和空间宽度两种。如果商品的销售地区广泛，并且需求的人数众多，即表示该商品的销售空间宽度大。如果某商品可供销售的时间长，且消费者对该商品的需要也无时间上的约束，即表示该商品的时间宽度大。通常，销售空间宽度大的商品，因供需在地区间可相互调剂，价格的季节差异比空间宽度狭小的商品小。销售时间宽度大的商品，因供需的季节差异较小，价格的季节差异自然也较小。梨果产品基本已经呈现"卖全国"特点，市场宽度较大。

（四）成本推动

近几年梨果销售价格有成本推动型上涨压力。以 2011 年为例，一方面，2011 年全国性的物价上涨导致梨果价格有上涨压力；另一方面，劳动用工、农药、化肥等价格越来越高，梨果生产成本不断攀升，对梨果价格上涨构成了巨大压力。其中，劳动用工价格提高是导致梨价上涨压力的主要原因，以景泰示范县为例，2010 年女工 30~35 元/8 小时涨至 2011 年 50~60 元/8 小时，梨果生产成本增加了 15%~20%。事实上，2009~2011 年人工费用上涨了 35%，导致了全国农产品价格的上涨。

（五）生产方式

我国梨生产方式主要以"小生产"为主，"小生产与大市场"矛盾突出，市场价格波动难以避免。规模较小的农户是梨的生产经营主体。"小农户"生产出来的梨果一般借助龙头企业、批发商、果品经纪人等力量进入市场。国家梨产业技术体系 2010 年调查显示，河北省泊头市、晋州市、滦南县、辛集市、昌黎县有梨农种植户 20 万，99% 以上的梨种植户属于种植规模较小的普通农户。"小农户"由于规模小、生产投入有限、技术水平不高，无法实现规模经济。同时由于农户分散经营、缺乏联合，面对变幻莫测的大市场和具有市场势力的收购商，完全不具备议价能力，在梨果产业链中的地位很低，且获利有限。众多"小农户"因为缺乏对"大市场"中消费者需求的了解，无法按需生产、以销定产，导致生产无序性及梨果价格的波动。

第三节　近年来我国梨总体市场行情

毫无疑问，梨果已从改革开放之初的卖方市场转变为买方市场，近几年来，梨果的单产和种植面积总体变化不大，总产量主要受到天气影响各年度差异明显，价格则因为供需变化、结构矛盾、替代产品价格以及成本推动等原因导致的各年度变化较大。梨产业及其总体行情的发展呈现出如下几个自身特点：

一、相对市场占有率下降

由于消费者对各类水果的偏好发生变化，梨果消费受到挤压，相对市场占有率下降。我国梨在总体水果领域中的消费比重正在逐步下降。1961 年，水果消费量最多的 5 个品种分别是梨、桃、葡萄、菠萝和苹果，这 5 种水果消费量占水果消费总量的比重分别为 15.41%、13.83%、6.14%、4.8% 和 4.24%；自 20 世纪80年代中期开始，由于中国水果生产的品种结构发生了较大的改变，橙和柑橘、苹果以及香蕉等种植面积迅速增加，水果消费结构出现了新的变化；1990年，水果消费量最多的5个品种分别是橙和柑橘、苹果、梨、香蕉和桃，这5种水果消费量占水果消费总量的比重分别为23.69%、20.99%、11.76%、7.83%和6.06%；2002年，水果消费量最多的5个品种分别是苹果、柑橘、梨、香蕉、桃和油桃，这5种水果消费量占水果消费总量的比重分别为25.18%、15.59%、13.09%、8.53%和7.3%。

二、替代效应显著

本书研究结果显示，相对苹果、柑橘等传统水果，梨果极易受到替代效应的挤压。2012年调研结果表明，对于南京居民来说，对梨替代水果的替代可能性由强到弱的排列依次是苹果、柚子、葡萄、香蕉、柑橘类。其中当苹果价格下降幅度在0.455元以内时，消费者不会减少对梨的购买，当苹果价格下降超过1.106元时，苹果基本上对梨能够实现完全替代。以柚子为例，当柚子价格下降幅度在0.427元以内时，不会对梨的购买造成影响，其将不会减少对梨的消费，而当柚子价格下降超过1.032元时，也可实现对梨的完全替代。

北京市居民替代水果可能性从大到小排列为苹果、柑橘、香蕉、葡萄、柚子。与南京地区略有不同，北京地区苹果价格下降超过0.539元时，消费者就会减少对梨的购买，当价格下降超过1.799元时，苹果将实现对梨的完全替代。

同时，由于消费者的消费能力以及运输和保鲜技术的提高，越来越多的热带水果以及欧美水果逐步走上人们的餐桌，比如榴梿、山竹、车厘子。这些水果的消费导致梨产品的消费被部分取代。

三、结构矛盾明显

一方面，市面上存在大量的良莠不齐的梨产品。目前中国的梨生产在很多地区甚至是在主产区，都大量存在着单独追求数量而忽视质量的问题，特别是后期加工处理非常落后，市场流通的大多数产品无品牌、无包装、无分级。即便有些梨果存在质量优势，但是多数产品都存在"一流水果，三流包装"的现状，采摘后的冷藏保鲜、贮藏运输等方面不能及时到位，导致产品未在市面上竞争就先掉价。

另一方面，梨果消费者目前对梨需求主要体现在质量和安全两方面。因为缺乏足够的品牌效应导致寻觅成本过高，消费者往往找不到满足自身需求的梨产品而选择其他水果。有些生产经营者有担心价高卖不出（不敢提价）的顾虑，事实上消费者完全理解"优质优价"的理念。很多水果因为兼顾质量好和品牌知名度的双重效应，虽然价格贵但依然能够被消费者接受就是明证，例如褚橙和佳沛的奇异果。综上可见，产销不对接，特别是质量结构的不对接，导致梨果产销结构矛盾明显。

四、价格波动明显

本章的第一、第二节已经分别介绍了梨价格波动以及价格波动的原因。可以看出梨的价格比较容易受到梨自身以外因素的影响，例如替代品价格、天气、梨果总产量变化等。在此不再赘述，但是什么原因导致梨果价格的脆弱性，是值得思考的。其中，一个重要的思考角度就是品牌建设。

第四节　我国梨品牌建设分析

一、品牌营销

梨品牌为附着在梨实体产品上的某些独特的标记符号，代表了拥有者与消费者之间的关系性契约，向消费者传达农产品的信息集合和承诺。

（一）品牌与梨产品的关系

品牌和梨最根本的区别在于：梨是田间地头创造的，品牌是由消费者带来的。品牌的重要性在于它不仅给了梨产品一个区别性的标志，消费者支付的是一个特定品牌产品而非一个纯粹农产品的价格。一个农产品品牌里必定包含一种农产品；但一种农产品未必能成为一个知名的农产品品牌。值得强调的是：

（1）梨产品是具体的存在，而品牌存在于消费者的认知中。品牌是消费者心中被唤起的情感、感觉的综合。因此，成功的品牌具有这样的特征，它始终将产品与消费者的心理需要结合在一起，通过品牌的方式将农产品的定位信息准确地传递给消费者。

（2）梨产品产生于生产单位，而品牌形成于整个营销的组合环节。品牌是被"设计"出来的，它要使营销组合的每个环节都能传达一致的、优异的、易于感受的信息，这个设计牵涉到每一个部门。

（3）梨产品贵在质量，而品牌贵在传播。这里的传播包括一切品牌与消费者沟通的环节。一方面，通过传播形成和加强了消费者对品牌的认知；另一方面，传播的费用转化在品牌中，形成另一部分资产（无形资产）。

（二）品牌的功能

品牌在市场营销中的功能主要表现在以下两点：第一，从消费者的角度：容易识别、辨认产品；传递企业及产品的相关信息；创造产品个性；便于为消费者服务；减少消费者购买风险。第二，从生产的角度：品牌可帮助消费者提高对产品的忠诚程度；抵御竞争；创造差别优势；品牌可以允许维持一定程度的溢价；品牌可以为企业树立良好的形象。

二、地理标志品牌营销

地理标志（Geographical Indications）具体而言是指识别某产品来源于某地域或该地域内某地区或某地点的标志，而该产品的特定质量、信誉以及其他特征主要取决于当地独特的自然因素或者人文因素。地理标志不仅提供了其产地的明确信息，更重要的在于它是一种品质保证。而这种优良的品质来源于当地特有的气候、水土等自然条件或独特的种养殖方式、加工方式以及传统文化。正因如此，实施地理标志保护制度已成为当今世界上多数国家有效保护本国特色产品所采取的通行做法。虽然地理标志的使用并不限于农产品，但由于农产品通常都具有源于其产地的品质并受当地诸如气候和土壤这些特殊地理因素的影响，因此，地理标志对于农产品的保护具有重要意义。

（一）农产品地理标志

农产品地理标志是指标示农产品来源于某地区，该产品的特定质量、信誉或者其他特征，主要由该地区的自然因素或者人文因素所决定的标志。这里的农产品是指农作物产品及其加工产品；自然因素是指产地内的环境、气候、土质、水源、物种以及天然原料等；人文因素主要是指产地特有的产品加工工艺、生产技术、传统配方或秘诀等。农产品地理标志是商标的下位概念，是商标的"子集"，也是一种特殊类型的商标。库尔勒香梨就是典型的农产品地理标志。

（二）地理标志品牌营销

地理标志产品是一种具有较强的地方性的自然特色和文化特色的商品，其"土特性"是地理标志产品品牌具有较强竞争力的根本属性。这种特性是由当地的地域环境所决定的。可以说，它得益于当地的自然和人文资源储备，但又受自然物质条件的约束。因此，地理标志产品的品牌建设必须植根于其行业特性，充分挖掘当地的自然资源和人文资源优势。作为地理标志产品，其品牌保护与建设是一项艰巨的系统工程。首先，应根据地理标志的特殊性，为地理标志产品的品牌建设提供有效的制度保护。其次，在有效保护的基础上根据地理标志产品所具有的行业特性，充分挖掘当地的自然资源和人文资源优势，塑造独特的品牌内涵与价值。最后，要通过恰当的沟通手段，建立与消费者之间的良好沟通，向消费者传达有关地理标志产品的有效信息，获得消费者的广泛认知；并采取有效的营销策略，将产品深层次的精神与文化内涵充分展示给消费者，使其植根于消费者的内心深处，并获得消费者较高的忠诚度，从而提高地理标志产品的市场竞争力和品牌竞争力。

所以，地理标志产品的品牌保护与建设是一个多方主体参与的生产经营和运作过程，在这个过程中要为地理标志产品提供品牌保护，并通过恰当的品牌定位与规划，塑造品牌个性与文化，并通过品牌策划与推广获取较高的消费者认知，最终培植消费者忠诚。地理标志产品品牌保护与建设的基本内容主要包括：品牌保护、品牌定位、品牌推广以及品牌的支持性运营等。

1. 地理标志产品的品牌保护

地理标志产品作为具有资源特性的传统特色产品，深受广大消费者喜爱。但由于地理标志自身的公有性特征及良好的声誉特点，往往会使得市场上产品鱼龙混杂，造成市场混乱，同时也给消费者带来严重的利益损失。因此，地理标志产品的品牌保护是品牌建设的前提和基础。一般而言，地理标志的品牌保护主要体现在以下几个方面：一是参酌国际上地理标志保护的经验做法，建立适合我国国情的地理标志保护模式；二是建立严格的地理标志审批程序；三是建立完善的地理标志管理机构，有效管理并监督地理标志的合法使用。

2. 地理标志产品的品牌定位

面对众多同类产品和竞争性品牌，品牌定位决定了品牌的特性以及未来的发展潜力。地理标志产品作为一种具有独特的品质特点与独特的传统文化的产品，如果没有品牌定位，其独特价值就无法在消费者心中得到一致的认可。换言之，其在消费者心中就没有独特的价值。所以，必须通过品牌定位来体现其品性、个性、文化、消费者形象以及自我设计的独特性并激励消费者购买。地理标志产品的品牌定位是品牌建设的关键，同时也是品牌沟通的基础。作为地理标志产品，其品牌定位要注意以下几个问题：一是品牌定位要具有持久性和一致性；二是要充分挖掘地理标志产品的核心价值，包括产品独特的品质特点、当地独特的自然资源和传统文化资源等；三是地理标志产品的定位要尽可能地与消费者头脑中的有利认识保持一致。

3. 地理标志产品的品牌推广

有整合营销传播先驱之称的舒尔茨说：在同质化的市场竞争中，唯有传播能够创造出差异化的品牌竞争优势。地理标志产品也不例外，其品牌建设也必须通过有效的品牌传播，以便消费者更全面地了解该品牌并认可该品牌。

地理标志产品的品牌传播是一个渐进并且持久的过程，在品牌传播的过程中需要注意以下问题：一是要围绕品牌的核心价值进行传播，任何品牌的传播和推广都要建立在品牌核心价值的基础之上，否则漫无目的地宣传将严重影响品牌的定位与形象；二是要考虑品牌传播的持续性和一致性，要想在消费者心里建立明确的品牌联想，持续的、一致的品牌传播是至关重要的，否则将会导致品牌在消费者心中的定位出现混乱；三是要注意媒体选择的适当性，任何一种产品，传播媒体的选择能够直接影响到品牌传播的效果；四要注意传播手段的多样化，要让消费者快速地了解并认知该品牌，必须通过多种渠道或者活动来传播该品牌，让消费者能够快速并且很容易地接触到该产品和品牌的相关信息。

4. 地理标志产品的品牌支持性运营

地理标志产品的品牌建设，除了品牌保护、品牌定位、品牌推广之外还有一项重要的内容，即地理标志产品的品牌支持性运营。所谓地理标志产品的品牌支持性运营是保障产品高质量稳定供给的运作过程。在地理标志产品的品牌运营过程中，产品质量是品牌的基础和保障，只有高质量并且质量稳定的产品才能够维持品牌的长久，所以品牌的建设离不开品牌的支持性运营。由于地理标志产品的质量特点跟原产地的环境密切相关，因此，地理标志产品的品牌支持性运营工作主要包括以下几个方面：一是需要对产品基地进行有效的建设和保护；二是需要保证统一的专业化的生产经营组织（如"企业 + 农户 + 基地"组织模式等）的有效运营；三是需要建立严格的质量标志体系和监控体系。此外，为了更好地保障产品的质量，维护消费者的合法利益，还需要建立产品真伪识别系统、产品质量追溯体系以及消费者服务系统，同时要注重诚信至上。

三、品牌建设案例分析

通过案例分析，可以对品牌建设有更直观的认识。以下部分既选择了 2012 年流行在全国范围内的褚橙为例，也选择了我国一些有地区特色的梨品牌，也希望后续的案例分析以及营销技巧对梨品牌建设有足够的借鉴意义。

（一）案例导读：褚橙进京①

10 月 22 日下午 4 点，太阳从哀牢山的方向，照到了褚时健的冰糖橙种植园，刺眼的太阳光让人无法看到哀牢山的全貌，天气有些热，这是一个典型的云南干热河谷。85 岁的褚时健，身穿一件背心，背心上有些泥点和汗渍，脚上是一双凉拖鞋，来见从北京远道而来的客户。

这里距昆明有四个小时的车程。褚时健平时住在玉溪，每月来生产基地三四次，有人问他，在山里是否心情更好，褚时健说："这边空气好，春天看开花，然后橙子慢慢长大了。"

在此之前的 9 月，褚时健的果品公司和本来生活网签订的购销协议，计划通过电子商务的模式打开北京市场。本来生活网是一家由宁波杉杉资本投资的食品

---

① 褚橙进京 [EB/OL]．经济观察网，http：//www. eeo. com. cn/2012/1027/235267. shtml.

类电子商务公司。本来生活网总裁助理孙红说，当我听到他们跟我谈橙子的甜酸比、化渣率、标准化绿色生产时，还未参观生产基地，我们就签合同了。

褚时健 75 岁再创业，85 岁时"褚橙"进军丽江，生产产品异地扩张，进而嫁接电子商务进京，基本算是褚老十年磨一剑的里程碑。

褚时健正在开创一个有把控力的新农业模式，从产品培育、合作生产、销售渠道建设到品牌塑造，多点着手。

大家围坐一圈，来访的人给褚时健敬烟，褚时健则拿出自己的玉溪烟说，来，你抽我的烟。

褚时健开场白说，今年大概成品在 8000 来吨。橙子话题尚未破题，褚时健笑着又说："今年经济放缓了点。"

看来，褚时健非常认真地研究过北京市场，褚时健说："北京的人多，水果消费量大，北京的水果店不像南方，瞧着灰不溜秋的，好一点的水果都在超市。"北京客人听到都笑了起来："城市灰尘太大。"

褚时健说："今年气候好，产量可能会超几百吨。往年到采摘水果的这段时间整天下雨。下雨，水果不好保管。"

2002 年，褚时健租赁了当时已经破产的国有农场，种植冰糖橙，"最初的树苗从湖南引来，一年一年改进存在的问题，每棵树每年要施 15 公斤的有机肥。10 年来，这些土壤都好了，氮磷钾的含量都得到了改善。"

褚时健说："前天，他们湖南人来，他们讲，湖南最好的橙子要含 17% 到 18% 的糖，但只有 0.1% 的酸，但水果没有一定的酸还是不好吃，所以湖南橙子卖 8 毛，我们卖 8 块多，他 8 毛钱卖到明年五六月卖不完。别人吃他一个橙子，牙齿就卡起来了（纤维粗）。"

"种植园有自己的肥料厂，专门做有机肥。整个种植园有 35 万棵树，水利设施就花了 1400 多万元。别人天旱就受不了，我们不怕天旱。对面这个山就是哀牢山，哀牢山三四月水也少，4 月我们能蓄水三四十个万方。这些水塘是不准养鱼的，因为鱼饲料会污染水质。最长的一条管子有 19 公里。"

在褚时健看来，"沿海一带的那些矿泉水，还不如我们这个，从国家森林公园石缝冒出来的，被沙子过滤过。但这里秋天水太多，下江，流到越南去了"。

褚时健选这个地方种橙子，首先考虑自然环境，附近环境好，没有大烟厂。大城市的空气虽然天天打"优"，但实际做不到。"我们做了将近十年了，去年我们的水果钙少了一点，水果就从内部炸裂开，损坏了七八百吨，今年的这个问题算是解决了。还不晓得明年有没有问题。"褚时健谈道，"跟着气候，雨水多一点少一点，日照长一点短一点，都影响橙子。"

褚时健说："至于阳光，大的环境没法改变，我们就用人工来改进，把枝条剪掉，阳光不管从哪个角度都可以照到。这里搞种植有两百四五十个人，一年12个月，主要就是把枝条搞好，每个月修，你在国外没有这种事情。现在路边还有剪出来的枝。我们完全是拼劳动力了。"

聊了半个多小时，85 岁的褚时健带着大家参观果园。褚时健弯下一点腰说："从树下面看，地下是光的，空空的，风能刮进来。通风的目的在于降低潮湿度，土壤吃水量一般到 60% 左右，但它到 80% 了，就影响果子了。"褚时健边走边总结，"书本上讲的东西不一定对，全部照他的方法也不对"。

除去标准化绿色生产外，褚橙还在销售渠道上进行了创新。

褚橙昆明市场负责人蒋经理说，农副产品的销售传统上是一个"骡马大市场"，更多的东西是靠一个批发市场和"二道贩子"，再流动到零售店。大量的费用产生在中间渠道。从 2009 年开始，褚橙尝试着取消全部中间商，全云南现在有 500 家多家经销商，直接与公司产生的合同关系，盘活了整个生产和销售链条。

现在褚橙并不愁销路，烟草系统和政府系统的团购占了相当大的比例，在云南市场，褚橙给外省而来的橙子带来了压力。褚橙昆明市场负责人蒋经理说，湖南的橙子要看着我们的价格来定价，同时也避开褚橙集中上市的时间。

虽然褚时健与本来生活网的合作一开始规模并不大，双方签订的只是 1 年的线上代理协议。不过，本来生活网总裁助理孙红说："我们希望未来在北京市场做到 2000 吨。"这个数字刚好是褚橙去年在昆明市场上的销量。

10 月 23 日，褚时健一大早动身，从哀牢山的种植园辗转到丽江市永胜县，此行是去跟当地政府签订合同，那里准备动工 1500 亩地，建设一个新褚橙生产基地，这是丽江市的重点项目。

项目位于永胜县金沙江河谷地带，那是一个光照比哀牢山更充足的地方。褚橙的生产技术人员说，这意味着未来丽江出产的冰糖橙颜色要更黄一些，但品质是一样的。

现在，种植园所在的玉溪市新平县政府也希望褚时健牵头为周边农户提供株苗，更希望未来的规模能达到 10 万株。

面对三五年内达到 2 万吨的产能，褚时健说，"希望你们把北京市场做好"。

（二）案例分析

1. 优质优价的产品

任何一个产品如果想成功，质量应该是底线，否则终究只能是昙花一现。案例中，提到褚橙生产地、水、天气、土壤、有机肥、褚橙本身的生理指标（甜度、酸度、纤维）以及绿色标准化生产，无一不在佐证褚橙的优质质量。

当然这个优质并不是纯粹讲故事获得的，还要经得起市场上严苛的考验。事实证明，褚橙表现得很优质，所以才有优价的底气。

2. 品牌建设与营销技巧

如果褚橙仅仅是优质，那么褚橙的成功也是无从谈起。在优质的基础上，更重要的是，褚橙运用了高超的销售技巧。

第一，讲故事的能力。任何一个著名的品牌都离不开一个很好的故事。褚时健及其幕后团队就是故事高手。前述案例已经有了褚橙故事的梗概，需要补充的褚时健和褚橙的主要大事记有：1928 年褚时健出生于一个农民家庭；1949 年参加云南武装边纵游击队；1952 年入党；1955 年担任玉溪地区行署人事科长；1979 年任玉溪卷烟厂厂长，红塔山成名；1994 年被评为全国"十大改革风云人物"；1998 年云南省红塔集团原董事长褚时健严重经济违纪；2002 年获准保外就医，在经历了人生的辉煌与沉沦之后，76 岁的褚时健又回到了哀牢山，种起了橙子；2010 年 2000 亩山地种橙子，"褚橙"风靡昆明大街小巷，成为一时人们津津乐道的传奇；2012 年 11 月 5 日，褚时健种橙的第十个年头，褚橙首次大规模进入北京市场。①

第二，品牌名称和品牌精神。在前面讲故事的基础上，品牌名称和核心精神自然形成。

品牌名称：褚橙。提醒橙子的生产者不是别人而是褚时健。

品牌精神可以阐述为：我们都曾失败过，是一蹶不振还是再次站起，褚时健这个最富争议的人物，给了我们一个答案。核心词是"励志"。

正是因为褚时健的故事以及品牌精神，让很多创业的人、失败过的人、老一辈的企业家都产生了共鸣，因此才有后续的大量转发与病毒营销的可能。

褚橙的广告语：励志橙、褚橙——传承。

第三，利用意见领袖朋友圈营销。当下是互联网时代，因此褚橙充分利用了这一点。经济观察报微博第一时间转发了前述案例，微博发出来的 10 分钟，王石就转发了这条微博，他还引用了巴顿将军的一句话，一个人的高度不在于他走得多高，而是在于他低到谷底以后能反弹到多高。

王石周围的一些商界朋友都迅速转发了这个微博，当时百度的搜索量获得了迅速的提升。接下来不到一周的时间里，到的第一车 20 吨货很快就销售一空，从网站日均 70 单，一周之内上升到将近日均五六百单，最高达到将近七八百单。之后，经过迅速调整策略，发现在整个褚橙微博传播中有一个词被大家反复提到就是"励志"。

本次营销最大的特点就是充分利用了互联网中参与传播的人。这些感兴趣的

---

① 褚橙 ［EB/OL］. 百度知道，http：//baike. baidu. com/link？url = UNHUlQEW1i9z1sqfGOJPNAOhtY _ 7fPSlkfod5eAmBunOUHj6AoT2tD6msuJZeiMLolKqE5D7VK5RXBvb – OhPb_ .

人本身转化成购买者。褚橙当时的目标群体以 60 后的企业家为主，这些人对褚老故事比较了解，他们会参与到整个传播中来，并且有很多人把褚橙买回去当做自己企业的礼品和员工福利，形成不可低估的销量。

第四，营销需要不断调整，寻找最佳状态。营销不是一蹴而就的，需要不断调整以寻找最佳状态。本部分仅以一点予以说明——褚橙改变目标人群。2012年褚橙营销的购买人群以 60 后的企业家为主，这显然没有持续性。所以 2012 年以后，褚橙将目标人群改成年轻人。褚橙以及其幕后推手"本来生活"电商一共找了 10 个 80 后代言人，每个人都有大量粉丝，继续使用朋友圈的方法，只不过这个时候当年的潘石屹变成了韩寒、蒋方舟等年轻人。用这些年轻人的粉丝群继续"病毒式"地进行扩散性营销。

（三）梨品牌建设案例分析

案例 1：云南"泸西高原梨"

"泸西高原梨"产于云南东南部的泸西县，泸西地处低纬高原，光照足，昼夜温差大，气候资源得天独厚。种植区大多土壤平整、肥沃，交通、水利等基础设施相对扎实。主栽品种以雪花梨、早酥为主，金花梨、丰水、黄冠、翠冠、黄金梨等品种也有少量栽种。中晚熟品种约占总面积的 60%，早熟品种占总面积的 40%。生产果品外形美观、成熟早、含糖量高，多次获省内外大奖，早熟、品质好的优势较为明显。

泸西优质梨注册了"云露"牌商标，雪花、早酥品种通过了绿色食品认证。产品主要销往（省内）昆明、曲靖、玉溪、文山、（省外）广东、广西、贵州市场及（国外）越南、泰国、缅甸等市场。以高原梨为总称的泸西梨在省内外及东南亚具有了一定的知名度和市场份额。2014 年，泸西高原梨地理标志登记保护已经取得证书。在云南省大力打造高原特色农业的大趋势下，泸西高原梨产业具有广阔的发展空间。

泸西县种植梨历史悠久，清乾隆《广西府志》即有记载，20 世纪 90 年代以前，多为零星种植。1991 年，泸西县委、县政府提出"巩固提高粮烟畜，加快发展菜果药"的产业结构调整思路及相继被列为云南省"八五"和"九五"优质梨生产基地县后，优质梨产业步入快速、有序、科学、健康的发展轨道。近年来，泸西县被列为农业部全国梨发展规划（2009～2015 年）重点区域及国家梨产业体系示范县，种植规模、产品质量、栽培管理水平、现有品种资源在云南省均处于领先。根据《泸西县水果产业中长期发展规划（2013～2020 年）》、《泸西县高原特色农业示范区发展规划》，泸西优质梨始终坚持标准建园、科学管理的发展目标。紧紧围绕"三线"（三条主要出境公路沿线）和白水库、固白、山林哨"三片区"规划布局。2015~2020年计划每年新发展优质梨1~1.5万亩。至"十三五"末，全县种植面积达25万亩，总产量20万吨，总产值8亿元。

案例评价："泸西高原梨"虽然地处经济发展相对劣势的云南省，但凭借其得天独厚的生态环境和自然条件生产出外形和品质皆俱佳的梨品，由于其独特的气候特征，早春气温回升快，梨的物候期相应提早。同一品种的成熟期比原产地、主产区提早45天左右，生产出的早熟梨可尽早占领梨品市场，市场潜力很大，为"泸西高原梨"的发展提供了前提条件。

"泸西高原梨"注册了"云露"牌商标，并获得了绿色食品认证和地理标志登记保护，泸西县通过应用太阳能技术，杀虫灯在夜间自动打开，根据昆虫具有趋光性的特点，诱集昆虫并有效杀灭昆虫。另外，通过使用黄板、诱粘害虫等措施对梨树进行科学化、无公害化管理。

泸西高原梨的良好发展离不开当地政府和国家农业部的大力支持，紧紧抓住了高原特色农业示范区项目建设契机，以生产标准化、管理集约化、产品优质化、经营产业化、销售品牌化、效益最大化作为建设目标，大力引进和推广优良品种，充分发挥示范带动作用，加快标准化配套技术的推广普及，促进高原梨产业的持续健康发展。

案例2：四川"广安蜜梨"

"广安蜜梨"是通过标准化、科技化生产出的优质、安全、放心农产品，市场信誉良好，产销两旺。"欧阳晓玲"牌广安蜜梨，是中国驰名商标，于2010年中国广州国际农产品交易会被评为"中华名果"。四川欧阳农业集团公司在华蓥山培育的"广安蜜梨"系列品种，在"2015年早熟梨产业升级论坛暨第一届中华杯南方早熟梨评比会"上，1个品种斩获金奖，4个品种荣获银奖。

"广安蜜梨"作为当地的知名品牌，也肩负着相应的历史使命：要使山区农业进一步走上发展之路，同时也要兼顾城乡统筹发展之路。在肩负使命的同时，也要兼顾自身的亮点建设。将重点推出"科技农业的典范、标准农业的示范、循环农业的展示"以进一步促进山区农业发展，在统筹城乡之路上重点进行"品牌农业的基地、休闲农业的园区、乡村旅游的景点"的打造，使之成为中国山区农业发展和统筹城乡发展的一面旗帜。

案例评价："广安蜜梨"的成功经验是四川欧阳农业集团公司凭借"公司+农户"的产业模式，建设了国家级农业科技园区梨业园，通过把农民变工人、股东、主业，同时实行承租返包、借地还园、合作经营，五五分成的经营机制，从而将企业与农民之间的利益紧密相连。园区总规模 10000 亩，采用了国内领先的三大技术：矮化密植、早结丰产栽培技术；一枪灵高压施肥技术；棚架滴灌高效高产技术。当年栽植，当年见效，为农民快速增收找到了捷径，公司在以果业带领农民增收的同时带动发展乡村旅游、休闲观光、住宿餐饮等相关产业，四川"广安蜜梨"产业集聚外溢效应越来越大，而"欧阳晓玲"牌广安蜜梨也被评为中国驰名商标。广安蜜梨克服了其地缘劣势，凭借其产业优势不断扩展知名度和名誉度，成功跻身为国内梨品牌的佼佼者。凭借产业优势发展起来的梨品牌还有重庆的"放牛坪香梨春"牌梨品，以及江苏省的"宫品"牌黄冠。"放牛坪香梨春"牌梨采用"渝北茨竹镇放牛坪砂梨种植专业合作社＋茨竹镇梨子产销协会＋重庆市早熟梨示范园＋农户"的方式，与 2009 年获得无公害农产品整体认定，2013 年获得国家绿色食品认证，并注册了"放牛坪香梨春"商标。同时通过放牛坪梨花节吸引了超过 60 万人次的游客，增加了农户收入。"宫品"牌黄冠是采用"合作社＋农户"的模式紧抓梨树的生产管理环节，加大了新品种推广和技术服务力度，加强了技术指导和培训，并且积极推广林果无公害化管理技术、病虫害防治技术、果实套袋等果树优质栽培技术。通过严格的生产环节控制，保证了梨品的质量，因此，"宫品"牌黄冠已被江苏省农林厅认定为无公害产品，被市工商局评为知名品牌。

案例3：江苏"徐沙河"牌三水梨

"徐沙河"牌三水梨已成为睢宁县支柱产业。已申获"中国三水梨之乡"称号。睢宁县的土壤条件、光热资源等十分适合梨的生长。近 10 多年来，为顺应国内外市场发展需要，县委、县政府重点引进日本砂梨系列优质产品。为了努力推进"三水梨"的标准化和产业化种植，促进农业增效和农民增收，自 2003 年以来，成立了领导组织机构和专门的技术工作组，制定了实施方案，组织专业人员对标准化示范区建设进行技术指导，查索有机梨标准文本，对三水梨种苗标准、采摘储藏标准、包装标识标准及售后服务标准等进行起草研究。经过各部门的共同努力，该县优质三水梨面积已达 12.5 万亩，其中 3.6 万亩高标准"三水有机梨"棚架园被认定为国家级无公害果品基地。至今，睢宁县三水梨已先后注册了"利生"、"农家"、"徐沙河"等商标。该县又被命名为"中国三水梨之乡"。三水梨现已列为睢宁县农业的主导产业，被农业部认定为"长江中下游及沿海优势梨产业带重点县"，已申获"中国三水梨之乡"称号。睢宁县还成立了"县优质果发展服务中心"，在国家商标局注册了"徐沙河"牌"睢宁三水梨"商标，推广标准化无公害生产，实行人工套袋等技术。"徐沙河"牌三水梨被国家认定为无公害产品，从而使睢宁三水梨成为国家级品牌果品。

　　案例评价："徐沙河"牌三水梨成功依赖于其全产业链的四大标准化规范管理和政府的大力支持。政府通过协助农业企业做好品牌宣传，组织农产品品牌建设的培训和专家指导，为品牌农业企业创造良好的创牌氛围，通过对三水梨种苗标准、采摘储藏标准、包装标识标准及售后服务标准等进行起草研究，以生产、加工、销售等环节的标准化管理，充分协调各部门的职能，有效发挥了政府在农产品品牌建设中的积极作用，最终使"徐沙河"牌三水梨被国家认定为无公害产品，从而使睢宁三水梨成为国家级品牌果品。

案例 4：湖北"汉水"牌砂梨

　　"汉水"牌砂梨因盛产于湖北省老河口市汉江河畔而得此雅名，主要品种有翠冠、圆黄、若光、丰水等。汉江河畔沿途的冲击沙洲土壤肥沃，气候适宜，产出的梨果体大、皮薄、甜脆、口感好，外形圆满，宛如水晶般透亮，肉质细、松、脆、汁液较多，甜酸适度。"汉水"牌砂梨 1997 年经国家工商局注册，2000年被评为"湖北十大名果"，2001 年荣获中国国际博览会金奖，2005 年原国家主席胡锦涛视察汉水砂梨，并给予高度评价，2010 年被评为湖北省"三大名果"，2013 年获得中国名优特产品称号，2014 年"汉水"获得国家驰名商标。

　　"汉水"品牌由湖北省级农业产业化重点龙头企业仙仙果品有限公司打造，"汉水"牌砂梨是公司与华中农业大学、湖北省果茶研究所的知名专家、教授的合作下培育的优良梨品种。公司推广实施了梨无公害标准化生产技术模式，建立了新品种"引进、试栽、推广、贮备"机制。同时，老河口市的省级重点专业合作社——春雨苗木果品合作社在板块基地的更新品种、普及科技、订单收购等方面也发挥了重要作用。以前，由于果树品质不优、新型保优技术推广普及率低和新品种更新换代速度慢，造成了水果产量低、品质差、价格低。湘南、黄花等普通砂梨品种常年销售价格只有 0.3～0.4 元/斤，远低于新品种黄金梨（1.5～3元/斤）的价格，部分果农只得毁园改种。而合作社成立后，241 家苗木果品生产户常年都能得到该社提供的优质果苗和果树高接换优技术指导，解决了农民在各生产环节遇到的栽培、管理方面的难题。仙仙果品公司也与合作社开展合作经营，进行订单生产，带动水果基地面积扩大到 8.6 万亩，签订了订单合同的有1.8 万户，订单生产率达 62%。

　　案例评价："汉水"品牌的成功塑造离不开企业的品牌化战略、合作社对梨农的组织以及政府的支持。仙仙果品有限公司坚持依靠科技提升果品品质，依靠品牌带动销售。春雨苗木果品合作社为梨农统一育苗、修剪、病虫防治、培训，实现了标准化生产。老河口市从2011年起先后在中央电视台、《湖北日报》、湖北卫视等媒体进行宣传，通过建立梨花村、梨广场、梨展厅，举办各类观光采摘旅游活动等，赋予品牌文化内涵，进而打造品牌影响力。2012年，老河口市委市政府出台"小汉口人才计划"，全市引进多名园艺、植保、土肥等专业技术人才，从而达到以科技提高果品质量的目的。2013年，政府拿出水果以奖代补资金纳入财政预算，用于以梨、桃为主的高接换种。

案例5：四川苍溪雪梨

苍溪雪梨是四川省苍溪县特产、中国地理标志产品。苍溪雪梨又名施家梨，是苍溪县境砂梨群落中发现的一种独特品种。果大核小，肉质脆嫩，汁多味香，甘甜化渣，被誉为"砂梨之王"。

新中国成立后，雪梨受到毛泽东、周恩来等中央领导人的盛赞。1953年苍溪雪梨在印度新德里国际水果会上参展并获得好评。1989年被评为国优水果，1998年苍溪县被授予"中国雪梨之乡"称号；2000年通过了"绿色食品"认证；2002年在中国西部农业博览会上获得"名优农产品"证书，被誉为"砂梨之王"；2005年获中国西部国际博览会优质农产品奖；2007年国家工商总局颁发证明商标；2008年被评定为全国绿色食品苍溪雪梨标准化基地县，同年获得国家地理标志产品保护；2009年苍溪雪梨被评为"中国名优特产"、"中国地方特产"，作为长江中下游砂梨区（五省市）10个县之一被列入全国梨重点区域发展规划；2010年被评为"中国十大名梨"。

案例评价：依托得天独厚的地缘优势生产出肉质脆嫩、甘甜化渣的砂梨之王——苍溪雪梨，并通过产业优势再加上其独特的口感，苍溪雪梨走出了四川，走向了省外乃至国外，并且得到了当时的中央领导人以及普通消费者的肯定。作为苍溪县历史最悠久、生产规模最大的传统特色产业——雪梨产业，不仅形成了东、中、南部依次为早、中、晚熟梨生产区，还发展了梨基地乡镇7个、专业村40个、专合组织10个、核心园区2个，建成科研基地1个，带动当地75%以上的农民致富。并且通过引进宝清集团、青春宝公司等加工型龙头企业，与合作组织及科研基地的紧密结合，加强了雪梨浓缩汁、雪梨膏、雪梨饮料等系列深加工产品的开发，并远销欧盟十多个国家。在苍溪县政府的大力支持下，苍溪雪梨企业家通过举办"广元市苍溪优质梨推介会"、"苍溪梨重庆推展会"、"苍溪梨运山看样订货会"等独特的展销会，并积极参加西博会等产品推介会，还在上海、北京、深圳、武汉、长沙等大中城市的水果市场、大型超市设立了苍溪梨推介窗口，为苍溪雪梨办理了"证明商标"、"绿色食品标志"、"无公害标识"，以及从

2003 年 3 月 18 日起，每年举办"中国苍溪梨花节"来扩大其知名度和美誉度。苍溪雪梨的案例启示我们：良好的品质优势 + 规模化、专业化的产业优势 + 不断改进的品牌管理宣传模式 + 当地政府的鼎力支持，是苍溪雪梨成功的关键因素。

案例 6：浙江"晶龙"牌蜜梨

"晶龙"牌蜜梨由杭州滨江果业有限公司生产，是引进网架设施栽培和有机农法栽培技术，选用翠冠、新丰水、圆黄等优良品种，严格执行浙江省地方标准 DB33/T 210—1997，采用重施有机肥、强化修剪、疏花、疏果和病虫害防治等综合措施培育而成，该产品呈圆形或圆锥形，果皮黄绿色或亮黄，果肉白色，可溶性固形物 12% ~ 14%，汁多肉脆，可食率高，风味极佳，7 月下旬至 8 月中旬成熟。晶龙牌系列农产品先后荣获杭州市名牌产品、浙江省绿色农产品、中国国际博览会名牌产品、中国浙江国际农业博览会优质农产品金奖、浙江省名牌产品、浙江省"十大"名梨之首的称号。

杭州滨江果业有限公司位于钱塘江南畔、杭甬高速公路萧山出口处滨江区顺坝垦区，是杭州市级农业龙头企业、浙江省无公害水果生产基地和农业出口创汇基地、杭州市农业科技示范区。占地面积 3527 亩，拥有资产总额 4160 万元，其中固定资产 1160 万元，职工 350 人，技术人员 30 人。2003 年共生产晶龙牌系列农产品 3500 余吨，其中 1500 余吨出口到中国香港、日本、新加坡、马来西亚、加拿大等地区和国家，实现产值 2850 余万元，创利 180 余万元。

案例评价："晶龙"牌蜜梨产于经济发达的浙江杭州市滨江果业有限公司晶星都市村的千亩国家级蜜梨标准化示范基地，作为滨江区农业的龙头企业，"晶龙"牌蜜梨选取了翠冠等优良品种进行特色化生产，吸引了大批都市消费者一方面前来体验采摘的田园乐趣，另一方面享受蜜梨的优异品质。这一品牌性的产品也为浙江的蜜梨产业赚足了口碑，牢牢抓住了海内外消费者的胃口。晶龙梨的良好发展离不开当地政府和国家农业部的大力支持，该龙头企业紧紧抓住了都市休闲农业的发展契机，依靠科技进步，建成了集效益农业、休闲农业、创汇农业于一体的都市农业示范园区，选用优良品种，充分发挥示范带动作用，促进浙江蜜梨产业的持续健康发展。

案例 7：上海"仓桥水晶梨"

"仓桥水晶梨"是上海市松江区永丰街道（原仓桥镇）的特产，中国地理标志产品。仓桥水晶梨是一种新型的梨品种，它果实为圆球形或扁圆形，平均单果重385克,最大560克;乳黄色,表面晶莹光亮,有透明感,外观诱人;果肉白色,肉质细腻,致密嫩脆,汁液多,石细胞极少,果心小,味蜜甜,香味浓郁,品质特优。被评为绿色食品A级,获中国十大知名品牌,获"奥运推荐果品"荣誉证书,"最受北京喜爱的十大名梨"、上海世博特供果品等称号。

仓桥在20世纪60年代开始种植梨,自"仓桥牌"成为注册商标之后,声名鹊起,新品迭出。形成了"公司+基地+农户"、"合作社+基地+社员"的经营格局,采取基地连片种植,生产分户管理,技术统一标准,销售统一品牌的生产经营模式。到21世纪初成为松江区"一区一品"的代表。2010年,"仓桥"水晶梨专业合作社种植的水晶梨18个品种平均亩产值8000多元,共收获850多万斤,产值达到2500多万元。到2012年,已种植5000多亩仓桥水晶梨。同时,为推动产品销售和旅游事业,从2008年开始,该区每年还举办松江仓桥水晶梨游园节。

案例评价:松江区适宜的气候和水利条件为仓桥水晶梨产业提供了良好的自然环境。同时,上海市为仓桥牌水晶梨提供了潜力巨大的市场条件,从地理标志产品到品牌的创立,为仓桥水晶梨踏入上海这个巨大的消费市场搭建了桥梁。另外,2000年上海仓桥水晶梨发展有限公司成立,在市、区两级梨研究所和农技部门的指导下,实施"以科技创造品牌,以品牌致富果农"战略,引进优良品种,推广科学栽培,使梨的品质大幅提升,也大大提高了品牌的知名度和口碑。

综上分析可知:基于区域名优特梨产品资源发展梨产品区域品牌,是区域优势、农业产业优势、经营管理优势和政府扶持优势四个关键因素综合影响的结果。区域先天拥有的优越自然地理环境等区域资源优势是农产品区域品牌发展的物质基础。地理纬度、气候日照、土壤肥力、水质资源、传统工艺、人文历史等地域先天资源禀赋因素对农产品的产量、品质、口感、种类等影响很大,是名优特农产品生长发展的基础。基于名优特农产品资源的农业主导产业发展集聚农业产业优势,形成以龙头农企为主的众多农企、农户、合作社以及其他生产服务机构等相互合作的一体化产业化经营服务体系,为名优特农产品资源实现区域品牌化提供产业发展动力。一个完善品牌经营管理机制建立并真正发挥作用,尤其是确定半官方组织产业协会为品牌经管主体、申请注册商标、授权使用标识制度、质量管理体系、品牌宣传推广体系、营销网络建设等品牌经营管理体制的建立和完善,是名优特农产品区域品牌化的管理原动力。政府对农业发展实施宏观调控,对名优特农产品资源产业强力扶持,提供良好基础设施、创造合理制度环境、出台相应激励政策、制定品牌发展顶层设计、提供公共服务、实施区域营销等,将对名优特农产品资源区域品牌化起到重要领导作用。

区域优势、农业产业优势、经营管理优势和政府扶持优势四个关键影响因素是影响梨产品区域品牌发展的关键因素。各地可根据实地实际情况，优选有优势的农产品类别，通过充分挖掘区域优势、凝聚农业产业优势，强化品牌经营管理优势，充分发挥政府扶持引导优势，发展农产品区域品牌是一个比较好的制度选择。

四、推进梨品牌建设的政策建议

（一）开展品牌发展布局规划研究

我国在加快构建新型经营体系，梨果的生产、加工、流通、销售环节产业化、规模化水平快速提升的同时，应当充分利用梨果产业标准化和组织化程度不断提高的有利条件，制定未来我国梨产业 5～10 年的农业品牌发展规划，增强生产经营主体的品牌意识，加大品牌投入力度，提升品牌化水平。

首先，全面调查我国现有梨品牌，根据各地梨产业发展基础进行分门别类地统计、梳理，建立分类明晰、档次分明的梨果品牌目录，处理好梨的区域公用品牌与企业自有品牌的关系。其次，梨果品牌发展要充分利用区位比较优势，通过挖掘原生资源价值潜力和技术创新，提高产品附加值，打造著名梨果品牌。因此，要立足各地区梨生产的资源禀赋、发展潜力和市场需求变化，基于特定地域文化和自然地理资源上的梨区域品牌发展，在最适宜的地区生产最适宜的梨，配套推广应用创新技术，有利于充分挖掘资源、品种、技术和现代物质装备的潜能。结合各地的区位条件，分析梨产业发展的优劣势，有地域传统的名优老产品注册成为商标，形成地区品牌，对于优势不强的老产品进行品种更新，逐步更新淘汰，形成拳头产品。重点发展区域比较优势明显、发展潜力大、市场竞争强、对农民增收带动作用明显的优势梨品牌。最后，根据梨的不同消费用途，可以分为培育具有国际竞争力出口优势的品牌（国际品牌和世界品牌）、用以满足国内消费者需求的内销型品牌（区域性品牌），根据目标消费者的需求进行合理的品牌区域规划与配套基础设施建设，进一步调整和优化生产布局，促进生产要素在区域间和产业链间的优化配置，进而加快形成区域特色鲜明、经济优势互补的梨产业发展格局。

（二）加大品牌建设投入力度

政府应该加大对农业龙头企业的财政投入力度，帮助企业创建农业品牌，实现农产品品牌化。政府的扶持关键在于培育一批有基础、有优势、有特色、有前景、有品牌影响力的龙头企业。农业龙头企业一方面可以通过辐射和带动广大农户生产、加工、转化农产品，实现与农对接，可以通过科技开发和技术创新，积极提升农产品的质量标准，对农产品深精加工，实现多次增值，将资源优势转化为品牌优势，利用强有力的品牌效应开拓和巩固市场，实现与贸对接；另一方面，农业龙头企业在与市场对接方面有着天然的优势，在稳定农村经济、吸纳劳动力就业、增加财政收入方面也有着积极的作用。

但是，也要看到，我国农业企业在品牌建设方面与发达国家相比仍有相当大的差距。首先，企业的品牌建设意识参差不齐，加工深度和水平、产品质量与管理、开发创新和风险防控能力都有待于提高，这就需要政府加大投入和管理来支持企业进行这些短板的修补；其次，要通过改革重组、加强管理、技术改造、人才培养等措施，使得农业龙头企业进一步做强做大，借助农产品品牌的优势在推进品牌化进程中真正发挥龙头骨干作用；最后，政府在选择龙头企业进行重点帮扶时，应选择经济效益好、带动能力强、产品具有鲜明优势、符合国家和区域的产业政策以及有较强科技创新和可持续发展能力的企业。

（三）加快农业品牌人才队伍建设

品牌化经营要求梨的生产实现规模化、专业化和商品化，这就需要科技贯穿于梨的产前、产中和产后的全过程，带动梨产业由传统模式向现代模式转变。优良的品种品质是梨品牌发展的立足点，而且必须超前培育、适时推广。因此，应当提高农技推广人员的科学文化素质，促进梨的生产新技术在广大梨农中的推广。

首先，政府应当创立能够为梨生产不断提供先进科技成果的创新体系，以及能够跟踪世界最新科技发展动态的技术引进体系，同时加强科技成果转化推广工作，使各地区特色梨品牌的发展建立在高科技起点之上，并利用科技培育优良品种。鼓励各级科研机构或组织、农技人员以技术入股的方式参与梨的品牌化经营，以此确保梨产业获得不断增强的科技创新生产力。其次，各级政府要建立系统的农业职业教育体系，并联合农业科研单位和农业科技示范区，聘请梨产业专家开办科技讲座，使农技知识快速转入生产，并协助做好相关科技成果的推广和应用。同时，进一步加强梨品牌种植户、农业合作经济组织或农业合作协会等与高校和科研机构的合作力度，通过聘请相关专家进行专题讲座或梨园指导的方式，提升梨农、基层农业科技服务人员、农业企业家的整体科技素质。最后，建立灵活的人才引进机制和宽松的成长环境，引进高科技人才，推动我国梨产业科技创新和技术进步。梨品牌的发展需要有战略决策能力的农业企业家，也需要有品牌意识、有科技知识、会经营管理、精通营销推广、擅长电子商务的新知识型梨农。国家要积极改善农业人力资源，出台相关激励政策，鼓励优秀人才或大学毕业生到农产品品牌产业来就业、创业和发展。通过建立完善的激励机制，调动人才投入农业的积极性，采用落户、住房、差异化补贴、技术入股转让、建立科研创业基地等方式，为农产品区域品牌发展提供人才储备动力。

（四）推进农业产业化经营

政府应该提高产业化水平，规范生产经营秩序。产业化有助于将分散的果农集合起来，利用规模的扩张达到规模经济，并通过组织和制度创新节约交易成本。我国目前要尽快提高果农的组织化程度，引导果农组建各种形式的集体合作组织，如专业生产合作社、合作协会等，通过"公司＋农户"、"公司＋合作经济组织＋农户"等一体化经营延长价值链。建立完善的生产、加工和销售一体化的产销联合体，即利益共享、风险共担的利益共同体。生产基地应加快实施标准化生产规程，加大果园投入，搞好果园基础建设，确保优质高产高效，才有利于果品分等分级、优质优价。农业企业是发展农产品区域品牌的主体。基于梨产品区域品牌发展成功经验来看，龙头农企与区域品牌互为背书，是带动农产品区域品牌发展的最好路径。应在农产品区域品牌产业内，积极扶持农业龙头企业，发挥龙头企业对农产品区域品牌的带动作用。通过龙头企业带动实现农产品区域品牌与市场对接，发挥农产品区域品牌规模优势，加强产业集群吸引力、渠道优化优势与合作共赢优势。"龙头企业＋区域品牌＋农户"这样的产业模式，可以实现规模化生产，提升农产品区域品牌附加值，树立农产品区域品牌形象，促进农产品区域品牌和企业品牌共同发展。除此之外，目前梨产品区域品牌发展模式还有"龙头企业＋农户"模式、"地理标志＋龙头企业＋农户"模式和"协会＋产业集群＋农户"等模式，不管采取何种发展模式和管理模式，必须要保证农产品区域品牌的区域公有性和产权明晰度，充分发挥农产品区域品牌的凝聚带动效应。最终形成"协会＋龙头企业＋科研产业基地＋农户"发展和管理模式，积极推进"三品一标"注册认证制度，积极发展科技含量高、加工程度深、产业链条长、增值水平高、出口能力强、符合综合利用和循环经济要求的优势农产品区域品牌的精深加工业，强化优势产业间的衔接。探索区域品牌产权治理新机制、品牌知识产权管理新模式和品牌商标管理新方法。

（五）建立农业品牌目录制度

品牌对于农产品消费者具有重要意义。如泰国大米、荷兰郁金香、津巴布韦烤烟等，是消费者耳熟能详的品牌名词，更是信誉的凝结。品牌一旦在老百姓的心目中确立，就可以成为象征质量和安全的一个符号。品牌化如今已经成为农业现代化的核心标志，加快推进农业品牌建设已经成为转变农业发展方式、加快推进现代农业的一项紧迫任务。

我国农产品品牌建设尤其是水果品牌建设起步较晚、基础较差，多数品牌的影响力还停留在局部地区，缺少在国际上具有竞争力的品牌。相比国外的果品，大多都有自己的品牌，如美国的新奇士（Sunkist）橙、Chinquita 香蕉。Sunkist 橙有近百年的历史，在全球家喻户晓，该商标品牌的无形资产达 10 亿美元之多，其产品售价虽高，但在我国仍有特定的顾客群。这启发我国也应该创建自己的水果品牌。我国水果往往以产地名称来表明某地之特产，如黄岩橘、天津鸭梨和陕西苹果等,但这只是特产名称,离品牌还有很大一段距离,也不是注册商标,在法律上无法寻求保护。地区的农户竞相效仿,往往以次充好,自毁声誉。

要推动品牌农业发展和农业品牌制度建设,需要政府首先来谋划品牌农业的顶层设计,积极探索农业品牌目录制度,逐步推进农业品牌管理。具体措施方面,首先,要引导各类企业、专业合作社等市场主体通过品牌注册、培育、拓展等手段创建自身品牌,打造以品牌价值为核心的新农业企业。其次,政府按照农产品品种分类把最有影响力的品牌纳入目录,定期发布目录信息,动态管理,并完善农产品品牌培育保护机制。

(六)加强农业品牌信息化建设

信息化和农产品品牌两者有着密不可分的重要关系,信息化有机融合在农产品品牌建设过程中。农产品品牌需要农业经营各个环节中的设备介质用以进行生产,而信息化就体现在这些设备介质中,从而达到信息化和农产品品牌的融合;同时信息化又将其精神内涵通过农产品品牌表达出来,使二者实现贯穿融合。随着消费者对农产品品牌消费观念的转变和科技的进步,信息化的发展越来越深入到农产品品牌之中。品牌识别与品牌战略相结合的全新信息化管理越来越成为企业的战略目标。对于企业来说,运用信息化的手段在传统农产品品牌建设中不仅是一种创新,还可以降低农产品品牌发展的运营成本,扩大销售范围,增强农产品内涵,提高知名度,并使其跨越时间和空间的限制,打击和避免品牌的复制仿冒性,提高品牌的优质服务和消费者的认知度,增强农产品品牌的综合竞争能力,以此适应国内外对农产品的需要。对此,政府应该加强农业品牌信息化体系的建设,及时准确地了解并发布农业品牌信息,也为品牌目录制度下的信息发布提供一个统一管理的平台。

政府在建设农业品牌信息网站,加强农业品牌信息管理,提高品牌信息利用价值,促进农业品牌信息化的目标下应该做到:在现有网站的基础上,围绕优势果品产业,加快信息平台的改造升级,强化信息的专业性、针对性、实用性,有重点地、及时地、真实地、有效地发布特色农业品牌的全方位信息,实现政府、企业、消费者三者的信息资源透明共享,提高市场对农业品牌的进一步利用程度。

(七)加大农业品牌的宣传推介和保护工作

加大政府对农业品牌的宣传推介和保护力度,为农产品品牌建设创造良好的环境,是政府促进农业品牌建设的重要职责。

一方面,应着重推介农业品牌的宣传推介工作。很多农业企业对品牌的重视度不够,对建设农产品品牌的意识不够,政府应该开展系统的宣传推介活动,鼓励企业着力推进农业品牌建设。同时,政府也应对消费者进行普及教育,让消费者对于农产品品牌有更全面的认识，也更容易接受农业品牌代表一定的质量要求的观念，从而提高农业品牌的市场认可度和信任度，促进企业进行农业品牌建设。

另一方面，应制定出台相应的政策和法律法规，以加大农业品牌建设工作的宣传和影响力。虽然政府已经出台了《中华人民共和国商标法》、《农产品地理标志管理办法》等关于农产品品牌建设的法律法规，但是相关的农产品品牌保护的实施细则仍然缺乏。首先，政府要继续加大对农业品牌建设的相关法律和法规建设，保证农业品牌保护有法可依，要协调其中的冲突，理顺其中的关系，保证农业品牌保护工作的顺畅进行。其次，强化行政执法机构的职能，要保障农业品牌保护的执法力度。我国农产品品牌保护的管理机构比较复杂，工商局、质监局、农业部等部门均有参与，由此也造成了执法力量分散、职能混乱，管理效率较低的现象。政府部门应该落实农业品牌保护的执法机构，强化其职能。最后，应该加大对假冒农业品牌、不正当竞争等不良事件的惩处力度，全方位地保护农业品牌的建设工作稳步推进。

第八章　梨产业组织分析

第一节　我国梨生产经营组织类型及特点

一、我国农业生产经营组织的发展现状及趋势

土地、劳动、资本、组织是农业生产的四大要素。在土地和劳动力稀缺、成本不断攀升的背景下，如何发展农业，实现传统农业向现代农业的转变，生产经营的组织将起到关键作用。农业生产者的组织形式反映了个体或群体的生产行为方式，包括散户、专业大户、家庭农场、农民专业合作社、农业企业等。

1. 农业现代化与小农户经营的矛盾

在农业现代化的进程中，农业生产资料的现代化和农业装备的现代化占主导地位。2010 年我国耕种收综合机械化率为 52% ，以每年 3 个百分点的速度增长，预计 2020 年可基本实现现代农业要求的 70% 的机械化率。但是农业生产组织现代化进程却非常缓慢，小规模的个体农户仍是农业生产的主体。一方面，普通农户由于规模小、生产投入有限、技术水平不高，无法实现规模经济；另一方面，农户分散经营，面对变幻莫测的大市场和具有市场势力的收购商、大型龙头企业，农户不具备议价能力，在产业链中的地位很低，获利有限。因此提高农业生产组织化程度，发展多元化的生产经营组织形式，不仅有利于增强农户的市场地位，也有助于发展现代农业，实现"四化"同步。

2. 专业大户与农民合作组织发展迅速

在各类农业生产经营组织中，发展最快的是专业大户和农民专业合作社。据农业部统计，截至 2012 年底，全国有 50 亩以上的种植专业大户 276 万户，依法登记的农民专业合作社 68.9 万个。在粮食生产方面，种粮专业大户和粮食生产

合作社已成为粮食生产经营的重要力量。根据农业部种植司的数据，目前全国共有种粮大户68.2万户，经营耕地面积1.34亿亩，粮食产量达1492亿斤，占全国粮食总产量的12.7%；全国共有粮食生产合作社5.59万个，入社社员513万人，经营耕地7218万亩，粮食产量971亿斤，占全国粮食总产量的8.2%。

目前，我国农业生产经营方式主要有农户、专业大户、合作社、家庭农场和龙头企业。农户、专业大户仍是主要的生产经营主体。随着工业化和城镇化的快速发展，土地流转机制日益成熟，合作社、家庭农场和龙头企业正在快速发展中，为农业生产的规模经营、现代农业的实现创造了条件。

二、我国梨产业生产经营组织化程度分析

根据2013年梨产业基础数据库对于梨农组织化程度的调查数据显示，在调查的121个示范县中，有各类梨农组织1569个，其中山西、河北、陕西的梨农组织数量最多。山西的祁县、文水、运城、平遥，河北的辛集、深州、泊头，陕西的蒲城，辽宁的千山、海城，其梨农组织的数量均在50个以上。这些地区也是我国梨果栽培面积较大的区域。

1. 梨产业组织中合作社数量最多且覆盖面最大

从组织类型看，合作社数量占比最高，占全部梨农组织的82%，是最主要的一种组织形式。龙头企业占9%，梨果协会占0.39%。其中祁县、泊头、民权、蒲城的龙头企业数量超过10个，是拥有龙头企业较多的示范县。

从梨农组织的覆盖情况看，在调查的示范县中，梨农组织大概覆盖了53%的栽培面积、46%的梨农户数。其中龙头企业的覆盖率在10%左右，合作社的覆盖率在30%左右，梨果协会的覆盖率在10%左右。参与以龙头企业为主导的生产组织形式的农户，其平均规模为8亩/户，高于参与合作社和梨果协会的农户规模，后者的栽培面积在6亩/户左右。

2. 参与合作社的梨农规模区域差别大

从参与组织的梨农规模看，山西平遥、黑龙江鸡东县、重庆渝北区等地，参与组织的梨农规模大于当地梨农的平均生产规模。以山西平遥为例，当地梨农每户的平均栽培面积为4.3亩，而参与各类生产经营组织的梨农平均规模超过100亩。福建建瓯县情况正好相反，其梨农组织覆盖了当地18.5%的栽培面积以及60.4%的梨农，这反映出当地参加梨农组织的农户规模与平均规模相比较小，类似情况的还有辽宁兴城、陕西蒲城等地。例如蒲城的梨农组织覆盖了当地栽培面积的42.2%，覆盖当地农户数量的76.3%，这反映出有大量低于平均规模的小农户参加了梨生产经营组织。事实上，陕西蒲城梨农的平均规模为8亩，而参与各类生产经营组织的梨农平均规模在4亩左右。

3. 梨农组织化程度的提高更有利于核心农户

河北、湖北、山西、陕西等地梨农组织化程度提高，增强了梨果销售方在市场上的"话语权"，带动当地梨价格的提升以及梨农的收益增加。但是在调查中，我们也发现专业合作社农户覆盖面虽广，但社员受益情况差别却很大。合作社的核心农户受益最多，在技术指导、销售渠道等方面得到帮助，年底还有一定的分红收入，而非核心农户的一般社员从合作社中获益很少。且有一些合作社基本不开展技术培训和指导，也不收购社员生产的农产品，合作社制度和章程形同虚设。

基于 2010～2014 年梨产业技术体系示范县的数据，我们发现各类梨农组织覆盖梨农的比例呈上升趋势，从 2010 年的 9.46% 增加至 2014 年的 15.52%，即越来越多的农户加入各类梨农组织，梨产业生产经营组织化程度逐步提高。在各类梨农组织中以合作社为主，从覆盖梨农的比例看，合作社在所有梨农组织中占比高达 73.12%，龙头企业和梨果协会在各类梨农组织中占比分别为 14.03% 和12.85%，充分说明目前我国的梨生产经营组织中合作社占据主导地位。

表 8 -1　2010～2014 年各示范县的梨农组织覆盖农户比例变化

年份	龙头企业覆盖梨农比例（%）	合作社覆盖梨农比例（%）	梨果协会覆盖梨农比例（%）	合计	龙头企业占比	合作社占比	梨果协会占比	合计
2010	1.91	6.29	1.26	9.46	20.19	66.49	13.32	100
2011	1.88	7.94	0.96	10.78	17.44	73.65	8.91	100
2012	1.98	9.27	1.89	13.14	15.07	70.55	14.38	100
2013	1.22	9.91	1.80	12.93	9.44	76.64	13.92	100
2014	2.07	11.57	1.88	15.52	13.34	74.55	12.11	100
平均	1.79	9.33	1.64	12.76	14.03	73.12	12.85	100

三、参加合作组织对梨农生产技术效率的影响①

梨体系产业经济岗位团队成员王太祥等于 2010 年 7～8 月在河北省石家庄的辛集、赵县、晋州和新疆库尔勒市 4 个梨果主产县（市）开展入户式调查，涉及4 个县（市）12 个乡镇 24 个村，依据村落大小随机选取 15～25 位农户，得到问卷 427 份，剔除无效问卷后得到符合要求的问卷 387 份。基于调查数据，王太

---

① 王太祥，周应恒."合作社 + 农户"模式真的能提高农户的生产技术效率吗——来自河北、新疆两省份 387 户梨农的证据 [J]．石河子大学学报（哲学社会科学版），2012，26（1）．

祥、周应恒（2012）就参加合作组织对梨农生产技术效率的影响进行了测算，并与市场交易下的梨农生产技术效率进行了比较，具体研究过程及成果如下：

（一）农户生产技术效率模型与方法

现代技术效率的测量最早是由 Farrel（1957）提出的，它其是衡量一个企业在等量要素投入的条件下，其产出离最大产出的距离，距离越大，则技术效率越低，有时也称"距离函数"。测量技术效率的方法一般有参数和非参数两种分析方法，非参数分析方法以数据包络分析（DEA）为代表，而参数分析方法主要是以随机前沿方法（SFA）为代表。其中，Aigner（1977）提出了随机前沿分析方法，Battese、Coelli（1995）又对此方法进行了进一步完善。由于随机前沿分析方法不仅能够估计生产技术效率，而且能够分析影响生产技术效率损失的因素，因此采用随机前沿分析方法对农户的生产技术效率估计比较受欢迎。根据随机前沿生产函数思想，建立更为灵活的超越对数生产函数来估计梨农的生产技术效率，解释变量包括：农户单位面积梨的资本投入，包括灌溉、农药、化肥、机械费用和其他物质性投入；单位面积梨的劳动投入量（工日），包括雇工和家庭用工；地区虚拟变量（以新疆为参照）。

农户技术效率是一个内生变量，受多种外生性因素影响，微观上主要受家庭禀赋因素影响。根据已有的研究成果显示，梨种植户生产技术效率的影响因素包括农户户主的年龄、户主受教育程度、农户的种植经验、农户家庭人口数、农户梨收入占家庭收入的比例、农户家庭梨园面积、农户梨园面积的平方项、农户家庭成员是否参加过技术培训、农户是否加入合作社。

（二）数据的描述性统计分析

从样本数据的统计特征看，加入合作社的农户梨果单产高于市场交易模式下农户的梨果单产水平。在"合作社＋农户"模式下，农户的梨果亩均产量为3197.7 公斤，市场交易模式下的农户梨果亩均产量为 2172.6 公斤；而在亩均资本投入上，前者每亩资本投入达到 1201 元，高于市场交易模式下的农户亩均资本投入量；在每亩用工投入方面，两种产业组织模式下农户差异较小，每亩梨园劳动投入约为 41 个工日。

户主年龄变量的均值为 47.292，且平均受教育程度达到初中水平。调查所在区域为我国传统的梨果优势种植区域，梨果种植历史悠久，农户的种植经验丰富，平均有 18.817 年的种植经历。由于耕地资源禀赋的差异，不同地区农户梨的种植规模存在较大差距，新疆地区户均梨园面积为 16.46 亩，河北省为 5.48亩，从总体看 387 户农户户均梨园规模为 10.323 亩。农户梨的收入占家庭收入比例的均值为 0.729，说明农户的专业化经营程度较高。农户是否参加技术培训变量的均值为 0.721，显示农户参加技术培训的比例较高，农户参加技术培训主要由企业、合作社和村级集体组织的。调查显示，样本农户产业化组织程度较低，只有 34.63% 的农户加入了"合作社 + 农户"。

（三）主要研究结论

"合作社 + 农户"既保持了家庭联产承包责任制下农户生产经营的自主性，又促进了农户在生产经营过程中的横向联合，是一种理想的农业产业化组织模式。"合作社 + 农户"模式不仅能够降低农户在生产和流通过程中的交易费用，而且能够使农户获得更多的交易收益。农户在农产品生产过程中，获得了来自合作社产前、产中和产后的生产资料、技术和信息等服务，从而促进了先进的技术和经验的传播。

首先，基于超越对数生产函数及非效率影响因素的研究表明，农户生产经营效率存在较大的提升空间。387 户梨种植户的平均生产技术效率为 59.08%，说明在既有技术状态和投入不变的前提下，若消除技术效率损失，梨农的产出可能会增加 41.92%，梨农增收空间较大。

其次，技术无效率的方差占总方差的比例为 0.927，并且在 1% 的水平上显著，说明复合误差项的变异主要源于技术非效率，占 92.7%，随机误差项的变异仅占 7.3%，梨农在生产过程中存在显著的效率损失。劳动投入、资本投入分别通过了 10% 和 1% 水平的显著性检验，两者的系数符号均为正值，说明它们对农户梨的生产具有显著正的影响，但劳动投入对农户梨生产的影响高于资本投入的影响。地区虚拟变量系数为 0.94，通过了 1% 水平的显著性检验。

最后，"合作社 + 农户"模式下农户生产技术效率显著高于市场交易模式下农户的生产技术效率，市场交易模式下农户的平均生产技术效率为 54.18%，而参加合作社农户的平均生产技术效率为 68.35%。

是否参加合作社对农户生产技术效率有显著的正效应。在其他条件不变的前提下，农户参加合作社能够使生产技术效率提高 14.08%。在"合作社 + 农户"的模式下，合作社为农户提供农业生产资料、统一梨的生产技术规程并在生产过程中提供技术和信息服务，从而加入合作社的农户在最短的时间内能够选择和采用科学的管理方式与方法来优化要素投入结构，以此提高梨的生产管理技术。

四、参加合作组织对梨农利润的影响

梨体系产业经济岗位团队在体系岗位专家和试验站的支持下，在新疆、河北、山西、陕西、山东、江苏、福建、吉林八个梨主产区建立起农户固定观察点，从 2011 年开始对梨农的生产经营活动进行跟踪调查。基于 2011～2014 年的农户固定观察点数据，我们对梨农的基本生产经营情况进行了分析，并着重就加入合作组织对梨农利润的影响进行了分析。

研究表明，小规模、老龄化是目前中国梨农的基本特点。调查农户中，53%的农户梨果种植面积小于1公顷，平均种植面积约为1.18公顷。42%的农户年龄在45～55岁，20%超过55岁，35岁以下的农户仅有3%，农户的平均年龄为48.8岁。

在控制了种植面积、单产、价格决定梨农利润的主要因素，以及农户的基本特征（年龄、教育水平和经验）后，我们考察了加入合作组织对农户利润的影响。研究发现：首先，种植面积、梨果单价和单产水平对提高梨农利润有显著的正面作用；而农户的年龄、教育水平、种植经验和非农收入比例对利润的影响并不显著。其次，加入合作组织对梨农增加利润具有显著的正面作用，这表明在控制了影响利润的面积、价格等主要因素外，加入合作组织确实对梨农增收起到了推动作用。最后，剔除变量的单位影响后，加入合作组织对利润的作用系数为0.074，低于面积、单价和单产的影响；增加规模、提高生产效率、获得更好的价格水平仍是梨农增收的关键。

表8-2 梨农利润影响因素分析

	利润（元）	Beta 系数
面积（公顷）	8459.5 *	0.366 *
	(2.11)	(2.11)
单价（元/公斤）	16473.9 ***	0.290 ***
	(5.43)	(5.43)
单产（吨/公顷）	874.2 ***	0.230 ***
	(3.83)	(3.83)
年龄	-432.6	-0.06
	(-1.23)	(-1.23)
教育水平（年）	923.5	0.038
	(0.59)	(0.59)
种植经验（年）	262.7	0.032
	(0.60)	(0.60)
非农收入比例	-36.74	-0.018
	(-0.50)	(-0.50)
加入合作组织	8186.3 *	0.074 *
	(2.03)	(2.03)
_cons	-51017.6 *	
	(-2.07)	
N	498	498

注：$^* p < 0.05$，$^{**} p < 0.01$，$^{***} p < 0.001$。

第二节 梨果销售渠道及销售组织程度分析

梨农往往面临着较大的市场风险，收益不稳定。这既与交易各方信息不对称有关，特别是梨农难以获得及时的市场行情信息；也与农户小规模经营、缺乏组织，在梨产业链中处于不利的利益分配地位有关。梨农参与产业链的形式和在其中的地位，突出地表现在梨农销售梨果的方式上。

一、梨果销售的一般途径

各个梨果生产地区由于各自的自然环境、社会状况以及交通条件不同，其产品的销售模式有明显的区别。但一般而言，梨果从果园到餐桌，一般有以下若干途径，如图 8 – 1 所示。但是不同地区，其各种销售途径的比重可能存在较大差异。

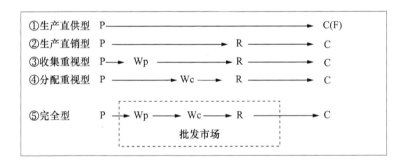

图 8 – 1 商品流通渠道基本形态

二、我国梨主产区的梨果销售模式和特点

在 2013 年对梨果销售方式的调查中，我们将梨果的销售模式分为龙头企业收购、合作社收购、梨果协会收购、当地储户收购、外地客商上门收购、果农自行运往市场销售等。其中，梨农通过当地的合作社、梨果协会或龙头企业销售梨果可以被称为组织化的销售模式。而通过收购商、经纪人销售、梨农自销和其他方式销售梨果可以被称为非组织化销售模式。我们考察了河北、河南、陕西、山西、山东、甘肃、辽宁、黑龙江、吉林、北京、湖北、江西、四川、重庆、云南、福建共 16 个省份的梨果销售模式，结果如表 8 – 3 所示。

表 8 – 3　2013 年我国梨主产区梨果销售模式

地区	龙头企业收购（%）	合作社收购（%）	梨果协会收购（%）	当地储户收购（%）	客商上门收购（%）	果农自行运往市场销售（%）	其他（%）
湖北	6.10	37.63	2.95	1.60	39.40	12.31	0.00
山西	9.90	12.39	6.55	6.85	58.77	5.37	0.00
山东	16.09	6.89	1.71	6.48	50.05	17.59	1.19
吉林	0.00	4.09	2.04	0.00	49.79	42.85	0.00
四川	0.00	0.00	0.00	24.83	27.76	47.42	0.00
河北	44.31	12.07	3.53	7.52	17.08	15.33	0.17
河南	1.81	1.66	0.00	0.00	14.54	75.56	0.00
甘肃	23.00	3.76	0.00	3.22	47.13	12.16	0.00
陕西	24.93	20.93	0.37	9.52	41.95	0.53	0.20
北京	1.89	25.59	2.13	6.87	28.01	25.87	9.65
江西	10.00	10.87	10.00	0.00	51.38	17.75	0.00
重庆	10.48	28.43	8.90	0.82	30.96	17.59	2.82
云南	0.00	0.00	0.00	100	0.00	0.00	0.00
黑龙江	0.00	7.93	0.00	4.37	28.50	50.72	8.51
辽宁		14.73			3.60	77.66	0.00
福建		0.19			90	9.81	0.00

注：根据 2013 年梨产业基础信息数据库整理得到。

目前我国梨果销售模式表现为以下几个特点：第一，大多数产区非组织化的销售模式占据主导。湖北、山东、山西、吉林、甘肃、陕西、江西、福建的梨果销售以客商上门收购为主，四川、河南、黑龙江、辽宁的梨果以农户自行运往市场销售为主。

第二，部分产区的组织化销售模式比较高。如湖北、山西、北京、重庆的合作社收购比重较高，山东、河北、甘肃、陕西的龙头企业收购比重较高。尤其是河北省，其梨果总产量的 44.31% 通过龙头企业销售。组织化的销售模式对于降低市场风险、稳定收入能够起到一定的作用。

第三，四川、河南、云南、吉林梨果的组织化销售比重很低。如吉林组织化销售比例仅为 6% 左右，果农自行运往市场销售占产量的 42.85%。四川、云南的组织化销售比例为 0，河南的组织化销售比例在 4% 以下。

第四，北京地区的观光采摘比例达到 9.65%，增长迅速。这类直接销售模式因其流通环节较少，有利于增加梨农销售利润。随着人们生活水平的提高、对农业休闲旅游的需求日益增长，在城市周边地区的梨产区将受益于此。

第五，通过与 2010 年的数据进行比较可以发现，辽宁梨果的组织化销售比例降低，合作经济组织的销售产量占总产量的比重从 2010 年的 20.3% 下降到 2013 年的 14.73%，按照销售协议收购的比重从 2010 年的 22% 下降到 2013 年的 1.55%，农户自销的比重从 57% 增加到 77%。组织化销售比例降低的产区还有四川、河南、甘肃、山东、云南等地区。

河北梨果销售的组织化程度提高，从 2010 年的 30% 上升到 2013 年的 60% 左右，重庆、陕西的组织化销售比例增长也很快。组织化销售比例增加的产区还有湖北、北京、黑龙江等地。山西、福建组织化销售的比重基本稳定。

因此，从整体来看，尽管目前我国的梨主产区仍是非组织化的销售模式占据主导，但是通过合作社、梨果协会、龙头企业等组织化的销售比重在不断增加，梨果销售的组织程度正逐步提升。这有利于降低梨农的市场风险，并帮助梨农获得稳定的收益，促进梨产业的健康发展。

表 8-4　2010 年与 2013 年梨主产区销售模式对比　　单位:%

地区	2013 年		2010 年	
	组织化销售	非组织化销售	组织化销售	非组织化销售
湖北	46.69	53.31	38.70%	61.30
山西	28.84	70.99	28.30	71.80
山东	24.69	74.12	30.50	69.50
吉林	6.13	92.63		
四川	0.00	100.00	19.30	80.70
河北	59.91	39.92	30.60	69.10
河南	3.47	90.10	10	90
甘肃	26.75	62.51	51.90	48.10
陕西	46.23	52.00	20.50	79.40
北京	29.60	60.75	27.70	72.30
江西	30.87	69.13		
重庆	47.82	49.36	3.01	97.03
云南	0.00	100.00	2	98
黑龙江	7.93	85.74	4.40	95.60
辽宁	16.29	79.70	42.30	57.70

地区	2013 年		2010 年	
	组织化销售	非组织化销售	组织化销售	非组织化销售
福建	0.58	99.42	0	100
新疆			34.30	65.70
江苏			30	70

通过对我国梨主产区示范县生产销售组织化程度的考察，我们发现：第一，在调查的 121 个示范县中，有将近一半的农户加入了各类生产经营组织，而合作社是最为普遍的一种组织化的生产经营形式。以龙头企业为主导的生产经营组织形式虽然比重不高，但参与的农户平均规模高于一般水平。第二，合作经济组织在组织梨农生产、销售，增强在梨产业链中的地位、共同抵御市场风险中，能够发挥重要的作用。但目前大多数地区合作经济组织发展不足，真正梨农自组织的合作社更是凤毛麟角。第三，目前我国的梨主产区仍是非组织化的销售模式占据主导，但是通过合作社、梨果协会、龙头企业等组织化的销售比重在不断增加，梨果销售的组织程度正逐步提升。

因此，在今后的发展中，需要鼓励并扶持果农建立合作组织或果农协会，鼓励农户加入产业化的经营组织中，形成以合作组织或协会为纽带，以"企业 + 中介组织 + 基地 + 果农"为组织化形式进行梨产业化开发的模式。同时重视加强我国梨生产和市场信息体系建设，使生产者和销售者快速、准确地获取国际技术信息和市场信息从而降低市场风险，这是提高梨产业化发展水平、促进生产经济效益最大化的一个重要趋势。

三、梨农的销售渠道选择

基于梨体系产业经济岗位 2011～2014 年农户固定观察点数据我们发现，非组织化的销售渠道仍占据主导，平均而言，63.10% 梨农主要通过经纪人（批发商）销售梨果（渠道 2），16.67% 的梨农选择自行销售到市场（渠道 1），20.24% 的梨农主要通过龙头企业、合作社、梨果协会销售（渠道 3），与示范县的调查结果基本一致。

通过对比不同销售渠道的梨农、梨园特点我们发现，梨农的年龄、教育水平和从事梨果种植时间差距不大，而选择不同销售渠道，梨农的非农收入比例、梨园面积，以及梨园与批发市场的距离有较大差异。为了验证梨农特征和梨园特点是否对农户的销售渠道选择有显著影响，我们建立以下农户销售渠道选择模型：

$$Channel = \alpha_0 + \alpha_1 age + \alpha_2 edu + \alpha_3 exp + \alpha_4 avp + \alpha_a rea + \alpha_d ist + \alpha_4 sna + \alpha_4 org + \varepsilon$$

变量含义及统计结果见表 8 - 5，鉴于销售渠道为分类变量，采用分类 Probit（Multinomial Probit）进行估计（见表 8 - 6）。研究表明，梨园远离批发市场会增加农户通过经纪人销售梨果的可能性，梨园越靠近批发市场，则梨农更可能选择自行销售或通过龙头企业和合作组织销售梨果。非农收入比例越高的农户，越有可能自行销售或通过龙头企业和合作组织销售，销售给经纪人（批发商）的可能性降低。参加梨农组织会显著增加农户通过渠道 3 销售的可能性，但是对通过渠道 1 销售的可能性没有多大影响。而农户的个人特征，如年龄、教育程度、种梨年限，以及梨园大小对梨农选择销售渠道没有显著影响。

表 8 - 5　不同销售渠道的梨农（梨园）特征

销售渠道	年龄（岁）	教育水平（年）	种梨时间（年）	梨果平均价格（元/公斤）	梨园面积（亩）	梨园距批发市场距离（公里）	非农收入比重（%）
1	50.89	9.90	16.17	1.60	39.02	23.90	31.62
2	49.51	9.71	17.61	1.55	31.62	32.22	19.53
3	49.52	10.31	15.39	2.02	29.51	16.37	40.39
平均	49.74	9.86	16.92	1.65	32.42	27.44	25.76

表 8 - 6　梨农销售渠道选择模型估计结果

	渠道 1（渠道 2 为基准）	渠道 3（渠道 2 为基准）
年龄（岁）	0.0191	0.0182
	(1.43)	(1.13)
教育水平（年）	-0.0157	0.0393
	(-0.36)	(0.78)
种梨时间（年）	-0.0238	-0.0222
	(-1.50)	(-1.27)
梨果平均价格（元/公斤）	0.129	0.700 ***
	(1.04)	(5.33)
梨园面积（亩）	0.00348	0.000229
	(1.72)	(0.11)
梨园距批发市场距离（公里）	-0.00531 *	-0.0176 ***
	(-2.45)	(-4.26)

	渠道 1 （渠道 2 为基准）	渠道 3 （渠道 2 为基准）
非农收入比重（%）	0.0146 *** (3.93)	0.0236 *** (6.02)
参加合作社	0.201 (1.02)	1.356 *** (6.10)
_ cons	-2.068 * (-2.42)	-4.114 *** (-3.86)
N	447	447

注：* $p < 0.05$，** $p < 0.01$，*** $p < 0.001$。

四、损耗控制对梨果销售价格及梨农议价能力的影响[①]

梨产业技术体系产业经济岗位团队成员于 2011 年 8 月在河北省辛集市和湖北省恩施市宣恩县开展调查。辛集市是全国著名的梨树种植规模较大、管理水平较高的梨果主产区，种植的梨果品种以鸭梨为主，是国家命名的"中国鸭梨之乡"。宣恩县种植的主要梨果品种黄金梨在国内外市场备受青睐，并在湖北省优质梨的鉴评中屡次获奖，同时黄金梨产业是宣恩县农业支柱产业之一。调查样本共涉及 4 个乡镇的 8 个村。为保证调查质量，调查采取和农户面对面访谈、调查员代为填写问卷的方式进行。调查共获得问卷 214 份，剔除数据不全及存在矛盾数据的问卷 5 份，最终获得有效问卷 209 份，其中来自河北辛集市的问卷 120 份，来自湖北宣恩县的问卷 89 份。基于这一调查，张晓敏、严斌剑、周应恒（2012）就损耗控制对梨果销售价格及梨农的议价能力进行了分析。

（一）梨农议价能力影响因素的理论分析

农户的议价能力越高，其产品出售价格也就越高。一般来讲，水果、蔬菜等农产品具有上市期集中、不易保鲜等特性，这使得农户在议价中处于被动、弱势地位（李国祥，2011）。冷藏保鲜、冷链和低温仓储这些专门针对易腐产品的损耗控制措施可以延长产品的生命周期（但斌、陈军，2008）。梨果是损耗较大的水果之一，多数梨果品种在常温下极易后熟、软化、不耐贮藏。但在采用冷藏或气调贮藏条件下，腐烂损耗小，多数品种一般可以贮藏 3 ~ 4 个月甚至更长[②]。因

① 张晓敏，严斌剑，周应恒. 损耗控制、农户议价能力与农产品销售价格——基于对河北、湖北两省梨果种植农户的调查［J］. 南京农业大学学报（社会科学版），2012，12（3）.

② 冯双庆. 果蔬贮运学［M］. 北京：化学工业出版社，2008.

此，从理论上来说，通过对易腐产品的损耗控制，农户可以选择不同的时机出售产品来避免集中上市的价格风险（徐雪高，2011；刘静，2009），从而提高农户的议价能力，并获得一个较高的价格。一般来讲，损耗控制措施包括延长产品生命周期的科技手段，修建专门针对某个产品的冷藏库等基础设施等。通过这些损耗控制措施，延长了产品的生命周期，相当于降低了农户的调整成本，提高了农户的话语权。

关于农民议价能力方面，还会受到其他因素的影响。首先，组建各种农民专业经济合作组织，可以克服农户规模小、各自分散决策导致相互之间竞争等问题，由此改变农户的被动和弱势地位，提高农户的议价能力（洪银兴、郑江淮，2009；黄祖辉、梁巧，2007）；其次，不同规模的农户由于向市场供给产品的数量存在差异，因此导致议价能力不同（Kydd et al.，2000）；最后，果蔬的质量和品牌、农户的受教育程度和信息获取能力也会影响农户的议价能力（屈小博、霍学喜，2007；章喜为，1998）。

（二）损耗控制对梨果销售价格影响的实证分析

1. 损耗控制

是否通过冷藏库贮藏梨果5%统计水平的显著性检验且系数为正，与预期相符。这表明，在其他条件不变的情况下，用冷藏库贮藏梨果的农户比没有用冷藏库贮藏梨果的农户能够获得更高的销售价格。统计数据显示，河北省辛集市和湖北省宣恩县使用冷藏库贮藏梨果的农户比没有使用冷藏库贮藏梨果的销售价格每公斤分别高0.82元和0.65元。这说明，当梨果成熟的时候，农户由于不具有保鲜能力而使得梨果集中上市，造成价格下跌，农户在议价中明显处于弱势地位。但是具有冷库储藏条件的农户则可以将梨果贮藏到冷藏库中，并选择不同的时机来销售，由此提高了农户的议价能力，也可以获得相对较高的价格。

与最近的冷藏库距离这一变量通过了5%统计水平的显著性检验且系数为负，与预期相符。这表明，在其他条件不变的情况下，与最近的冷藏库距离越近，梨果的销售价格越高。统计数据显示，在辛集市和宣恩县，距最近冷藏库距离小于2.5公里的农户比2.5公里以外的农户梨果销售价格每公斤分别高0.51元和0.41元。也就是说，与冷藏库距离越近，农户越倾向于通过冷藏库贮藏梨果，与冷藏库距离越远，通过冷藏库贮藏梨果的运输等交易成本越高，因此农户可能在梨果丰收之后尽早将其售出，其获得的价格也相对较低。

获得科技推广服务渠道变量没有通过显著性检验，可能的原因是，无论是当地私营部门或者国有科技推广机构的科技服务可能均集中于梨果种植、栽培和病虫害防治等种植技术方面，而对于梨农在入库贮藏中梨果的预冷和冷库的温度、湿度控制的科技服务较少。因此，获得科技服务的推广渠道变量对梨果的销售价格影响不显著。

2. 其他控制变量

（1）市场力量。农户种植规模大小变量通过了10%统计水平的显著性检验，且系数符号为正，与预期相符。这表明在其他条件不变的情况下，梨农的种植规模越大，所能获得的平均价格越高。由此可以说明，梨农的种植规模越大，其向市场供给产品的数量越多，市场的谈判力量也越大，因此销售价格越高。梨果的销售方式变量通过了10%统计水平的显著性检验，且符号为正，与预期相符。这表明，农户选择自行销售梨果要比通过收购商或中间商销售能够获得更高的价格。

是否是合作社成员这一变量没有通过显著性检验，可能的原因是，所调查地区农民专业合作社的运作并不是很规范，有些可能已经异化成了营利性机构，因此在农户销售梨果的过程中，并不能真正起到帮助梨农提高议价能力的作用。

（2）农户特征。从事梨果种植年数变量通过了5%统计水平的显著性检验，这与预期相符。这表明，在其他条件不变的情况下，农户种植梨果的时间越长，对梨果市场变化的认识和分析能力越高，因此议价能力也越高。农户是否了解市场信息变量通过了10%统计水平的显著性检验，这与预期相符。这表明，在其他条件不变的情况下，农户越了解市场信息，越可以增强农户销售梨果的议价能力，避免买主压价的风险，因此可以获得较高的单价。

户主的年龄变量和受教育程度变量均没有通过显著性检验。可能的原因是，被调查农户户主年龄和受教育程度的分布比较集中，近70%的被调查农户户主年龄为40～59岁，近90%的被调查农户户主的受教育程度在9年以下。

（3）果品质量与包装程度。梨果品种这一变量通过了1%的显著性检验，这与预期相符。由此可以看出，黄金梨的销售价格高于鸭梨的销售价格，鸭梨在全国栽培广泛，产量较大，因此销售价格相对较低。

梨果的包装程度变量没有通过显著性检验。可能的原因是，梨农在销售梨果时所采用的包装还没有达到收购商的要求，即使梨农对梨果进行了简易的包装，但仍然无法增强梨农的议价能力，因此无法获得较高的价格。

表8-7　农户梨果销售价格的影响因素回归结果

影响因素	β	T值	P值
损耗控制			
是否通过冷藏库贮藏（x1）	0.4522	2.3435	0.0204
与最近的冷藏库距离（x2）	-0.2627	-2.2718	0.0243
获得科技推广服务渠道（x3）	0.1798	1.1116	0.2680

续表

影响因素	β	T 值	P 值
市场力量			
梨果种植规模 （x4）	0.0374	1.7604	0.0801
梨果的销售方式 （x5）	0.3914	1.6697	0.0968
是否是合作社成员 （x6）	0.0908	0.6535	0.5143
农户特征			
户主年龄 （x7）	− 0.0044	− 0.7536	0.4521
户主教育程度 （x8）	0.0075	0.3020	0.7630
从事梨果种植年数 （x9）	0.0331	2.4669	0.0146
是否了解市场信息 （x10）	0.0271	1.7430	0.0833
梨果质量			
梨果品种 （x11）	1.3614	2.7378	0.0068
梨果的包装程度 （x12）	0.2205	1.3139	0.1908
$\overline{R}^2$	0.6146		

（三）主要研究结论

第一，损耗控制是影响农户梨果销售价格的重要因素。在反映损耗控制的变量中，是否通过冷库贮藏梨果和与最近冷藏库距离变量对农户梨果销售价格有显著影响，前者的影响方向为正，后者的影响方向为负。其中，获得科技推广服务渠道变量对农户梨果销售价格影响不显著，可以看出现有支农部门对农户冷藏的科技服务较少。

第二，在反映农户市场力量的变量中，梨果种植规模和梨果的销售方式对农户梨果销售价格有显著正向影响；在反映农户特征的变量中，从事梨果种植年数变量和是否了解市场信息变量对农户梨果销售价格均有显著正向影响；在反映产品质量的变量中，梨果品种变量对农户梨果销售价格有显著正向影响。

第三节 梨产业组织政策

中国是产梨大国却并非强国。中国梨果种植面积和总产量高，但单产低、优果率低、商品化率低、加工水平低、储藏量小，产业化发展程度和水平较低，与世界先进国家尚存在一定的差距。

一、中国梨产业存在的问题

从生产效率看，中国梨果种植面积和总产量高，但单产仍低于世界平均水平。例如，2013 年世界平均单产为 14.26 吨/公顷，而中国梨果单产仅为 13.6 吨/公顷，不仅落后于世界先进国家，更低于世界平均水平，中国是世界上梨主产国中单产最低的国家之一。中国梨果单产低主要与管理粗放、栽培方式和品种结构不合理等因素有关，需要通过品种更新和新技术推广应用来提高单产、降低单位产量的生产成本，从而提高中国梨果在国际市场上的竞争力。

从生产技术和果园管理看，中国大多数梨产区仍以传统种植技术为主，主要使用化学农药控制病虫害、果园管理粗放，从而造成单产低，果实品质较差，优质果率低，市场竞争力弱。而世界梨果生产先进国家通常采用物理、生物和化学等综合手段控制病虫害，施用安全清洁的有机肥，以此减少梨果污染。随着消费者对水果品质要求的逐步提高，套袋栽培、平衡配方施肥以及无公害果品生产技术的应用和推广显得日益迫切。

从产品结构看，品种结构不尽合理，晚熟品种比例大。梨果品种结构单调，生产区域布局不合理，成熟上市时间集中，造成市场供应不均衡：旺季过剩、淡季不足。日本主要以早熟品种幸水和丰水为主，韩国则主要以中熟品种新高、长十郎为主。

从流通环节看，加工比例低，储存、加工技术落后。目前，国内的梨果以鲜食为主，占 90% 左右，加工比例低，仅有 7% 左右的鲜果被加工，而世界梨果的加工比重约为世界梨总产量的 10%，主要加工品种为梨罐头，其次为梨浓缩汁、梨酱、梨酒、梨醋，还有少量的梨保健饮料、梨夹心饼、蜜饯及梨丁等；世界90% 的梨浓缩汁来自美国和阿根廷。此外，中国梨果加工技术水平较低，加工品的数量少、质量差，缺乏特色加工品。梨果商品化处理程度低，梨果储藏设施落后、贮藏能力低，贮藏质量难以保证，梨果保鲜技术有待提高。

从农药残留和安全生产看，我国梨果农药残留最大限量与发达国家有较大差距。随着全球金融危机的加剧，国际贸易保护主义开始抬头，许多发达国家将农药残留标准及其相应的技术贸易措施作为壁垒，限制其他国家的农产品进口，以保护本国的农产品生产者和消费者利益。

从产业组织看，梨产业化发展程度较低，产业链条短，还未形成育种、种植、加工、运输、分销、科技服务、信息网络服务、农业生态旅游等一系列关联产业有机结合的梨果产业链条。农民组织化生产程度低，龙头企业少，带动力不强。梨果合作社体制不健全，难以发挥应有的作用；且合作社往往以组织农民生产为主，对于梨果营销缺乏组织，营销手段落后、营销方式缺乏创新、国际品牌较少、优果不能优价。千家万户的小生产格局难以参与果品大市场的竞争，抵御市场及自然灾害风险能力低。

从国际竞争力看，中国梨果进出口贸易量和金额占世界份额较小、梨果出口价格明显低于发达国家和世界平均水平，且国际竞争力不足。

一方面，中国虽是梨果生产大国，但在世界梨果进出口贸易中的地位却不高，梨果进出口贸易量和金额大约只占世界的 1/12 和 1/27。长期以来，我国梨果产品以国内鲜销为主，出口比重很小，仅为 2% 左右，远低于世界平均水平。

另一方面，我国梨果出口价格较低。我国梨鲜果出口价约 350 美元/吨，只有世界平均出口价 600 美元/吨的 60%；与同为东方梨的日本梨相比，仅为日本梨出口价 2900 美元/吨的 1/8。

总之，中国梨果产业普遍存在生产和经营规模小、技术推广体系不健全、优质果率低、果品采后处理程度低、加工技术及设备落后、加工企业少、缺少加工型专用品种和加工原料生产基地、加工品品质较差，以及组织化、市场化程度较低等问题，并最终导致目前中国梨产业化发展程度和水平较低，与世界先进国家尚存在一定的差距。

二、梨产业政策存在的问题及发展方向

我国梨果种植以小规模农户为主，小农户的生产往往具有盲目性，市场信息不充分，如果在生产政策上缺乏引导，极易造成盲目扩张、供大于求、价格下跌、利益受损的情况。我国于 2009 年出台了《全国梨重点区域发展规划（2009～2015）》，并对梨种植向重点区域集中、提高单产、优果率和商品化处理水平等做出了规划，这对未来梨产业的发展具有很好的指引作用。但是该规划的焦点仍集中在品种调整、梨园管理等生产方面，对于流通、营销和产业组织等方面的内容涉及不多，而后者是决定中国梨产业竞争力水平的更为关键的因素。目前的梨产业政策在以下方面仍需加强：

（1）鼓励发展省力、高产、优质的栽培模式。在劳动力价格上涨的背景下，从事果树种植劳动力的减少、劳动力老龄化和劳动力成本的增加是梨生产面临的最大挑战。例如，河北昌黎、泊头、辛集地区，套袋的人工费已经突破 100 元/天，新疆的劳动力相对缺乏，每个劳动力的雇佣工资是 150 元/天。劳动力成本上涨的背景下如何在投入成本增加的同时提高产出，增强梨果的产业竞争力成为必须要面对和亟待解决的问题。需要利用梨产业政策引导梨园尝试适用型机械来适当减少或替代劳动力，推广省力化栽培方式，同时精耕细作来提高附加值，通过高投入高产出来提高梨种植效益。

（2）加强梨果分等分级，重视营销手段和方式的创新，建立畅通的梨果运

销网络和健全的产业信息网络平台。通过产业信息平台，农民和经销商能及时地掌握市场的最新动态，调节生产活动，应对市场变化；在梨果分等分级的基础上，通过采用新的营销策略，实现梨优果优价。我们的梨园面积在未来的发展趋势中并不是总体发展规模越大越好，而是要引导梨园向着优质高效的方向发展，注重梨果质量和梨园经济效益，而不是总产量的无限制扩大。要实现优质优价涉及分级选别、信息提供、渠道分化、合同种植等一系列问题，是梨产业提高效益的关键。

（3）注重品牌和原产地保护。随着生活水平的提高，人们对农产品的质量、品质和安全日益重视，但对农产品是否安全往往缺乏足够的信息。事实上，农产品的信息不对称现象广泛存在于我们的现实生活中，此时品牌成为传递信息的一种信号。知名品牌的生产商更有动力保证产品质量、维护品牌声誉，因而消费者更倾向于选择知名品牌的商品。目前，在我国的梨果主产区，以出口为主导的梨果加工企业皆有自己独立的品牌，以内销为主的龙头企业也基本上建立了自己的独立品牌。如新疆库尔勒香梨已形成了"金丰利"、"艾丽曼"、"东方圣果"等品牌；在河北形成了"天华"、"长城"、"妙士"、"芙润仕"等系列品牌。但是知名品牌仍不多，享誉国内外的品牌更是凤毛麟角。

原产地标志是一种产品地理标志，只有真正出产于某个区域的产品才可以以此区域之名出售，它赋予某一著名地区的产品以独特的竞争优势。我国梨果有一批极具区域特色的产品，如库尔勒香梨、砀山酥梨、河北鸭梨、赵县雪花梨等。对这些品种进行原产地标志保护有助于提高生产效益、提升我国梨果的国际竞争力。

（4）培育和壮大龙头企业及果业专业合作社，提高梨果生产和销售的组织化、市场化程度，以及经济效益。我国梨果龙头企业少，带动力不强；梨果合作社体制不健全，难以发挥应有的作用；合作社往往以组织农民生产为主，对于梨果营销缺乏组织，营销手段落后、营销方式缺乏创新，制约了经济效益的提高。

（5）积极发展产前、产后相关产业，增加产业链的长度和宽度。形成育种、种植、加工、运输、分销、科技服务、信息网络服务、农业生态旅游等一系列关联产业有机结合的梨果产业链条。在发展梨果生产的同时，积极发展果园间作、果园养殖、果园观光、休闲农业等相关产业，探索"果—畜—沼"循环农业发展模式。

第九章　梨贸易特点与变化趋势

本书梨生产与梨消费章节的内容表明，我国是世界梨生产与消费大国，那么，梨贸易状况如何呢？本章将主要从我国梨在世界市场中的地位，我国梨贸易竞争力与潜力以及国际梨贸易政策三个角度对梨贸易状况进行分析。

第一节　我国梨贸易概况

一、中国梨在世界市场中的地位

我国是梨生产与消费大国，但是梨贸易量与其产量地位不相符合。图 9 - 1 显示了 1995 ~ 2012 年我国梨出口数量以及出口数量占产量的比重。我国梨出口量经历了快速上升的过程，由 1995 年的 9.79 万吨上升到 2009 年的 51.72 万吨，上涨了近 5 倍。但是，2009 年之后，出口量呈现缓慢下降趋势，2013 年出口量为 45 万吨。根据 *World Pear Review* 研究结果显示，从全球数据来看，中国梨出口量占其产量的比重相对较低，在 2010 ~ 2012 年这 3 年，中国仅出口其 2.7% 的产量。从长期趋势来看，我国梨出口量占产量的比重一直较低，1996 年仅为 1.55%，在 2008 年达到最高点 3.72%。与主要产梨国相比，除中国以外的其他国家出口量大约占其产量的 27.3%，南半球的生产者（比如阿根廷、南非等）出口份额甚至超过 40%。

虽然我国梨出口量占产量的比重相对较低，但是我国梨在国际市场上影响力逐渐增强。图 9 - 2 显示了 1961 ~ 2011 年我国梨出口量占世界梨出口量的比重。市场份额经历了以下四个发展阶段：①市场份额迅速增长阶段（1961 ~ 1968 年），我国梨出口市场份额由 1961 年不足 1% 迅速增长到 1964 年的 3.7%，在 1968 年达到 10%；②市场份额相对稳定阶段（1969 ~ 1985 年），这段时间内我国

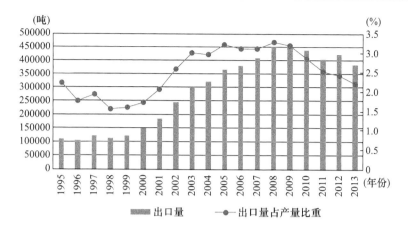

图 9 - 1 中国梨出口量及出口量占产量的比重

数据来源：联合国粮农组织、农业部。

梨出口市场份额基本维持在 10% 左右，出口数量呈现缓慢增长趋势；③市场份额下降阶段（1986~1992 年），这段时间内我国梨出口量基本保持稳定，但是市场份额随着国际市场出口量的增加而呈现下降趋势；④市场份额恢复增长阶段（1993~2011 年），这段时间内我国梨出口量与市场份额呈现双增长趋势，市场份额由 1993 年的 6% 增长到 2011 年的 15%。

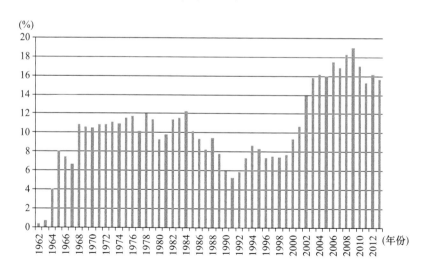

图 9 - 2 我国梨出口量占世界出口量的份额

数据来源：联合国粮农组织。

从总体上来看，我国梨贸易量虽然占产量的比重远远低于世界其他国家，但

中国梨产业经济研究

是我国梨出口量在世界市场上的份额呈现逐年增长的趋势。近年来，随着我国劳动力成本、物质与服务成本以及土地成本的上升，我国梨出口额以及世界市场份额有下降的趋势。

二、我国梨出口市场分布

我国梨出口经历了一段快速上升的阶段，那么我国梨的出口市场主要分布在哪些国家？这些国家有什么特征？本部分将做详细的分析。

表9-1显示了我国梨果出口的市场分布状况。东盟和中国香港是我国梨果出口的主要市场，梨属于温带水果，我国向东盟出口梨果可能与其产品之间形成互补。我国对东盟梨果出口份额在1996~1997年间达到顶峰，随后经历了缓慢的下降过程，在2007年到达最低点，近5年来随着中国—东盟自由贸易区以及升级版自由贸易区谈判进程的推进，我国梨果对东盟市场出口份额迅速上升，2011年之后的份额超过60%。中国香港是我国梨果出口的第二大市场，1995年出口份额高达24%，但是随着我国对外开放进程的推进，对中国香港出口份额急剧下降，2013年仅剩下4.5%。下降的原因可能是因为在我国对外开放程度较低的年份，将中国香港作为一个中转地，由中国香港转口到其他国家。美国、俄罗斯、加拿大和荷兰是我国梨果出口的前四名国家，其中，向美国出口份额总体呈现上升趋势，而向加拿大、德国和荷兰出口份额呈现下降趋势。

表9-1 中国梨果出口市场分布 单位:%

国家或地区 年份	东盟	美国	俄罗斯	加拿大	德国	日本	中国香港	英国	西班牙	希腊	法国	荷兰
1995	53.47	0.12	11.05	1.34	5.25	2.56	24.12	0.32	—	—	0.15	0.26
1996	70.92	0.00	6.00	1.18	1.95	0.41	13.03	0.31	—	—	0.46	0.40
1997	68.49	0.47	7.80	0.86	1.89	0.35	13.47	0.26	—	—	0.14	0.85
1998	64.47	1.08	9.48	2.46	1.03	0.31	14.81	1.54	—	—	0.43	1.67
1999	62.11	5.63	4.83	4.14	0.63	0.67	10.40	1.78	—	—	0.24	1.29
2000	59.20	9.15	4.73	8.40	0.16	0.70	8.75	1.45	—	—	—	1.65
2001	55.95	8.53	6.45	7.41	0.25	0.49	7.39	1.72	—	—	0.74	4.19
2002	49.69	9.63	9.36	8.96	1.44	0.50	4.40	1.31	—	1.89	—	5.06
2003	44.85	9.86	12.60	7.88	2.41	0.35	5.94	1.05	—	1.14	—	3.92
2004	54.08	5.30	9.24	3.51	2.84	0.68	6.08	0.86	0.79	0.56	—	3.49
2005	50.78	4.75	10.11	7.70	1.73	1.12	6.37	0.84	0.47	1.08	—	3.31
2006	46.89	11.63	10.59	7.70	1.03	1.15	4.41	0.48	0.49	0.65	—	3.91
2007	42.09	16.84	7.43	6.06	2.51	1.59	4.16	0.64	0.74	1.39	0.40	3.93

续表

年份 \ 国家或地区	东盟	美国	俄罗斯	加拿大	德国	日本	中国香港	英国	西班牙	希腊	法国	荷兰
2008	48.60	12.57	6.97	4.93	2.49	0.56	3.19	0.80	1.01	1.26	0.55	4.67
2009	48.25	11.50	5.81	4.80	2.86	0.58	2.92	1.01	1.21	0.47	0.62	2.97
2010	56.54	9.95	5.18	4.36	1.79	0.87	2.53	0.87	0.71	0.00	0.76	2.56
2011	62.13	8.16	4.19	4.11	1.74	0.97	2.71	0.85	1.07	1.15	0.31	2.16
2012	63.88	7.84	4.27	3.78	1.06	1.03	4.18	0.68	0.54	0.63	0.29	2.41
2013	61.94	11.40	4.10	3.73	1.76	0.87	4.45	0.59	0.73	0.41	0.48	2.09
平均	56.02	7.60	7.38	4.91	1.83	0.83	7.54	0.91	0.41	0.60	0.25	2.67

数据来源：农业部 InfoBeacon 数据库。

　　表 9 - 2 是我国向东盟成员国内部出口状况，2000 年之前，新加坡是我国梨果的主要出口对象，出口份额在 20% 以上，1995 年甚至达到 66.68%。但是，2000 年以后，我国向新加坡出口份额迅速降低，到 2013 年仅为 3.63%；而向印度尼西亚、越南和泰国的出口份额迅速增长，其中，向印度尼西亚出口份额的增长速度最快，2011 年达到最高值 41.72%；其次是越南和泰国，分别在 20% 左右，3 个国家的集中度达到 70% 左右；此外，我国对马来西亚梨果出口份额相对稳定，一直维持在 17% 左右；我国对菲律宾梨果出口呈现缓慢的上升趋势。

表 9 - 2　中国对东盟内部成员国出口份额

单位：%

年份 \ 国家	菲律宾	新加坡	印度尼西亚	越南	泰国	马来西亚
1995	0.93	66.68	11.33	3.61	0.54	16.75
1996	1.84	65.60	16.37	0.82	0.85	14.24
1997	2.47	62.75	8.66	0.69	1.87	23.23
1998	3.59	47.95	4.49	7.29	0.70	35.31
1999	4.69	24.05	14.07	12.45	4.47	38.23
2000	5.28	17.70	28.25	10.89	2.28	34.56
2001	6.04	18.31	34.55	3.76	0.71	33.52
2002	6.59	14.73	27.22	15.74	4.10	25.35
2003	4.84	15.18	19.79	18.35	11.72	24.51
2004	2.92	7.23	39.88	15.25	13.60	16.40
2005	2.63	7.67	28.93	17.47	19.07	23.67

续表

年份 \ 国家	菲律宾	新加坡	印度尼西亚	越南	泰国	马来西亚
2006	3.20	9.23	30.06	11.59	22.28	23.58
2007	3.09	7.70	33.33	10.20	25.07	20.55
2008	2.64	7.79	29.76	19.83	20.87	18.99
2009	2.98	6.82	31.40	21.68	22.64	14.23
2010	3.05	5.44	35.80	20.65	18.01	16.90
2011	3.69	4.22	41.72	16.89	16.93	16.46
2012	3.78	3.98	34.69	27.03	14.80	15.43
2013	4.37	3.63	37.87	17.68	18.41	17.48

注：文莱、缅甸、老挝、柬埔寨和东帝汶等东盟成员国进口量较少，这里没有放到表格中。

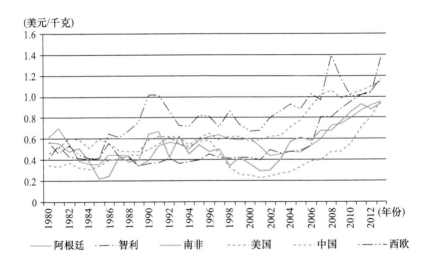

图 9 - 3　1982~2012 年世界梨主要进口国与经济体出口单价变化趋势

在分析主要梨出口国出口额和主要出口对象的基础上，本书将使用梨出口单位价值来近似考察各国出口梨的质量状况，国内外有很多学者通过单位价值来反映某种产品的质量状况。由图 9 - 3 可以看出，西欧国家和美国梨出口单位价值一直处于较高水平，南半球的智利、阿根廷和南非单位出口价值处于中间水平，而中国梨出口单位价值处于最低水平，在亚洲金融危机期间有一段下降的过程，近几年又有快速上升的趋势。此外，对于中国梨在世界市场上的地位，保持梨出口单位价值稳步提升可能是未来中国需要突破的重要内容。合适的营销策略、高层次的产后商品化处理措施以及新品种的开发可能是实现目标的主要路径。

从整体上来看，我国梨果出口单位价值较低，那么，在我国出口对象中，单位价值是否存在差异呢？本书分析了农业部 InfoBeacon 数据库 1995～2013 年的数据（见图 9 - 4），分析结果表明我国梨果向不同国家出口时，单位价值存在差异，向美国出口梨果的单位价值高于日本、加拿大和东盟，其中，向加拿大出口梨果单位价值波动较大，而向东盟出口单位价值较低，低于中国出口的平均水平。

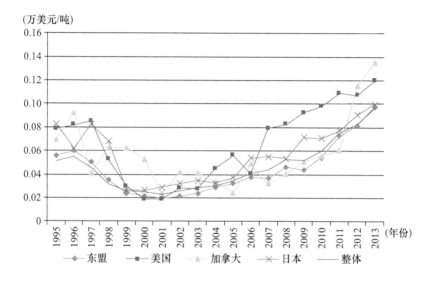

图 9 - 4　1995～2013 年我国梨出口单位价格的比较

数据来源：农业部 InfoBeacon 数据库。

三、我国梨进口趋势

我国是梨生产大国、消费大国，近几年来，梨出口市场份额也逐年攀升，那么我国梨进口状况如何呢？图 9 - 5 显示了 1995～2013 年我国梨进口量和进口额。首先，我国梨在 1998 年进口量和进口额比较高①。1998 年我国发生了百年难遇的洪水，但是根据国家统计局的数据显示，洪水并未对我国水果产业造成严重影响，水果总产量较上一年增长了 7.9%。其次，值得我们关注的是，2010 年以来，我国梨进口量呈现快速增长趋势，2013 年进口量达到 3824 吨，进口额也达到 702 万元。我们重点分析了我国梨进口单位价格和出口单位价格的差异发

---

① 我们核对了农业部贸促中心提供的数据和粮农组织的数据，发现两个机构提供的数据基本一致。

现，虽然两种价格均呈现增长的趋势，但是出口单位价格要远远低于进口单位价格，以 2013 年为例，梨出口单位价格为 964 美元/吨，而进口单位价格为 1837 美元/吨。

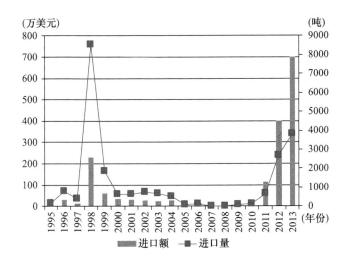

图 9 - 5　1995 ~ 2013 年我国梨进口量和进口额

数据来源：农业部。

第二节　我国梨贸易竞争力及潜力

一、我国梨出口竞争力比较

本书第二章和第三章已经对我国梨出口竞争力做了量化分析。在此基础上，根据 *Word Pear Review* 报告中的梨果生产状况，设计出了一套指标评价全球梨主要生产国的梨竞争力状况，竞争力评价指标主要包括如下部分：

（1）生产效率：产量的变化、抛荒的比重、种植密度、单产。

（2）产业基础设施与投入状况：库存量、包装设备、市场系统有效性、土地、劳动力、资本等可获性以及投入成本。

（3）金融与市场状况：利率水平、通货膨胀、汇率、知识产权保护、质量控制、出口价格与距离。

从评价结果（见表 9 - 3）来看，我国梨竞争力较弱。

表 9 - 3　各国竞争力评价结果

强竞争力	中等竞争力	弱竞争力
智利	德国	西班牙
美国	南非	葡萄牙
奥地利	法国	墨西哥
比利时	英国	俄罗斯
荷兰	阿根廷	中国
意大利	土耳其	
新西兰	澳大利亚	
	日本	

二、我国梨贸易潜力

第一节相关内容已经分析了我国梨出口的市场分布状况，那么，我国梨在这些市场是否具有潜力呢？我们主要通过比较我国梨生产成本与目标市场上竞争对手的生产成本来得出结论，如果我国梨生产成本低于竞争对手，那么，我国梨在该国市场上将具有潜力，否则，则不具有潜力。

东盟、美国、俄罗斯和加拿大是我国梨的主要出口国，对东盟的出口份额高速增长，而对美国的出口份额波动式下降。从表 9 - 4 可以看出，东盟和美国一直是我国梨的两大出口市场，对东盟出口的份额由 2007 年的 42.1% 增长到 2011 年的 62.1%；而对美国出口的份额表现出下降的趋势，由 2007 年的 16.9% 降到 2011 年的 8.2%。然而在 2012 年，对东盟和美国的出口份额发生了巨大的变化，我们比较了 2012 年与 2011 年中国梨出口的总额，发现 2011 年中国梨出口额为 3.5 亿美元，而 2012 年的出口额仅为 0.5 亿美元，所以造成这个结果的原因可能是 UNCOMTRADE 数据库中关于 2012 年各国梨的数据不全所造成的，因此，我们主要分析 2011 年及以前的情况。同时，表 9 - 4 显示，对俄罗斯和加拿大出口的份额也呈现下降的趋势。

南非和澳大利亚是我国在东盟市场上可能的潜在竞争对手，墨西哥和智利是我国在美国市场上的主要竞争对手，美国和墨西哥是我国在加拿大市场上的主要竞争对手，比利时、阿根廷和荷兰是我国在俄罗斯市场的主要竞争对手。从东盟市场来看，中国是其最大的进口国，并且市场份额基本维持在 70% 以上，具有绝对的优势，但是市场份额呈现出逐年降低的趋势，南非、澳大利亚和新西兰的市场份额在逐年增加，阿根廷和美国的市场份额在逐年减少。从美国的市场来看，墨西哥和智利具有很高的市场份额，但墨西哥的市场份额由 2010 年的67.8% 增长到 2012 年的 84.1%，而智利的市场份额在逐年下降，由 2010 年的14.4% 下降到 2012 年的 6.5%。同样，美国从中国进口梨的份额也在逐年下降。从加拿大市场来看，美国和墨西哥是其最大的进口国，并且从墨西哥进口的份额高速上升，由 2010 年的 35.2% 增长到 2012 年的 73.6%，而从美国进口的份额持续下降。从中国进口的份额同样呈现持续下降的趋势。从俄罗斯市场来看，比利时、阿根廷和荷兰是其主要进口国，从中国的进口份额也在下降。

新西兰和中国是澳大利亚梨的主要进口国，从新西兰进口的份额在 85% 以上，且呈现逐年递增的趋势，而从中国进口的份额持续下降。从澳大利亚市场来看，新西兰的市场份额具有绝对优势，并且在逐年提高，由 2010 年的 84.9% 增长到 2012 年的 93.6%，相对而言，我国的市场份额较低，并且呈现出下降的趋势，当然，正在推进的中澳自贸区的谈判将为我国的梨出口创造机遇。

表 9 - 4　各国梨主要出口市场进口份额分布

国家或地区	2010 年		2011 年		2012 年	
东盟	中国	0.848	中国	0.845	中国	0.703
	南非	0.069	南非	0.076	澳大利亚	0.132
	澳大利亚	0.032	澳大利亚	0.031	南非	0.101
	阿根廷	0.021	阿根廷	0.017	新西兰	0.038
	美国	0.009	美国	0.010	美国	0.009
	韩国	0.008	新西兰	0.007	东盟	0.004
美国	墨西哥	0.678	墨西哥	0.718	墨西哥	0.841
	智利	0.144	智利	0.128	智利	0.065
	中国	0.053	阿根廷	0.042	秘鲁	0.039
	阿根廷	0.053	中国	0.034	中国	0.033
	韩国	0.034	秘鲁	0.027	多米尼加	0.021
	多米尼加	0.023	韩国	0.024	西班牙	0.001
加拿大	美国	0.363	墨西哥	0.412	墨西哥	0.736
	墨西哥	0.352	美国	0.318	美国	0.169
	中国	0.082	中国	0.074	秘鲁	0.040
	阿根廷	0.068	阿根廷	0.064	中国	0.023
	南非	0.044	南非	0.039	智利	0.014
	智利	0.031	秘鲁	0.034	南非	0.008

续表

国家或地区	2010 年		2011 年		2012 年	
俄罗斯	比利时	0.354	比利时	0.362	以色列	0.520
	阿根廷	0.185	阿根廷	0.198	南非	0.175
	荷兰	0.160	荷兰	0.151	秘鲁	0.094
	中国	0.056	西班牙	0.040	中国	0.088
	西班牙	0.056	中国	0.039	西班牙	0.030
	南非	0.041	波兰	0.038	肯尼亚	0.023
澳大利亚	新西兰	0.849	新西兰	0.890	新西兰	0.936
	中国	0.094	中国	0.082	中国	0.039
	南非	0.033	南非	0.019	南非	0.017
	斯威士兰	0.006	希腊	0.006	意大利	0.003
	韩国	0.005	韩国	0.001	阿根廷	0.002
	西班牙	0.005	阿根廷	0.001	澳大利亚	0.001

注：本表是作者根据 UNCOMTRADE 数据库计算所得。

　　根据各国相对于我国梨的生产成本来看，我国梨在东盟和俄罗斯的市场份额将会保持或者提升在美国和加拿大市场的激烈竞争，但其仍具有一定潜力，在澳大利亚市场上具有广阔空间。从各国相对于我国梨的生产者价格指数来看，我国在东盟市场上的竞争对手均不具有成本优势，因此，我国能够保持甚至进一步提升市场占有率。同样，对于俄罗斯市场，作为我国主要竞争对手的阿根廷、荷兰和比利时均不具有成本优势，因此我国的出口额有增长的潜力，而对于美国和加拿大，我国的竞争对手主要来自南美洲的墨西哥和智利，这两个国家相对于我国具有明显的成本优势，因此，将会与我国形成激烈的竞争。另外，对于澳大利亚，当前主要依赖从新西兰进口梨，但是新西兰梨的生产成本较我国更高，加之中澳自贸区的谈判，因此，我国梨在澳大利亚市场上将拥有广阔的空间。

表 9 - 5　2007 ～ 2011 年各国相对于中国梨生产者价格指数

国家年份	南非	澳大利亚	阿根廷	美国	韩国	墨西哥	智利	比利时	荷兰	西班牙	新西兰
1991	1.58	1.81	0.54	1.32	6.00	1.26	0.98	0.00	3.43	2.86	1.10
1992	1.91	2.33	1.06	1.35	6.00	1.81	1.03	0.00	3.05	1.78	0.75
1993	1.09	2.01	0.87	1.19	6.58	2.24	0.73	0.00	2.12	1.78	0.67
1994	1.77	2.42	0.93	1.29	10.45	2.73	0.94	0.00	2.61	2.01	0.89

续表

国家\年份	南非	澳大利亚	阿根廷	美国	韩国	墨西哥	智利	比利时	荷兰	西班牙	新西兰
1995	0.96	0.93	0.42	0.71	5.53	0.73	0.46	0.00	1.33	1.22	0.91
1996	0.60	0.77	0.29	0.64	3.62	0.37	0.40	0.00	1.28	0.63	0.75
1997	0.34	0.70	0.28	0.41	2.91	0.26	0.31	0.00	0.83	0.43	1.09
1998	0.64	0.96	0.47	0.69	2.67	0.54	0.44	0.00	1.35	1.19	0.89
1999	0.63	1.22	0.50	0.85	4.41	0.69	0.38	0.00	1.55	0.87	1.01
2000	0.62	0.86	0.61	0.93	3.20	0.77	0.72	1.48	1.45	1.05	0.82
2001	0.56	0.80	0.59	0.86	2.38	0.70	0.38	1.52	1.68	0.89	1.04
2002	0.54	1.17	0.77	1.02	2.39	0.78	0.58	1.93	1.90	1.41	1.53
2003	0.66	1.08	1.00	0.92	2.20	0.58	0.43	1.98	2.02	1.83	1.45
2004	1.05	1.62	1.25	1.07	2.17	0.75	0.54	2.22	2.27	1.83	1.08
2005	1.10	1.38	1.34	1.19	2.24	0.96	0.59	2.31	2.21	1.57	1.16
2006	0.85	1.24	1.32	1.16	5.73	0.82	0.60	2.22	1.90	1.43	1.28
2007	1.04	1.65	1.49	1.13	3.75	0.99	0.70	3.22	1.57	1.88	1.17
2008	0.88	1.34	1.60	1.01	3.25	0.61	0.68	2.27	2.44	1.69	1.11
2009	1.19	1.88	1.38	0.98	2.48	0.49	0.78	2.84	2.27	1.71	0.92
2010	1.32	1.77	1.70	1.28	3.30	0.61	0.81	1.76	1.86	1.66	1.02
2011	0.42	1.04	0.47	0.42	1.05	0.20	0.24	0.54	0.48	0.42	1.04

注：本表是作者根据 FAO 数据库计算所得。

三、我国梨出口影响因素及潜力的实证分析

梨在中国是仅次于苹果和柑橘的第三大水果，种植区域广阔，除海南省、港澳台地区以外，其余各省（市、区）均有梨果栽培。中国的梨果种植面积和产量长期居世界首位，1992～2010 年，梨果种植面积占世界比重均保持在 45%以上，2010 年达 69.22%；梨果产量占世界比重呈快速增长趋势，由 1992 年的28.22%增长到 2010 年的 67.01%（见图 9 - 6）。但中国梨产量的增加并没有带来梨果出口量的大幅度增长，我国每年梨果出口量仅占产量的 1%左右，巨大的梨果供给量只能依靠国内市场消化，2010 年中国人均梨果占有量为 11.1 千克，仅次于意大利，远远高于西班牙、阿根廷、比利时及韩国等梨生产与消费大国，国内梨果市场已经趋于饱和，产量的进一步增长必将造成国内市场出现供大于求的局面，梨果价格将出现下滑倾向。并且，在各项投入要素价格特别是人工成本不断攀升的背景下，我国众多分散小规模梨农的种植收益将无法得到保障。梨的出口可以增加梨的附加值，正向影响梨农的生产与收入。扩大梨果出口并提高梨

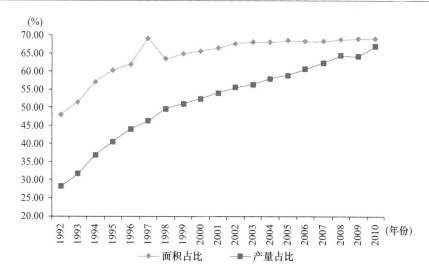

图 9 - 6　1992 ~ 2010 年我国梨果种植面积与产量占世界比重

果国际市场份额是促进中国梨产业健康发展并增加梨农收入的重要途径。如此一来，分析影响中国梨果出口的主要因素并测算梨果各主要出口市场潜力，采取有针对性的措施来改善中国梨果出口现状具有积极意义。

　　引力模型被广泛用于评估贸易影响因素、评测贸易集团效果及估计贸易壁垒的边界成本。Tinbergen（1962）、Bergstrand（1985，1989）、McCallum（1995）、Balistreri（2003）、Anderson 和 Wincoop（2003）等采用贸易引力模型对双边贸易流量和流向的影响因素进行实证分析（史朝兴、顾海英，2005）。随着研究的深入，贸易引力模型被引入国内的行业贸易研究，其中很多学者对中国农产品行业贸易流量及潜力进行分析，孙林（2008）利用引力模型对中国农产品贸易流量决定因素及潜力进行分析，张海森等（2008）、王川等（2009）、帅传敏（2009）、屈四喜（2011）及张海森等（2011）采用引力模型分别对中国与东欧、中印、中美、中国与东盟以及中非农产品贸易影响因素与潜力进行实证研究。基于行业贸易研究的基础，又有部分学者将行业继续细化，史朝兴等（2005）建立蔬菜贸易引力模型对中国蔬菜出口流量和流向进行分析；郭芳等（2007）、胡求光等（2008）采用贸易引力模型对中国水产品出口影响因素，尤其是技术贸易壁垒的影响效应进行实证分析，林坚等（2008）通过构建水果贸易引力模型对中国水果出口影响因素进行分析；吕建兴等（2011）从具体品种——柑橘的角度，运用引力模型对中国柑橘出口贸易的影响因素进行研究。贸易引力模型作为分析贸易流量影响因素及测算贸易潜力的工具，已有研究成果覆盖农产品以及蔬菜、水产品、水果等分门别类的农产品，随着研究的深入也开始出现对柑橘、大豆、羊肉等具体农产品的研究。本书引入引力模型，利用近 18 年的数据对中国梨出口流量决定因素进行引力模型分析并对中国的梨出口潜力进行模拟，为定量考察中国梨出口的影响因素及其出口潜力提供政策建议。

（一）模型构建

Bergstrand 将引力模型表述为：

$$Y_{ij} = \beta_0 G_i^{\beta_1} G_j^{\beta_2} D_{ij}^{\beta_3} A_{ij}^{\beta_4} \varepsilon_{ij} \tag{9-1}$$

（9-1）式中，Y_{ij} 为某一时期 i 国从 j 国进口额，G_i 为进口国的 GDP，G_j 为出口国的 GDP，D_{ij} 为两国之间的距离，A_{ij} 为其他一些阻碍或促进两国之间贸易的因素，ε_{ij} 为随机扰动项。

为了便于回归分析，构建如下的对数线性模型：

$$\ln Y_{ij} = \beta_0 + \beta_1 \ln G_i + \beta_2 \ln G_j + \beta_3 \ln D_{ij} + \beta_4 \ln A_{ij} + \varepsilon_{ij} \tag{9-2}$$

（9-2）式中，$\ln Y_{ij}$、$\ln G_i$、$\ln G_j$、$\ln D_{ij}$ 和 $\ln A_{ij}$ 分别为 Y_{ij}、G_i、G_j、D_{ij} 和 A_{ij} 的自然对数，β_0 为常数项，β_1、β_2、β_3 和 β_4 是对应变量的回归系数，ε_{ij} 为随机扰动项。

Bergstrand（1989）指出传统引力模型因为缺少价格变量而存在偏误；国际贸易理论表明人均 GDP 反映了一个国家资本与劳动要素的比例，应该引入贸易引力模型；另外，史朝兴等（2005）研究结果表明，使用出口国的行业生产总值更能体现该国产品的供给能力，本书在吸取这些经验的基础上，将引力模型扩展为以下形式：

$$\ln Y_{ij} = \beta_0 + \beta_1 \ln AG_i + \beta_2 \ln G_j + \beta_3 \ln (G_i/P_i) + \beta_4 \ln (G_j/P_j) + \beta_5 \ln DG_{ij} + \beta_6 \ln Prod_i + \beta_7 Pri_i + \beta_8 Rat_{ij} + \beta_9 \ln D_{ij} + \beta_{10} WTO + \beta_{11} APEC + \varepsilon_{ij} \tag{9-3}$$

（9-3）式是中国梨果出口主要贸易伙伴国引力模型，因变量 $\ln Y_{ij}$ 为中国向主要贸易伙伴国出口梨果数量的对数。自变量中，$\ln AG_i$ 为更能体现中国农产品供给能力的农业生产总值的对数，农业生产总值越高表明农产品供给能力越强，β_1 符号为正；$\ln G_j$ 为中国主要贸易伙伴国 GDP 的对数，进口国 GDP 越大，表明其需求能力越大，β_2 符号预期为正；$\ln (G_i/P_i)$ 为中国人均 GDP 的对数，中国人均 GDP 越高，国内需求能力越大，β_3 符号预期为负；$\ln (G_j/P_j)$ 为进口国的人均 GDP 的对数，进口国人均 GDP 越大，则其梨果需求能力越大，β_4 符号预期为正；$\ln DG_{ij}$ 为进出口国人均 GDP 差值的绝对值的对数，根据林德（1961）提出的"需求相似论"，中国与主要贸易伙伴国之间人均收入差距越小则贸易额越大，β_5 符号预期为负；$\ln Prod_i$ 为中国梨果产量的对数，梨果产量越大则供给能力越强，β_6 符号预期为正；Pri_i 为中国梨果生产者价格，生产者价格反映了梨果的生产成本，生产成本越高其越缺乏国际竞争力，β_7 符号预期为负；Rat_{ij} 为一单位人民币兑换的外币数量，汇率越高表明人民币升值越快，梨果在国际市场上不具有价格优势，β_8 符号预期为负；$\ln D_{ij}$ 为中国与主要贸易伙伴国首都之间距离的对数，距离越远则表明贸易成本越高，β_9 符号预期为负；WTO 和 $APEC$ 为世贸组织和亚太组织政策的虚拟变量，全球贸易组织和区域贸易组织政策都对中国梨果出口产生积极推动作用，所以，β_{10} 和 β_{11} 符号预期均为正。

表 9-6　中国梨果出口引力模型变量含义及其系数符号说明

变量	含义	预期符号
因变量：		
$\ln Y_{ij}$	中国向各主要贸易伙伴国出口梨果数量	
自变量：		
$\ln AG_i$	中国农业生产总值	+
$\ln G_j$	进口国国内生产总值	+
$\ln(G_i/P_i)$	中国人均 GDP	−
$\ln(G_j/P_j)$	进口国人均 GDP	+
$\ln DG_{ij}$	中国与进口国人均 GDP 差值的绝对值	−
$\ln Prod_i$	中国梨果产量	+
Pri_i	中国梨果生产者价格	−
Rat_{ij}	一单位人民币兑换外币数量	+
$\ln D_{ij}$	中国与进口国首都之间的距离	−
WTO	世界贸易组织政策虚拟变量	+
$APEC$	亚太组织政策虚拟变量	+

（二）数据来源

1992～2009 年中国向 103 个国家和地区出口梨，其中向加拿大、法国、中国香港、印度、印度尼西亚、意大利、中国澳门、马来西亚、荷兰、菲律宾、俄罗斯、新加坡、泰国、阿联酋、英国、美国和越南 17 个贸易伙伴国和地区的平均出口量占出口所有国家总量的 95.4%，并且，1992～2009 年中国向其出口梨果比较连续，基本不存在出口量为 0 的现象[①]，所以，以这 17 个国家（地区）为样本具有一定的代表性。梨果出口数量、梨果产量及生产者价格数据来自联合国粮农组织数据库[②]；中国农业生产总值、进口国 GDP 来自世界银行发展指标在线数据库[③]，进出口国人均 GDP 及人均 GDP 差值的绝对值数据根据世界银行 GDP

---

① 贸易零值问题是当前研究的热点，但本文中贸易额为零的情况只占样本的极小部分，所以并未处理，而是借鉴盛斌、廖明中（2004）、孙林（2008）的方法，统一取 0.025。

② http://faostat3.fao.org.

③ http://www.worldbank.org.

和人口数据计算而得；双边汇率数据来自世界银行电子数据库（http：//www.elibrary-data.imf.org）；距离数据为地球在线（www.earthol.com）；数据库提供的是中国与主要贸易伙伴国首都之间的直线距离；当中国与贸易伙伴国均是WTO或APEC成员国时取值为1，否则为0。

本书所使用的数据是时间序列和截面数据组成的面板数据，时间跨度为18年（1992～2009年），在时间点上选择中国的17个主要贸易伙伴国。通过Stata 11.0软件，采用固定效应模型和随机效应模型分别对面板数据进行回归，并且经Hausman检验结果显示，应该采用固定效应模型。然而，由于距离变量不随时间变化而无法进入固定效应回归结果，因此，本书采用适合于面板线性回归的可行广义最小二乘法进行估计，并且通过迭代广义最小二乘法消除面板数据的自相关与异方差的影响，得到无偏、有效和一致的估计结果。

（三）回归结果分析

（9-3）式中的各个变量是基于贸易理论选择的结果，并没有考虑计量经济模型分析的具体要求，模型中的某些变量可能意义相同，即存在多重共线性问题。对相关系数矩阵计算发现，中国农业生产总值变量与中国人均GDP、中国梨果产量两个变量以及梨果进口国GDP变量与其人均GDP变量存在多重共线性的可能性很大。同时，本书选取了中国17个主要梨果出口贸易伙伴国，由于每个国家（地区）的具体情况不一样，所以，模型中还可能存在异方差。通过逐步删除变量法和迭代广义最小二乘法对共线性和异方差问题进行处理，进而得到较为理想的回归结果，如表9-7所示。

表9-7　中国梨果出口主要贸易伙伴国引力模型回归结果

变量	系数	标准误	Z统计量	P值
$\ln(G_i/P_i)$	-0.71 ***	0.249	-2.86	0.004
$\ln(G_j/P_j)$	0.56 ***	0.123	4.52	0.000
$\ln DG_{ij}$	-0.40 ***	0.089	-4.50	0.000
$\ln Prod_i$	3.34 ***	0.337	9.89	0.000
Pri_i	-1.17 ***	0.398	-2.94	0.003
Rat_{ij}	0.001	0.000	8.96	0.000
$\ln D_{ij}$	-0.37 ***	0.124	-3.04	0.002
WTO	0.52 ***	0.158	3.31	0.001
$APEC$	1.37 ***	0.130	10.49	0.000
_ cons	-55.71	6.132	-9.09	0.000

Wald chi2(9) = 1579.87；Prob > chi2 = 0.0000

注：*** 表示在1%水平上显著，** 表示在5%水平上显著，* 表示在10%水平上显著。

表9-7显示，在消除多重共线性和异方差影响之后，中国人均GDP、进口国人均GDP、进出口国人均GDP差值的绝对值、中国梨果产量、中国梨果生产者价格、进出口国之间双边汇率、进出口国首都之间的距离、WTO及APEC虚拟变量9个变量在1%置信水平下显著，但进出口国之间双边汇率变量符号与预期不一致，可能的原因是中国出口主要是酥梨和鸭梨等，国际市场上基本不存在能够直接替代的同质商品，加之我国梨果价格较低，所以人民币升值所引起的梨果价格的上涨并没有直接影响到消费者的需求变化。

进入模型的变量按照系数大小依次为中国梨果产量、APEC虚拟变量、梨果生产者价格、中国人均GDP、进口国人均GDP、WTO虚拟变量、进出口国之间人均GDP差值的绝对值、进出口国首都之间的距离。

中国梨果产量、中国与主要贸易伙伴国人均GDP以及距离对中国梨果出口产生重要影响。中国梨果产量回归系数符号为正，并且系数值最大，表明产量每增加1%，梨果出口量将增加3.34%，由于目前中国梨果出口量基数较小，3.34%的出口增长量还远远小于产量的增长量；我国及贸易伙伴国人均GDP每增加1%，中国梨果出口量将分别下降0.71%、上升0.56%；距离变量回归系数符号为负，表明进出口国之间距离每增加1%，中国梨果出口量将减少0.37%。

亚太经合组织政策效应强于世贸组织政策。APEC虚拟变量系数符号为正，并且系数值大于WTO虚拟变量系数，表明亚太区域自由贸易区政策对中国梨果出口促进效应强于世贸组织相关政策。

生产成本的上升严重制约了梨果的出口增长。模型中采用的梨果生产者价格并不是梨果的出口价格或国际市场价格，生产者价格反映的是梨果投入要素成本、土地成本及人工成本，其回归系数符号为负，表明梨果生产成本每提高1%，中国梨果出口量将下降1.17%。

我国梨果出口贸易符合林德的"需求相似论"。中国与主要贸易伙伴国人均GDP差值的绝对值回归系数符号为负，验证了林德的"需求相似论"，表明梨果出口量将随着中国与主要贸易伙伴国人均GDP差值的缩小而增大。

（四）贸易潜力测算

贸易引力模型的回归结果可以模拟理论或自然状态下潜在出口额，将该国的实际出口贸易额与潜在出口额进行比较，即$Y_{ij}/Y_{ij}'=A$，若A的取值大于1，则称为贸易过度，相反，则称为贸易不足。本书利用表9-8回归结果对2009年中国向主要贸易伙伴国出口梨果数量进行模拟，列出中国梨果在其主要贸易伙伴国市场的潜力状况，具体结果如表9-8所示。

表9-8　2009年中国梨果出口主要贸易伙伴国潜力估算　　　单位：千克

发达国家	实际值	模拟值	实际值/模拟值	发展中国家	实际值	模拟值	实际值/模拟值
意大利	694000	3238815	0.21	泰国	41636000	54955400	0.76
新加坡	14064000	15867461	0.89	印度尼西亚	91528000	50530368	1.81
中国香港	25534000	21170824	1.21	俄罗斯	31477000	8310635	3.79
中国澳门	2066000	5550243	0.37	菲律宾	8770000	11148046	0.79
加拿大	11940000	11813714	1.01	马来西亚	35197000	16251935	2.17
法国	664000	3286091	0.20	印度	11031000	1705368	6.47
美国	10785000	12758841	0.85	越南	98688000	97341304	1.01
英国	2507000	3241223	0.77				
荷兰	11072000	3414726	3.24				
阿联酋	4185000	3689612	1.13				
潜力均值	0.99			潜力均值	2.40		

为了便于比较，将中国17个主要梨果出口贸易国按照经济发展程度，分为10个发达国家和7个发展中国家。表9-8显示，2009年中国梨果在发展中国家市场上潜力均值为2.40，总体表现为"贸易过度"，其中贸易过度的国家占71.4%；而在发达国家市场上潜力均值为0.99，总体上表现为"贸易不足"，其中贸易过度的国家仅占40%。

在具体发展中国家市场以及发达国家行列中，中国梨果对荷兰贸易潜力值为3.24，表现出贸易过度现象，而法国和意大利两国贸易潜力值分别为0.2和0.21，明显贸易不足的同时也说明中国梨果对欧洲出口贸易潜力巨大；在发展中国家行列中，印度、俄罗斯和马来西亚三国贸易潜力值分别为6.47、3.79及2.17，呈现出明显的贸易过度。

（五）主要结论

本书的分析结果表明，对中国梨果出口量影响最大的是梨果产量及国内需求量，梨果出口是建立在国内供给过剩的条件下，并没有充分调动国外消费者对中国梨果的需求偏好。本书发现梨生产成本的上升严重制约了我国梨果的出口流量，特别是最近两年来，中国的劳动力成本迅速上升，用工费用成为梨园的最大成本支出。我们的研究表明梨果生产成本每提高1%，我国梨果出口量将下降1.17%。本书还发现在发达国家的出口市场中，中国梨具有较大的贸易潜力，而在传统的发展中国家市场表现出贸易过度趋势。

所以，我们的政策建议是积极开拓国外市场，特别是发达国家的优质市场，比如贸易潜力较大的法国和意大利等国家。在发达国家的贸易不足表明，我国政府可以进一步重点经营欧美发达国家市场。通过质量提升与安全控制，在开拓发达国家市场的过程中，也可以提高梨出口的附加值，并通过供应链传导给上游的梨农。地理距离也成为影响梨出口流量的重要变量，建议我国梨出口的时候应该考虑距离要素，重视邻近国家和地区的市场开拓，有效利用中国—东盟自由贸易区，扩大东盟市场的占有率，努力推进与其他潜在国家和地区的自由贸易区谈判与建设。逐年攀升的梨果成本对我国梨果出口形势带来了巨大的挑战，政府部门在制定产业政策时必须注重积极引导与优化梨产业资源配置，形成适度经营规模，同时引导引进或者研发适用中小型农业机械，逐步实现机械化生产，部分替代劳动，从而降低梨果生产成本，提高国际市场竞争力。

第三节　梨国际贸易政策

在国际贸易中，关税壁垒是最重要的贸易限制形式。然而经过关贸总协定的多次减让税谈判，各缔约成员方的进口关税水平已经降到了较低的水平，工业发达国家为5%以下，发展中国家为10%～13%。为此，许多国家纷纷将贸易政策的限制手段从关税壁垒转向了非关税壁垒，并把其作为限制进口的主要措施。因此，贸易政策限制措施主要包括关税壁垒和非关税壁垒，本书也将从这两个方面对世界梨果出口展开分析。

一、关税政策

中国是梨果生产与贸易大国，但是与发达国家相比，我国出口量占产量的比重较低。那么，关税壁垒是否对我国梨果出口产生影响呢？本书将梨果分为鲜冷冻和加工产品两种，即0820（0830）[①] 和200840，WTO Market Access Map 数据库汇报了各个国家从我国进口产品的八位编码关税，但是我们并未获取中国八位编码出口数据，所以表9－9显示了六位编码的平均关税水平。

对于我国主要出口市场东盟来说，随着2004年1月自贸区的先期成果——"早期收获计划"的实施，货物贸易额迅速增长，2005年开始实施全面降税，对于中国和东盟六国实施最惠国关税高于15%的所有产品以及东盟新成员国（越南、老挝、柬埔寨）要求高于30%的所有产品分别在2006年和2010年降为0。从WTO Market Access Map 数据库汇报的数据来看，印度尼西亚和越南对我国梨

---

　　① 由于海关编码（HS）在2002年、2007年、2012年有所调整，梨果产品编码也发生变化，所以鲜冷冻梨在不同年份有两个编码。

果进口关税在 2005 年以后呈现下降趋势，并且在 2009 年基本下降为 0，因此，关税下降可能是印度尼西亚和泰国进口中国梨果迅速上升的原因。对于马来西亚和菲律宾这两个国家，虽然关税也呈现下降趋势，但我国梨果对其出口份额没有呈现较大的变化趋势。对于新加坡而言，1996 年以来，其对我国梨果进口关税一直为 0，并没有设置任何关税壁垒。此外，因为东盟各国地处热带，无法生产苹果、梨等温带水果，所以梨与其所生产的水果是互补品，且不存在竞争关系。

表 9 - 9　东盟各国进口中国梨果关税变化趋势

年份	鲜冷冻					加工					
	印度尼西亚	越南	新加坡	马来西亚	菲律宾	印度尼西亚	越南	泰国	新加坡	马来西亚	菲律宾
1995	—	—		—		—		—		—	
1996	—	—	0	—	30	—		—	0	—	30
1997	—	—	0	—	20	—		—	0	—	20
1998	5	—	0	—	20	5		—	0	—	10
1999	5	—	0	10	20	5			0		10
2000	5	—	0	5	10	5			0	10	7
2001	5	—	0	—	10	—			0	—	7
2002	5	—	0	—	7	5			0	—	7
2003	5	—	0	—	7	5			0	—	7
2004	5	—	0	—	7	5			0	—	7
2005	0	15	0	0	7	5	50		0	—	7
2006	0	10	0	0	0	5	50		0	10	5
2007	0	5	0	0	0	5	35		0	8	5
2008	0	—	0	0	0	—			0	0	7
2009	0	0	0	0	0	0			0	0	—
2010	0	0	0	0	0	0			0	0	
2011	0	0	0	0	0	0			0	0	
2012	0	0	0	0	0	0			0	0	
2013	0	0	0	0	0	0	10		0	0	

　　对于东盟以外的国家来说，表 9 - 10 和表 9 - 11 同样显示了这些国家进口中国鲜冷冻梨和加工梨产品的进口关税。美国、俄罗斯、加拿大、荷兰和西班牙分别是我国梨果出口前 7 名国家。无论是鲜冷冻梨果还是加工梨果，其对我国梨果

进口关税呈现缓慢的下降趋势，这可能也在一定程度上促进了我国梨果出口量的增长，并且对荷兰和美国的出口份额缓慢增长。然而，虽然日本、俄罗斯等国家对我国梨果进口关税水平在下降并且从绝对值上看，澳大利亚、西班牙、葡萄牙等梨果消费大国对我国梨果进口关税更低，但是并没有促进我国梨果出口的增长。这在一定程度上说明，关税可能并不是影响我国水果出口增长的唯一因素。

表9-10　世界梨果主要消费国对中国鲜冷冻梨果进口关税　　　单位:%

年份	阿根廷	澳大利亚	巴西	墨西哥	日本	葡萄牙	西班牙	意大利	加拿大	俄罗斯	荷兰	美国
1996	10.00	0.00	—	—	6.90	—	—	—	9.25			0
1997	10.00	0.00	13.00		6.40	—	—	—	9.25			0
1998	13.00	0.00	13.00	20.00	5.90	—	—	—	9.25			0
1999	13.00	0.00	13.00	23.00	5.30	—	—	—	9.25			0
2000	13.00	0.00	13.00	23.00	4.80	—	—	—	9.25			0
2001	—	—	—	—	4.80	—	—	—	9.25	10.00		0
2002	—	0.00	11.50	23.00	4.80	—	—	—	9.25			0
2003	—	—	—	23.00	4.80	—	—	—	9.25			0
2004	10.00	0.00	10.00	23.00	4.80	—	—	—	9.25			0
2005	10.00	0.00	10.00	20.00	4.80				9.25	8.75		0
2006	10.00	0.00	10.00	20.00	4.80	8.00	8.00	8.00	9.25	8.75	8.00	0
2007	10.00	0.00	10.00	20.00	4.80	8.00	8.00	8.00	9.25	8.75	8.00	0
2008	10.00	0.00	10.00	20.00	4.80	8.00	4.00	2.50	9.25	8.75	2.50	0
2009	10.00	0.00	10.00	20.00		8.00	4.00	2.50	9.25	8.75	2.50	0
2010	10.00	—	10.00	—	—	8.00	2.50	4.00	9.25	8.75	4.00	0
2011	10.00	—	10.00	—	4.80	8.00	2.50	4.00	9.25	8.75	4.00	0
2012	10.00	—	10.00	—		8.00	2.50	2.50	9.25	8.75	2.50	0
2013	10.00	0.00	10.00	—		8.00	2.50	2.50	9.25	8.75	2.50	0
2014	—	0.00			4.80	8.00	2.50	2.50	9.25	7.25	2.50	0

表9-12　世界梨果主要消费国对中国加工梨果进口关税　　　单位:%

年份	阿根廷	澳大利亚	巴西	墨西哥	日本	葡萄牙	西班牙	意大利	加拿大	俄罗斯	荷兰	美国
1996	14.00	5.00	—	—	18.09	29.90	23.90	23.90	11.00	15.00	23.90	—
1997	14.00	5.00	17.00	—	17.28	28.80	23.04	23.04	10.93	—	23.04	16.60
1998	17.00	5.00	17.00	20.00	15.98	22.18	22.18	22.18	9.83	—	22.18	16.20
1999	17.00	5.00	17.00	23.00	14.70	21.76	21.76	21.76	8.83		21.76	15.80

续表

年份	阿根廷	澳大利亚	巴西	墨西哥	日本	葡萄牙	西班牙	意大利	加拿大	俄罗斯	荷兰	美国
2000	—	5.00	17.00	23.00	13.40	20.91	20.91	20.91	8.33	—	20.91	—
2001	—	—	—	—	13.40	20.89	—	—	8.33	—	—	15.30
2002	—	5.00	15.50	23.00	13.40	20.89	20.48	20.48	8.33	—	20.48	15.30
2003	—	5.00	—	23.00	13.04	20.48	20.48	20.48	8.33	—	20.48	15.30
2004	14.00	5.00	14.00	23.00	13.04	20.48	20.89	20.89	8.33	—	20.89	15.30
2005	14.00	5.00	14.00	20.00	12.15	20.48	20.89	20.89	8.33	13.13	20.89	15.30
2006	14.00	5.00	14.00	20.00	12.15	19.84	19.69	19.69	8.33	—	19.69	15.30
2007	14.00	5.00	14.00	20.00	12.15	17.78	17.78	17.78	8.33	13.13	17.78	15.30
2008	14.00	5.00	14.00	20.00	12.15	17.78	17.78	17.78	8.33	13.13	17.78	15.30
2009	14.00	5.00	14.00	20.00	12.15	17.78	17.78	17.78	8.33	13.13	17.78	15.30
2010	14.00	—	14.00	—	12.15	17.78	17.78	17.78	8.33	13.13	17.78	15.30
2011	14.00	5.00	14.00	—	12.15	17.78	17.78	17.78	8.33	13.13	17.78	15.30
2012	14.00	—	14.00	—	12.15	17.78	17.78	17.78	8.33	13.13	17.78	15.30
2013	14.00	5.00	—	—	12.15	17.78	17.78	17.78	8.33	13.13	17.78	15.30
2014	—	5.00	—	—	12.15	17.78	17.78	17.78	8.33	13.38	17.78	15.30

二、非关税政策

上一部分分析表明世界各国关税壁垒在东盟、荷兰和加拿大等国家有效促进了我国梨果出口的增长，但是在某些国家虽然关税水平在下降，却并没有显著促进我国梨果出口份额的增长。在农业领域，关税缩减的同时，发达国家更倾向于使用卫生与检验标准或者食品安全标准作为限制农产品进口的临时措施。课题组并没有找到各个国家针对中国梨果出口的非关税壁垒，本部分只是介绍了各国对农产品或者水果大类产品进口的非关税壁垒。

1. 法律要求

（1）产品法规：质量和市场营销。欧盟制定了一系列的法规来控制可能进口欧盟并且在其内部销售的产品质量，这些法规主要包括：

通用食品法：该法律是在法规 EC178/2002 下制定的，涵盖了食品生产过程中的食品安全和卫生（微生物和化学），包括对食品可追溯性的规定（例如危害分析和关键点控制）。

欧盟市场标准：该条文是在法规 EC2200/96 下制定的，用来控制质量和水果标签管理。标签需表明产品直径、重量和等级分类，任何不符合标准的产品将不能在欧盟市场上出售。

合格证书：该证书需要由想在欧盟境内销售水果并且水果符合欧盟管辖的市场标准的人申请。

工业用证书：如果水果在进一步加工中使用，必须获得该证书。

最大残留限量规定：该规定用于限定各种农药被允许的最大残留限量。

（2）产品法规：植物检疫法规。国际检疫的国际标准是由国际植物保护委员会（IPPC）设立的，其目的是为了防止疾病和昆虫通过农产品进口传播。欧盟在 EC2002/89 设立了自己的特殊法规，该法规用来阻断欧盟的作物和来自世界其他地方的有害生物的接触。

该指令的关键在于它授权植物保护服务组织检查大量到达欧盟的水果产品。检查包含对被认定为有植物检疫风险的检验，识别任何有害生物以及对任何植物检疫证书涵盖货物的有效性认证。如果货物不符合要求，一律不得进入欧盟。

（3）产品法规：包装。欧盟委员会对一些类别的材料做出了规定，包括与食品生产相关、可能危害人类健康或者会对食品的组合造成不可接受的变化的材料。该法律的立法框架是 EC1935/2004。可回收利用的包装材料在法规 EC94/62 之中被着重强调，欧盟成员国必须对 50%～65% 的包装材料进行回收再利用。如果出口商在发货时不使用可重复使用的包装，进口商就会因此而提高成本。木质包装受到植物卫生控制，并可能需要进行热处理、熏蒸等。

2. 非法律要求

为了占有市场，进口商不仅要符合上文所列的法律规定，还必须符合市场的要求和需求。在大多数情况下，非法律需求围绕着质量以及欧洲消费者对环境、社会、产品和产品生产技术两方面的健康安全的看法。虽然在法律意义上来说，供给的水果符合上述要求不是强制的，但是却在欧洲变得越来越重要，并且决不能被目前的或潜在出口商所忽略。

（1）社会责任。社会责任在产业中日趋重要，这不仅是对消费者来说，对于零售商和批发商来说更是如此。社会责任 8000 认证（SA8000）是基于国际劳工组织（ILO）约定的管理系统，主要用于处理童工、健康与安全、组社自由等问题，并且要求每年必须进行现场审核。该证书被视为成功准入欧洲市场的必要工具。

（2）环境问题。环境问题在欧洲消费者中也变得越来越重要。消费者运动正在游说反对购买非环保或不具有可持续性的产品。为此，政府和私人部门都制定了标准（例如 ISO14001 和 EUREGAP 欧洲良好农业操作规范）和标签以确保产品符合特定的规范。

虽然生态标签是自愿的（例如欧盟生态标签、荷兰环境标签、德国蓝色天使和北欧白天鹅），但是他们为出口商提供了市场优势，因为消费者希望购买的是易于识别的环保产品。

另一个新兴的重要标签是公平贸易，包括由 Max Haavelaar 基金会、TransFair 国际和 FLO（公平贸易标签组织）所提供的标签。最近，一个以 FLO 提出的国际公平贸易标准为基础的"万能"标识正在被广为接受，其涵盖了最低质量和价格标准，各种处理需求包含对可持续生产以及生活标准的小农的补偿，以及允许长期规划和发展的合同。

3. 消费者健康和安全要求

提高消费者对健康和安全问题的认知促成了一系列在欧洲的安全措施，如由欧洲主要零售商发起的欧洲良好农业规范（EUREGAP）和 HACCP 国际管理体系。其中，HACCP 是独立认证，并且要求欧洲生产商和所有进口进入欧盟的厂商必须具有（EC852/2004）。除此之外还有由国际标准化组织（ISO）认证的 ISO9000 管理标准体系（为生产者制定）。

此外，中国梨出口加拿大、美国等发达国家时，多次因为被检出携带进口国的检疫对象如苹果蠹蛾、梨小食心虫、截形叶螨、山楂叶螨、梨黑斑病等而被退货，由此遭遇经济损失。表 9 – 12 还列出了一些国家水果进口的非关税壁垒。

表 9 – 12　各国农产品进口贸易限制措施

国别或地区	对象	措施
俄罗斯	欧盟果蔬	没有通用的标准（Common Standard）
欧盟	所有国家	禁止进口在采摘后使用杀菌剂的果蔬
中国	美国苹果	禁止进口在采摘后没有使用杀菌剂的美国苹果（一种报复性限制措施）
中国台湾	所有国家苹果和梨	禁止进口可能含有苹果蠹蛾的苹果和梨
墨西哥	美国	关税措施
澳大利亚	新西兰水果	严格检测是否有火疫病
印度	所有国家	成果水果要被熏制
印度尼西亚	所有国家	配额及检验检疫制度
美国、加拿大	中国梨	苹果蠹蛾、梨小食心虫、截形叶螨、山楂叶螨、梨黑斑病；产品满足其国内的标准

第十章 我国梨产业发展
战略与前景分析

第一节 我国梨产业发展的挑战与机遇

一、我国梨产业发展的挑战

（一）品种结构和区域化布局不合理

我国现有 1500 余个梨品种，资源优势非常突出。但与发达国家相比，仍存在主栽品种单一、晚熟品种偏多等问题。目前，在我国梨主栽品种中，砀山酥梨和鸭梨仍占绝对优势，两者占我国梨栽培总量的 36%。全国栽培的梨的熟期分布大致是：6 月下旬至 7 月底成熟的早熟品种产量约占 20%，8 月上旬至中旬成熟的中早熟品种产量约占 25%，8 月下旬至 9 月底成熟的中熟品种产量约占 53%（其中单鸭梨和雪花梨就占梨总产量的 1/3 以上），10 月以后成熟的晚熟品种产量约占 2%，以上情况导致我国梨果成熟期集中，市场销售压力大，难以满足市场多样化的消费需求，果品销售出现结构性过剩。在梨区域化布局方面，缺少全面、科学、合理的区划，在梨的次适宜区和非适宜区发展品种，致使一些果园还未见效益就变成老劣杂园，甚至整园被毁掉。而原来一些良好的变异品种没有得到收集和开发，许多品质好、特色突出的区域性品种濒临灭绝。

（二）贮藏量和商品化处理程度低

目前，我国梨果的贮藏量为全国梨总产量的 28%，贮藏方式以土窖或简易贮藏为主，机械制冷、恒温冷藏和气调库贮藏量只有 3%~5%，远远落后于发达国家。加工量仅占梨总产量的 7.8%，加工用果品多为生产上的残、次果，对产业发展的拉动作用不明显，加上加工规模小、技术水平低、组织管理差，加工品质量不高，出口竞争力弱。我国梨果商品化处理程度很低，仅占梨总产量的1.5%，尚未建立产后分选、清洗和包装的专业机构，产后处理主要依靠人工操作。果品分级不规范，果实大小不一，着色不整齐，成熟度不一致，包装简陋，外观质量差，产品附加值低，难以大规模打进高端果品市场，缺乏国际市场竞争力。

（三）质量安全水平和标准化生产水平低

梨果品质量标准化是进入市场的通行证。许多发达国家对农产品制定了详细的质量标准。例如欧洲联盟制定有《苹果和梨标准》，它规定了鲜食和加工果品的质量、大小、着色、果锈、农药残留等方面的内容。我国对绿色食品也有明确的规定，即绿色果品生产基地的环境条件要符合农业部果品及苗木质量监督检测试中心关于《优质果品生产基地的基本条件》的要求，不同果品生产经营组织要严格遵照相应绿色果品的生产技术规程操作，并将绿色食品生产分为A级和AA级两级。A级要求在绿色食品的生产过程中，农药和化肥的使用量和使用方法必须严格遵照相关规定；AA级是绿色食品的最高级别，对绿色食品生产的整个流程以及采摘后的包装、检验等都有极为严格的要求，并且要求不得使用任何有害的化学合成物质。尽管我国部分地区已经开始按照国际标准、国家标准或行业标准进行管理，根据梨的标准化操作规程进行生产，但目前标准化生产水平仍然较低。多数梨主产区生产管理粗放，仍沿用传统的栽培管理技术生产果品，缺乏统一的生产管理规范。无病毒良种苗木繁育体系不健全，大部分果园仍然沿袭传统的、以冬季修剪为主的修剪技术；果园生产覆盖等新的土壤管理制度基本上处于空白；果实套袋随意性较大，缺乏盖反光膜、摘叶增添光照等附加技术；病虫害防治喷药次数多在10次以上，每次用药种类在3~5种，果园污染、农药浪费现象严重，IFP、GAP等现代生产理念涉之甚少。苗木繁育、果园管理和果品质量标准化程度较差，缺乏量化或标准化的指标，随意性较大。果农对国内外果品市场供求关系的变化和绿色果品的质量标准知之甚少，不能按照国际标准、国家标准和行业标准进行生产管理。我国的优质果率不足50%，精品果率仅为10%，果品质量与市场需求不相适应，这严重削弱了梨果的市场竞争力。

（四）产业化发展水平不高

我国梨生产仍然是以家庭为单位的小规模分散经营，梨园经营的规模狭小、地块零碎，难以形成逐步扩大生产经营规模并提高整体竞争力的机制，极大地阻碍了生产要素的合理配置。同时，势单力薄的果农科技推广手段落后，无力改善果园基础设施和技术改造，不能打造组织化的良好基础。千家万户的小生产与千变万化的大市场之间的矛盾非常严重，产业抵御市场风险的能力较差，缺少连接生产与市场、技术与果农的桥梁，很难实现产、运、贮、销一体化，限制了标准化生产技术推广应用，削弱了终端产品竞争力。另外，龙头企业规模较小，数量较少，市场竞争能力不足，对产业带动的力量不够，没有与果农形成合作共同体，从而影响产业规模化发展。

（五）技术推广体系和市场信息体系建设不健全

现行的果树技术推广服务体系，在生产第一线的乡镇多数断线。现有的果树技术人员存在两极分化问题，老技术人员年龄大、技术较老化，年轻技术人员缺少实际经验，指导能力较差，这严重制约了产业健康发展。村级技术队伍逐步解体，技术人员队伍本身也由于缺少培训而存在技术老化问题，致使信息服务不及时，技术服务不到位，试验、示范、推广效果大打折扣，直接影响科技成果的应用率和到位率。

政府和果农过于偏重生产环节，而忽视了市场信息体系建设，对产品销路、消费者口味习惯、市场变化趋势等知之甚少，市场开拓能力不强。政府支持力度不够，缺乏有效引导、组织和财政支持，对销售环节支持和投入有限。市场营销体系分散，营销体系组织化程度不高，营销信息平台缺乏，市场体系建设较差，竞争力也弱，这严重制约了梨果产业发展和产业化水平的提高。

（六）出口量相对较低

根据 *World Pear Review* 研究结果显示，从全球数据来看，中国梨出口量占其产量的比重相对较低，在 2010~2012 年这 3 年，中国仅出口其 2.7% 的产量。从长期趋势来看，我国梨出口量占产量的比重一直较低，1996 年仅为 1.55%，在 2008 年达到最高点 3.72%。与主要产梨大国相比，除中国以外的其他国家，出口量大约占其产量的 27.3%，南半球的生产者（比如阿根廷、南非等）出口份额甚至超过 40%。在我国梨贸易量占产量的比重远远低于世界其他国家的同时，随着我国劳动力成本、物质与服务成本以及土地成本的上升，我国梨出口额以及世界市场份额将继续呈现下降的趋势。

（七）配套基础设施落后

我国梨种植配套基础设施落后，包括交通不便、灌溉设施不完善、保鲜设备滞后、技术推广模式亟须改进等问题。我国热带地区集中在东南丘陵、云贵高原地区，地质复杂，交通不便，基础设施建设难度大，建设成本高，梨低温储藏易发冷受害，滞后的交通造成梨外运损害大、成本高；缺乏完善的水利灌溉设施，造成梨对水分的吸收不稳定，影响梨品质；梨保鲜设备不配套，造成梨鲜果采摘后损坏严重；产区信息设施较落后，农民种植梨所需信息方式滞后，基本以传统的经验为主，技术扩散缓慢，不利于梨规模施肥及病虫害防治等管理理念的推广。

（八）品种和苗木管理有待加强

从 20 世纪 90 年代中期至 21 世纪初，山东、河北、浙江的一些育苗场、育苗户和果苗贩子，为了提高苗价增加收入，把日本梨中的二十世纪、早白、新世纪、幸水等品种的套袋果改名为水晶梨，谎称为日本新育成的最优良品种，以高过这些品种苗木 10 倍以上的售价诱骗种植者；云南某地区的个别育苗户，把"黄花梨"改名为日本新育成的"藤梨"，说它是当今世界上梨种中最优良的品种，以 30 ~ 40 元/株（为黄花梨苗的 15 ~ 20 倍）卖给农民而牟取暴利。这些骗局被揭穿后，他们又对黄金梨、圆黄梨和丰水梨等进行炒作，说"黄金梨不仅皮色黄得像黄金，售价贵得也像黄金，一个黄金梨可卖 40 ~ 50 元，种一亩黄金梨就等于开了个小金矿"。引得不少农民以 40 ~ 50 元/株的苗木买来栽种，结果所结果实不仅没卖出 50 元/个的黄金价，就是卖上 5 元/公斤的也很少，如今多数地方低至 2 元/公斤也难卖出（比雪花梨、砀山酥梨等品种的售价还低），使不少种植者大呼上当。与此同时，一些地区又炒开了"红梨"，其中又以云南炒作最甚，说"红梨是当今世界梨中最优良和最有发展前途的品种，并将很快取代现在所有栽培梨品种"，并扬言"要在 2 年内用红梨接穗和多头高接换种技术把安宁市的 5 万亩砀山酥梨改造完，5 年改造完昆明市的 2 万 hm² 梨园"。现在 10 年过去了，除了在安宁改了 0.33 万 hm² 外，就再也改造不下去和发展不开了。究其原因，红梨除皮色是红的外，其内在品质均未优过金花、雪花和砀山酥梨，在头 2 年数量少、消费者感到新奇、争相购买时，曾卖过 10 ~ 20 元/公斤的高价，其后人们就不再"只看外观不重内质"了，随之销量和售价就降到了比普通梨还要低的水平。

二、中国梨产业发展的机遇

（一）扶持农业的一系列改革政策将使得梨产业受益

随着我国农业产量潜能被不断挖掘出来，较长时期大幅度增加财政投入也面临着边际报酬递减的态势，增加投入的效果在逐步消退。在传统的支农政策体系和政策工具组合下，一味地靠财政投入的堆积来推动农业发展越来越不经济。这就需要不断探索财政支农政策创新，以政策创新提升政策绩效。新时期更大规模的财政支农资金投入对财政支农管理的科学化、精细化提出了更高要求。

加快构建新型农业经营体系。新型农业经营体系：集约化、专业化、组织化、社会化相结合。①培育新型农业经营主体——专业大户、家庭农场、农民合作社、农业企业。重点培育以家庭成员为主要劳动力，以农业为主要收入来源，从事专业化、集约化农业生产的家庭农场。②推进家庭经营、集体经营、合作经营、企业经营共同发展。探索新的集体经营方式，有条件的地方根据农民意愿，可以统一连片整理耕地，将土地折股量化、确权到户，经营所得收益按股分配。③鼓励农民土地经营权向专业大户、家庭农场、农民合作社、农业企业流转。

④鼓励农村发展合作经济包括三个允许——允许财政资金直接投向符合条件的合作社；允许财政补助形成的资产转交合作社持有和管护；允许合作社发展信用合作。⑤鼓励工商资本到农村发展适合企业化经营的现代种养业，向农业输入现代生产要素和经营模式。

赋予农民更多的财产权利。①承包地抵押担保权——赋予农民土地承包经营权抵押、担保权能。②集体资产股份权——赋予农民对集体资产股份占有、收益、有偿退出和抵押、担保、继承权。此项改革试点先行。各省市各选 1 个县作为试点，试点工作在 2017 年底完成。试点根据不同权能分类实施：积极开展农民对集体资产股份占有权、收益权试点；有条件开展赋予农民对集体资产股份有偿退出权、继承权试点；慎重开展赋予农民对集体资产股份抵押权、担保权试点。③自有住房财产权——通过试点推进农民住房财产权抵押、担保、转让。④承包土地入股权——允许农民土地承包经营权入股发展农业产业化经营。也可以引导农民，以承包地入股，组建土地股份合作组织，通过自营或委托经营等方式，发展农业规模经营。⑤承包土地流转权——鼓励农民土地经营权向专业大户、家庭农场、农民合作社、农业企业流转，发展多种形式规模经营。合理确定土地经营规模，对经营规模相当于当地户均承包地面积10～15倍、务农收入相当于当地二、三产业务工收入的，应当重点扶持。⑥建设用地入市权——允许集体经营性建设用地与国有土地同等入市、同权同价。⑦"三权"有偿退出权——进城落户农民是否有偿退出土地承包权、宅基地使用权、集体收益分配权，在尊重农民意愿前提下开展试点。农民承包地确权，可以确地到户，也可以确权到户、确股到户，即确权确股不确地。土地面积以第二次全国土地调查成果为依据。

国家顶层农业政策的设计与改革突破了原有对农业生产的制约因素，为梨产业的规模经营提供了战略机遇。

（二）农业财政投入整合与增加会惠及梨产业

《农业法》中对财政农业投入稳定增长有明确规定，将来会以更大的视角、更高的层次、更多的渠道统筹安排支持"三农"财政资金。2011 年中央已经明确从土地出让净收益中提取 10% 用于农田水利建设。

2013 年中央财政投入农业综合开发资金 328.5 亿元，比 2012 年增加 38.5 亿元，增长 13.3%。带动地方财政投入农业综合开发资金约 149 亿元，吸引和带动项目区农民群众、项目单位投入农业综合开发自筹、信贷及其他社会资金约 112 亿元。

财政支农力度的加大为梨产业快速发展提供了机遇，也激励了梨农经营积极性的提高。

（三）梨产业科技支撑力量增强

国家梨产业技术体系致力于为梨产业发展提供科技支撑，通过建立新品种新技术核心示范园，围绕不同熟期的新品种选育、省力化栽培、病虫害减量化防控、梨园培肥节水技术、延长鲜梨货架期、梨树产期调节一年多熟、梨产品精深加工等开展攻关与示范，为我国梨产业持续健康发展提供了保障，也是我国梨产业升级的重大机遇。

（四）梨农组织化程度提升

农民合作社是带动农户进入市场的基本主体，在现代农业经营体系中起组织带动作用，是联结农户和市场的主要桥梁和纽带。农民合作社的基本特点就是"生产在家，服务在社"，生产上的问题由家庭经营来解决，产前、产中、产后的服务由合作社来提供。与其他市场主体相比，优势就在于更利于把广大农民组织起来，改变分散经营农户的市场弱势地位，引导和带领他们参与国内外市场竞争。合作社上连农户、下接企业和市场，起到桥梁纽带作用，在各种农业产业化经营模式中都是不可或缺的重要环节，是农户进入市场最便利、最有效的渠道。

我国农民专业合作社的探索与发展，为梨农组织化程度的提升与梨产业规模化经营提供了重要机遇和组织保障。

（五）国民收入提高，优质梨果消费能力增强

多年来，由于受多种因素的影响，我国居民收入未能与经济增长保持同步。如果两者长期增长不同步，会对经济发展产生不良影响，尤其是在目前经济增长放缓，消费动能不足的大环境下，如果居民收入水平长期偏低，不利于释放居民潜在购买力；居民收入增长缓慢对总体经济也有不良影响；收入差距更会影响消费的扩张，加剧城乡经济和地区经济发展的不平衡，甚至影响社会稳定，制约经济和社会的可持续发展。

当前我国经济发展的内在支撑条件和外部需求环境都已发生了深刻变化，经济增长正进入由高速向中高速转换的新常态。在新常态下，更加注重增强内需特别是消费对拉动经济增长的主引擎作用。持续增加居民收入，增强消费能力，让居民生活过得更加殷实，让消费对经济增长的拉动力更加强劲有力，应成为宏观调控的重要目标之一。

居民收入和消费的增加会扩大对优质梨果的消费能力，这对于梨果的优质优价和产业升级提供了巨大机遇。

第二节 中国梨产业发展趋势的基本判断

一、集约化、区域化、机械化、设施化

区域化、机械化、设施化是现代梨产业集约化的重要特征。区域化规模栽培是发挥地区优势和品种优势的捷径；机械化是提高劳动生产率的重要途径，欧洲的育苗、建园、喷药、修剪、灌溉、除草、采收、分级、包装、贮藏等方面都不同程度地采用机械化操作，尤其是根据大小、颜色及可溶性固形物含量对梨进行自动分级，不仅保证了商品的一致性，而且为后续的贮藏保鲜奠定了基础；设施化是防御自然灾害的主要措施之一，在梨园配备喷灌和滴灌设施，利用电脑控制，不仅可以根据土壤墒情和果树需水特性，随时供给水分，而且可有效地减轻花期晚霜冻害，在冰雹危害产区，果园都搭有防雹网等设施。

二、标准化、技术简化、安全化

欧美国家梨生产的标准化程度非常高，采用几乎一致的树形及修剪方法，技术相当简化。梨园实施生产综合管理制度，重视食品安全。病虫害防治采用农业防治和物理防治、生物防治，必要时因地制宜慎重采用化学防治方法。通过采用迷向丝、性引诱剂和设置鸟巢等方法来吸引益鸟控制害虫。

三、组织化、一体化、多样化

现代梨果生产的特征是组织化及育种、生产、加工、销售的一体化。日本的批发市场与农协、农民结成紧密的一体化联合体，形成以批发为龙头、以农协为纽带、联合众多农户的一条龙体系。欧洲的合作化组织是把多样化的梨加工（包括速冻梨、馅饼、梨酒、果冻及膨化梨等）、商业、金融、信息咨询等有关产业部门同农户的种养业紧密结合，组成互惠互利的利益共同体，以农业工业化促进农业产业化。梨农加入合作社，合作社拥有技术队伍、分级生产线、包装厂、大型贮藏气调果库和专业销售队伍及果品品牌，这样能够有效地提高产品价值，增加梨农收入。

四、矮化性、一致性、早果性

矮化性、一致性、早果性是现代梨产业的另一重要特征，尤其是在全球可耕

地面积日渐减少、全面提高单位土地面积生产效率的今天，要在有限的土地使用期内实现梨生产规模效益的最大化，必需着力提高劳动生产效率，全面实行机械化，这就必然要求梨树的矮化性、一致性、早果性为高产量、高优率及高效益奠定基础。

第三节　我国梨产业发展战略

一、良种繁育体系建设战略

梨果是技术含量较高的作物。要加强科技攻关，增加科研投入，加快开发新品种、新技术和新工艺，为梨产业发展提供技术储备；加大科技成果的推广力度，促进科技成果的转化；加强技术培训和指导，提高果农的综合素质及果园管理和产后处理及营销的技术水平。鼓励培育、发展具有自主知识产权的优良品种，尤其是要扶持培育抗病免疫的新品种，积极引进国外先进技术，加快新品种、新技术示范推广步伐；加强对危险性病虫害的防治，推广无公害标准化生产技术，加强采后加工技术的研究与应用，以此提高产业整体发展能力。

重点建设梨品种改良中心、梨加工技术示范基地和梨出口示范基地。一是在梨的重点区域内，建立科研技术力量雄厚、种质资源丰富、辐射带动能力强、有一定基础条件的白梨、砂梨、秋子梨和西洋梨品种改良中心；二是依托各重点区域的技术力量建立一批具有自主知识产权的梨加工技术的示范基地，并形成以龙头企业带动的梨汁、浓缩汁及附属加工品的产业基地群；三是建设高标准的梨出口示范基地，加强基础设施和标准化生产体系的建设。

二、品牌化和标准化生产建设战略

制定与国际接轨的梨果品质量标准、无公害产品标准及产地环境标准和与之相适应的栽培技术规程，实施梨果标准化生产。逐步建立健全国家、省、市级果品质量监督检测体系，严把质量关，靠质量赢得国际市场的信誉和市场竞争力。以优势果品品牌建设为中心，围绕良种推广、基地建设、标准化生产、产后分级包装、贮藏加工与运输营销等产前、产中和产后全过程，培育出在国内外有较高知名度的品牌。通过注册、认证后，利用宣传、策划等方式打造精品品牌，建立技术规范，严格品牌标准，实行质量认证制度；通过提高产品质量，提升品位，以质创牌；通过提供优质包装，美化外表，以面树牌；加大品牌宣传力度，树立形象，以势创牌；积极开展商标、品牌保护，提高意识，以法护牌。通过产业协会的标准栽培方式，引导果农参与和维护品牌的可信度；通过推行名牌策略，使品牌成为果品加工龙头企业核心竞争力的重要组成部分，成为果品进军国内外市场的名片。这也是中国现代农业的未来发展方向（周应恒等，2012）。

为了更好地实施精品战略和标准化生产，立足当地自然资源，发展"一乡一品，一方一色"应该做到，新建或改造现有果园，形成优质高效现代化精品示范园，以技术整合、生产规范及优质果品栽培标准化，示范带动并整体辐射，推广生草覆盖、肥水耦合、节水化控等新型栽培技术，推广省力化、节本高效栽培技术体系，开发应用新型生物源肥料，生物源高效、低毒、低残留的杀虫、杀菌剂，提高果树生产的机械化水平，发挥它的综合效益，生产出优质高档果，以高售价、强竞争力占领市场，从而达到促进我国梨果产业发展的目的。

三、产业化经营战略

要尽快推进产业化建设，发展特色农业，提高我国梨果及制品的市场竞争力。尤其要大力推进产加销一体化建设，政府应该在科技、资金、设备等方面进行重点扶持，推进果品优质化和规模化生产，使农业结构转向有利于发挥资源优势和提高产品比较优势的方向发展，从而使其既能与进口果品抗衡又能参与国际竞争。为此，要不断地加大果业规模经营的力度，迅速解决果农分散生产与统一的国内外大市场、大流通间的矛盾，以便更好地适应"入世"后形势发展的需要。

另外，加强对果树产业协会和农民经济合作组织的政策支持与引导，由基层果树管理服务机构、村委会、基层农村干部、果树大户、农村能人带头兴办果农专业合作社，按照"民办、民管、民受益"原则，积极引导果农自愿组建果农专业合作社，发挥农民在果农专业合作社建设中的主体作用，采取先易后难、树立样板、以点带面的方式开展专业合作社的建设工作。通过开展培训、咨询和技术指导服务等形式，推动果农专业合作社上规模、上水平。扶持、培育龙头企业，支持科研机构与企业联合研发新产品、改革新工艺，大力发展"公司＋农户（基地）"的产业化经营模式，推进订单生产；提高梨分等分级和包装上市率，实施品牌战略；推进梨深加工，增加产品附加值；鼓励企业按出口目的国的标准组织生产，提高产品质量，扩大出口数量，提高出口创汇能力。

四、技术培训和市场体系建设战略

选择具有一定生产规模的专业农户作为培训重点，针对专业农户培训的不同要求，以培育梨果主导产业和提高果农素质为目标确定具体的培训内容。充分利用广播、电视、报刊、网络等媒体，大力宣传新型果农培训的作用、意义，充分调动果农参加培训的自觉性和积极性。充分发挥我国果树科技战线技术力量的骨干作用，聘请专家、教授，力求技术人员素质高、技术好，农民易懂、易接受，为培训工作提供技术保障。对果农进行现场培训，并结合开展入户指导，进行集中培训。通过对一个专业果农示范带动、发放技术手册等形式，实现对全体果农的培训。

紧密围绕梨果产业化经营发展需要，建立起各种类型、不同层次的市场体系，最终为实现梨果生产、加工、销售一体化经营，提供一个良好的经济环境。加强果树产业信息咨询系统建设，加强现代果品生产技术培训体系建设，健全完善果树生产技术推广网络体系，促使生产管理技术服务、市场营销服务、果品产前产后服务等果树产业链的各个环节都有专门组织进行市场化运作和服务。除进一步发挥集贸市场功能外，还可以依托生产基地加强批发市场基地建设，实现果品采收季节集中供货、批量外销。

五、建立优质生产基地

水果是一种商品，优质是商品的生命，只有优质商品才能占领市场。我国由于生产体制问题，严重影响产品的质量。为了解决这方面的问题，必须加速梨大型商品生产基地。在一些梨的集中产区，除了发展公司、农民的经营模式外，采用农民投资土地和劳动力，政府扶持，科研院所投入品种和技术（或由县农业局、果树技术站组成果树生产销售中心），统一管理，风险共担，利益共享，也可以是建立优质商品生产基地的一种好形式。

各地要按照高标准、高科技、高投入、高效益的原则，在梨树生产最适宜区建立优质果品生产基地，完善林、渠、路等配套设施，推行生草制和覆盖制，重视病虫害综防技术，合理选择农药，加强生物防治，尽量减少化学农药和生长调节剂的使用，生产无公害果品或绿色果品。同时加强采后商品化处理设施建设，提高商品贮藏、加工能力。

六、保障支撑战略

政府应当制定具体的政策和措施，设立专项资金保证果园水利、道路、机井等基础设施配套；加大对梨果产业中投资大、周期长、风险高的基础性研究的支持力度，积极支持与鼓励科技创新，增加科研投入；加大扶持产业化龙头企业的贷款力度，支持优势产区种植、运销和加工大户进行规模生产，切实保证加工企业规模吞吐鲜果品所需资金；执行出口退税或减税政策，构筑包括"绿箱政策"在内的产业保护体系和经济安全体系，促进梨果产业发展；引导鼓励保险公司设立有关果树自然灾害的险种或设立果树自然风险基金，减少果农所承担的风险；长期稳定并不断完善以家庭承包经营为基础、统分结合的双层经营体制，依法保障果农对土地承包经营的各项权利，逐步发展适度规模经营，朝着规模化、现代化生产的方向发展。

七、加强产业引导战略

相关部门应在充分了解国内外梨果产业发展状况的基础上，建立市场信息中心，及时发布梨果产业动态信息，加强市场动态监测和预警，定期在农业部种植业信息网、果品网和果农科技信息报等媒体公布梨果产业当年生产、消费和出口形势，以及国内和国际梨果市场发展趋势，分析今后梨果产业走势，为企业、果农搞好信息服务和政策引导，也为果业直接生产者提供产前、产中、产后系列化服务。

第四节　政策建议

一、把握梨生产布局变化规律，发挥比较优势，优化梨生产布局

我国梨生产布局变化在近 20 年来发生了比较有规律的变化，不断向自然条件好、比较效益高、劳动力价格低、非农就业机会少的地区转移。但是，目前我国梨种植区域广阔，有些不适宜的地区仍然有大量梨的种植，而一些适宜种植的地方还相对较少，梨生产总体分散，区域优势未得到充分发挥，资源并未得到充分合理的配置。同时，短期内人多地少、耕地资源有限的总体情况不会改变，依靠大规模扩大种植面积，走粗放型的梨生产道路是不现实的，必须把握梨生产布局变迁的规律，合理优化我国梨生产布局和配置生产资源。具体建议如下：

根据国际梨果市场的需求特点，正确评价现有品种的市场优势。不同生态栽培区，应选择或引进 2 ~ 3 个具有区域特色的优良品种作为主栽品种，实施名牌战略。重点品种要尽快形成规模化、标准化生产，也要尽量发展早熟、中熟品种，压缩晚熟品种，避免目前晚熟梨比例过大的不合理现象；要把发展优良早熟梨作为今后调整品种结构的一个切入口，做到早、中、晚熟合理配置，使中国梨果品种的结构由目前的早、中、晚熟为 10:22:68 调整到 20:30:50 的比例。在梨果适宜种植区域科学规划，针对国际市场需求特点选择优良品种，如在河北、安徽、陕西、江苏、鲁西南、鲁西北等省份和地区要以发展早熟品种为主，在山东

的胶东地区则以中晚熟品种为主，积极发展南水、黄金、鲜黄、水晶、秋黄、新高等中晚熟品种。根据中国梨果加工品种少的问题，缩减鲜食品种的栽培面积，适当增加加工品种的栽培面积，加工品种发展以巴梨、红巴梨、锦香、五九香、南果梨等鲜食加工兼用的软肉品种，以及适于加工的脆肉品种。

二、加强商品化处理技术

我国目前与发达国家相比，商品化处理技术水平低，加工处理企业和产销地批发市场普遍缺乏相关的配套设施，造成我国梨商品化处理率低、腐烂损失严重、产后增值幅度不大、市场竞争力差等问题。为了改变这种现状，要求政府加大对商品化处理技术研究和梨产销地冷藏设施的配备的投入。政府部门只有坚持不懈地加大投入，才能提高商品化处理技术，并形成完整的"冷链"系统，进而促进梨产后的大幅度增值。与此同时，还要注意提高梨商品化处理技术的适用性。从我国以前在商品化处理技术方面所取得的成果及应用来看，虽然取得的成果不少，但其科技贡献率并不高，由于科研人员没有结合实地情况研究、农业技术推广部门推广力度不够、农户文化水平低等多方面的原因，造成大量技术成果被闲置。为此科研人员不仅应重视技术成果的发明，还应该把成果是否能够转化成生产力放在重要位置，不要只片面追求出成果，不管其适用性，而重蹈"六五"、"七五"时期的覆辙。

中国的梨果大多在采后进行简单的包装，直接运到市场进行销售，应该学习西方发达国家，进行水清洗、消毒、分级、保鲜膜包装等工艺流程的采后处理。大力发展梨果的加工，是拉长产业链、增加产品附加值，提高综合产值的关键。现代梨果采后商品化过程具有标准化、组织化、自动化和配套化的特点。中国也应足够重视这方面新技术的研究和开发，并在商业上大量应用，提高经济效益。在梨果产销的各个环节都应有相应的标准和技术规格，严格控制商品质量，使整个梨果流通在各项标准控制下进行，使生产者能获得较好的收益，消费者也能够买到质优鲜嫩的商品。梨果采后商品化过程应有组织、有管理地进行，以农业合作社为单位，既服务于国际市场，又服务于国内市场。建立现代化梨果采后处理技术站，应包括采收、清洗、预冷、涂蜡、分级、包装和运输等机械设备，值得注意的是，机械会对梨果造成伤害，这一问题仍是阻碍梨果采后商品化处理的一大障碍。梨果采后商品化处理技术工作要集采后处理、运输和贮藏于一体，除配有采后处理、分级和包装的机械外，还应配备冷藏运输、气调库，并将其连接起来，实现设施的科学选用和合理配套以提高工作效率、保障经济收益。此外，要加强对梨果止咳、化痰、润肺等药用化学成分的提取和作用机理方面的研究，争取在较短时间内找出对人体有益的物质，并进行定性、定量分析，开发出用于医疗保健的高附加值产品。

对于梨商品化处理的产业链来说，它的交易成本的节约需要有一个前提，即需要有联结龙头企业和农户的中介组织，否则龙头企业与众多的农户打交道，就很难节约交易费用，因此中介组织也是产业链正常运行并发挥其优势的一种制度保障。针对我国目前的情况，可以通过政府部门的正确引导，农户自愿组织起来，组建梨协会，以促进社会发展及维护会员合法权益和满足会员正当的经济服务为宗旨，经过法律程序组织起来，具有法人地位。协会内部实行民主管理，会员交纳一定的会费，并制定章程，以便对会员有一定的约束作用。这样梨协会不仅作为自己的组织代表农户的切身利益，与龙头企业在平等互利的基础上打交道，有效地抑制机会主义行为，让农户分享产业化经营带来的利益，还可以为协会成员提供梨产前、产中、产后系列服务，解决技术推广等方面的难题，提高经济效益。

此外，只有设计科学合理的梨产品组合宽度和深度，才能分散梨营销的风险。由于梨生产集中且易变质腐烂的特点，必须鼓励梨加工业的发展，由单一的梨鲜果产品向多元化的加工果品组合发展。梨深度加工是扩大梨流通范围、提高梨附加价值的有效途径。泰国每年约有 40% 的水果用于加工，除了综合性食品加工企业进行果品加工以外，泰国许多果场都有自己的加工坊，果农把水果制成各种饮料和糖制品，如椰子汁、榴梿糕等。我国可以借鉴泰国的经验，着力争取梨加工技术突破，在技术经济分析可行基础上，将梨深加工成梨罐头、梨果脯、梨汁以及梨醋等各种梨制品，既解决梨丰收难卖的困境，又使梨鲜果资源得到充分利用和增值。

三、提高梨果质量安全和标准化生产水平

中国梨果出口竞争力较弱或者竞争潜力没有充分发挥的主要原因是质量和安全问题未得到解决。长期以来，受短缺经济的影响，中国梨果质量普遍不高，近年来卫生安全问题更成为制约出口的瓶颈。在加入 WTO 的背景下，应提高梨果质量，增强出口竞争力。首先，完善农产品质量检验标准，加强对国际农产品质量检验标准的研究，按照国际市场需要更新标准，使农产品卫生、分级、包装、运输标准相配套，通过逐步完善，形成与国际标准接轨的中国农产品质量标准体系，以促进中国梨果优质化。尽快制定执行中国农产品和食品标准，以增强中国梨果在国际市场中的竞争力，加强梨果质量检测体系建设，推动梨果检测体系升级。加快建立健全中国农产品认证体系，提高中国梨果认证水平，加快与国际接轨的步伐；同时应建立与国外权威机构认证的相互认可机制，为中国梨果的国际认证创造有利条件。其次，建立一套从梨果生产到进入市场的全过程质量安全控

制系统，建立完善的科研与开发设计系统、及时稳定的原料供应体系和严谨高效的生产加工体系，全面提高梨果质量安全水平，创造梨果的质量优势，不断创造出质量优异、性能卓越、外观和包装精美的梨果。

梨果生产经营者都要树立品牌和名牌意识，加强产品的商标注册、广告宣传等。当前，要以品牌和名牌取胜。首先，必须与优势梨果品种区域布局紧密结合，并与梨果产业经营紧密结合。把优势产区、专业合作组织和龙头企业作为品牌和名牌的载体，加强质量管理，确保产品信誉。同时，品牌战略不只是企业行为，实质是整个农业和农村经济增长方式转变的客观要求，且政府大有作为。各级政府要建立激励名牌创造行为的社会机制，坚持公正、公平的原则，激发生产者和企业的创造力和追求高质量及高信誉的精神；还要利用宏观调控功能，选择优先发展目标，制定优惠政策，在法律、税收、经费和质量管理等方面，为生产经营者创造所需要的内部条件和外部环境，包括对企业建立产品质量检验和监测体系、品牌公正评估、广告宣传、产品推销等方面的支持。

事实上，农产品的信息不对称现象广泛存在于我们的现实生活中，此时品牌成为传递信息的一种信号。知名品牌的生产商更有动力保证产品质量、维护品牌声誉，因而消费者更倾向于选择知名品牌的商品。目前，在我国的梨果主产区，以出口为主导的梨果加工企业皆有自己独立的品牌，以内销为主的龙头企业也基本上建立了自己的独立品牌。如新疆库尔勒香梨已形成了"金丰利"、"艾丽曼"、"东方圣果"等品牌；在河北形成了"天华"、"长城"、"妙士"、"芙润仕"等系列品牌。但是知名品牌仍不多，享誉国内外的品牌更是凤毛麟角。

原产地标志是一种产品地理标志，只有真正出产于某个区域的产品才可以以此区域之名出售，它赋予某一著名地区的产品以独特的竞争优势。我国梨果有一批极具区域特色的产品，如库尔勒香梨、砀山酥梨、河北鸭梨、赵县雪花梨等。对这些品种进行原产地标志保护有助于提高生产效益，以及提升我国梨果的国际竞争力。

此外，提高梨果质量安全，关键是要做到梨果农药低残化和生产过程环保化。日本的"肯定列表制度"对梨果农药残留检验标准最为苛刻，欧盟 GAP 不仅对农药残留检验标准较高，而且对梨果的微生物侵害也有很高要求，也更加关注梨果生产过程的环保。针对日本的"肯定列表制度"和欧盟的 GAP，必须加强宣传和培训力度，树立梨果生产者的安全意识，强制推行标准化生产，增强企业抗风险能力。尽快落实梨果基地备案制度，积极推行"公司+基地+标准化"的组织管理模式，从源头上保障出口梨果的品质。根据国际标准要求，建立梨果出口基地，提高梨果质量，是突破技术性贸易壁垒的根本途径。为此，要在有条件的梨果生产企业推广 ISO9000 质量管理体系认证和 ISO14000 环境管理系列标准认证。另外，大力推广无公害生产技术，积极研制安全、高效的新型农药，在梨果生产、加工、储藏、运输和销售的全过程中，形成完整的无公害、无污染的质量管理体系，增强我国梨果在国际市场的竞争能力。

国际上，不同质量等级梨果产品价格差别较大，优质是优价的基础。要做到梨果优质优价，首先，需要开发和种植与市场对路的新、优梨品种，走特色梨果业道路；其次，在梨果优生区建立商品梨果品生产基地，稳定生产优质高档次拳头梨产品；再次，要积极治理环境污染，推广梨果树病虫害生物防治技术，发展绿色梨产品，提高梨果卫生质量，让消费者吃着放心；又次，在生产流通过程中应尽可能地向国际标准靠拢；最后，积极采用包括产品、价格、渠道以及促销在内的各种营销手段将优质梨果成功推向市场，并实现优（溢）价销售。

四、提高梨生产流通组织程度

提高梨的生产规模化以增强经济效益。普通农户由于规模小、生产投入有限、技术水平不高，无法实现规模经济。高水平的梨园管理要求投入诸如滴灌、频振杀虫灯等设施、使用成本更高的有机肥、采用生草覆盖增加土壤有机质，小规模的农户往往没有实力采用或缺乏长远眼光不愿采用，这些都限制了其梨园的高产、优产。大规模种植的农户更可能实现高投入、高产出。规模化的生产有利于统一科学管理、降低平均生产成本、提高优果率。省力、高产、优质的栽培模式是梨产业的发展趋势。

鼓励农户间的联合，共同抵御市场风险，提高农户在产业链中的地位。由于农户分散经营，彼此之间缺乏联合，面对变幻莫测的大市场和具有市场势力的收购商，完全不具备议价能力，在梨果产业链中的地位很低，获利有限。因此要提高生产组织化程度，增强农户的市场地位。可以采用由龙头企业带动农户的模式。但是面对大型龙头企业，在收购价格和利润分配上，小农户仍无话语权。收购价格由几家大企业协商确定，企业间形成默契合谋，挤占了农户的获利空间。最好的方法就是借鉴发达国家的经验，组建农民组织（包括合作社和龙头企业等），把分散、小规模的农户组织起来，提高市场主体发育程度，在获得规模经济效益、资金实力和市场谈判能力的同时，运用现代化的市场营销理念和手段实现梨的成功营销。

五、提高梨产业国际竞争力

目前，中国梨果出口多数集中在印度尼西亚、马来西亚和越南等东南亚国家，集中程度较高，回旋余地不大，风险很高，容易受制于人。要积极开发新市场，主动细分市场，分散贸易风险，扩大市场的互补性，避免本国产品的恶性竞争。特别要重视开拓欧盟、美国、俄罗斯及独联体国家市场。欧盟、美国是中国主要的贸易伙伴，也是梨果消费大国，其消费水平较高，中国梨果出口应该以欧盟、美国为高端市场。中国梨果生产还应重视俄罗斯及其他独联体国家的消费市场，如哈萨克斯坦、吉尔吉斯斯坦等国是中国的近邻，具有地缘优势，而且对梨果的需求较大，开发潜力巨大。俄罗斯的水果供应缺口较大，每年均需大量从国外进口。我国要遵循对等开放市场的原则，与贸易伙伴的市场形成对称性依赖格局，以稳定贸易关系，减少出口风险。同时应针对不同市场和竞争对手，制定不同的营销策略。主产区地方政府应设立梨果出口营销专项资金，资助梨果企业对外宣传，鼓励梨果企业参加各种国际展览会和展销会，在新兴市场举办梨产品发布会（推介会）并给予适当补贴。

梨果国际竞争犹如没有硝烟的战争，要取得竞争的有利地位和保护自身的利益，必须做到知己知彼。因此，要加强信息体系建设，特别要抓紧建立梨果国内和国际市场监测和风险预警系统。加强信息资源的加工、整理和分析，研究预测梨果国际、国内市场行情、产销形势。建立市场风险基金或梨果预警调节专项资金以及国家补偿制度。此外，要在中国主要出口贸易国家和地区使馆增派农业贸易官员，及时了解掌握贸易对象的进出口政策、市场变化等信息，为国内出口贸易决策提供依据。

尽快建立和完善技术性贸易壁垒预警机制。无论是主要发达国家或是一些发展中国家，都非常重视对本国贸易伙伴TBT措施的跟踪报告和研究，有的国家已建立起成熟的预警机制，从而赢得了应对TBT的主动权。我国政府要依托现有的果品贸易科研机构，尽快建立国外技术壁垒预警机制，及时获取国际梨果生产、需求动态和市场信息，从而有效地指导生产经营，避免或减少不必要的损失。企业跨越技术性贸易壁垒的主要障碍是缺乏相关信息。为了有效地应对国际技术壁垒，梨果生产企业要认真研究国际技术壁垒的动态，把握其主要形式、特点以及变化趋势，只有做到"知己知彼"，才能应对纷繁复杂的技术性贸易壁垒。

六、正确认识梨营销的基本活动程序

梨营销的中心问题是满足顾客需求，其核心理念是以消费者需求为导向，消费者或客户需要什么就生产销售什么。这是一种由外向内的思维方式，与传统的以现有产品吸引和寻找顾客的由内向外的思维方式恰恰相反。"梨营销"不等同于"梨推销"或者"梨销售"。梨的营销活动程序主要包括以下内容：

市场分析。对梨当前的市场机会、市场环境、市场竞争状况进行分析；市场调研与预测，了解把握市场对梨及其相关产品的需求；通过对消费者心理、消费者行为等因素分析进行市场细分，并结合自身实力、资源状况和市场竞争状况，

选择将要为之提供梨产品的目标市场。

市场定位与产品定位。根据消费者需求、市场竞争和自身实力进行准确的市场定位和产品定位，如定位成礼品梨、健康梨等。

研制开发梨产品。针对目标市场的消费者需求研制开发与生产梨产品。梨本身的生物特性使得梨产品的研制与生产具有一定难度，但日益先进的梨种植技术已使梨以销定产（如引进新品种）成为可能。例如，河北辛集很多梨农对自家鸭梨树通过嫁接方法改种黄金梨，嫁接 1 年后即可结果，在满足消费者对黄金梨需求的同时获得收益。

制定正确的市场营销策略。针对特定的目标市场的消费者需求，结合市场竞争状况采取什么样的梨产品（Product，包括产品本身、包装、品牌等）、什么样的价格（Price）、利用什么样的营销渠道（Place，包括产品的分销路径以及渠道管理）、采用什么样的促销策略（Promotion，包括人员推销、广告、短期促销以及公共关系）来完成梨营销。

销售服务。销售服务包括售前服务、售中服务和售后服务，引导和指导消费，并最终把消费者满意的梨产品送到消费者手中。

信息反馈。收集消费者对梨产品消费后的意见，为改进梨产品、改善服务、提高市场竞争力提供决策依据，并从中发现新的需求、新的市场机会。

七、积极应对贸易壁垒

按照 WTO 原则，敦促成员国切实履行 WTO 承诺。WTO 各成员国有一个共同的原则，即非歧视原则、互惠贸易原则、贸易自由化原则、公平竞争原则、透明度原则和市场准入原则。其中，非歧视原则要求成员国在实施海关法规、进出口关税、进出口商品检验措施等贸易政策时不得对其他成员国采用歧视待遇。乌拉圭回合谈判上达成的《农业协议》对 WTO 成员国的农产品进出口政策有了进一步规定，其中在市场准入条款方面要求各成员国非关税壁垒关税化、关税减让、最低市场准入，针对国情不同和市场准入要求不同，如日本、美国、欧盟等发达国家平均关税减让为 36%。近年来美国、欧盟以环保、安全为名的绿色壁垒、特保条款和技术壁垒等针对中国农产品的非关税壁垒，正日益成为限制中国梨果出口的严重障碍，对此中国应该依照非歧视原则和市场准入原则与其协商，迫使其修改不合理措施，争取贸易的主动权。中国要发挥 WTO 大国的作用，与日本等国推动 WTO 多哈回合谈判，加强贸易自由化与经济技术合作，敦促日本等国履行农产品非关税壁垒关税化和关税减让的承诺，为中国梨果出口创造有利的贸易环境。

加强区域经贸合作，降低关税壁垒的影响。加强区域经贸合作，建立区域经济一体化组织，可以获得比较优惠的关税待遇，降低中国梨果出口的成本，提高梨果出口竞争力。中国与主要贸易伙伴的区域化经贸合作的步伐越来越大，给中国梨果出口带来了机遇。

加强梨果质量安全生产。提高梨果质量安全，主要是梨果农药低残化和生产过程环保化。日本的"肯定列表制度"对梨果农药残留检验标准最为苛刻，欧盟 GAP 不仅对农药残留检验标准较高，而且对梨果的微生物侵害有很高要求，也更关注梨果生产过程的环保。针对日本的"肯定列表制度"和欧盟的 GAP，必须改变梨果生产者意识，强制推行标准化生产，增强企业抗风险能力。尽快落实梨果基地备案制度，积极推行"公司＋基地＋标准化"的管理模式，从源头上保障出口梨果的质量。根据国际标准要求，建立梨果出口生产基地，提高梨果质量，突破技术性贸易壁垒。

八、努力改善梨果出口的外部环境

用好用足 WTO 农业规则，加强梨果业国内支持政策，使梨果产量稳步提高。加入 WTO 后，只有用好用足 WTO 农业规则，加强国内支持，改善梨果品质，提高农业生产率和市场竞争能力，才能真正迎接加入 WTO 及农业国际化的挑战。充分利用 WTO 农业协议"绿箱"政策条款，强化对梨果的投入支持。应进一步扩大梨果业投资规模，调整投入结构，尤其要借鉴国际经验，把梨果业国内支持的重点逐步转到生产环节上。建立健全梨果价格支持体系，保证梨果业的稳定增长。根据 WTO 国内支持"微量允许标准"条款，中国对梨果的价格支持与补贴还有较大的调节空间。今后的重点是加大梨果价格支持和梨果业生产资料补贴力度，在深化梨果流通体系改革的基础上，调整梨果价格支持补贴结构，提高补贴效率，尤其是应借鉴国际经验，逐步减少对流通环节的补贴，把支持与补贴的重点转向果农。

加大 WTO 谈判力度，为中国梨果出口营造公平竞争的国际环境。一方面，要利用现有 WTO 机制，促使主要进口国取消不合理的技术性限制措施；另一方面，要积极参与 WTO 新一轮多边贸易谈判，建立严格、公平、合理的技术性贸易壁垒和动植物卫生检疫新规则，约束发达国家越来越泛滥的技术性限制措施。在 WTO 新一轮多边贸易谈判中，充分利用中国作为 WTO 正式成员的平等权利，维护中国利益，争取更为有利的出口贸易政策环境。中国是 WTO 新加入的成员，加入的门槛较高，进一步减让的余地有限，但也意味着中国农产品市场开放的程度已经很高，为在谈判中采取攻势奠定了基础。因此，在新一轮多边贸易谈判中要采取有理有节、攻守结合、以攻为主的策略，要求发达成员按照公平竞争的原则，消除贸易壁垒，减少农业保护，重点要限制发达成员的国内支持，取消出口补贴，削减关税高峰和关税升级，进一步开放市场，以缩小中国与发达国家不平等的政策差距，为扩大中国梨果出口创造有利条件。

发挥进出口商会等行业组织的作用，保证国内梨果出口有序进行。针对目前中国梨果出口存在经营分散、规模小、低价出口、无序竞争严重等问题，抓紧建立和完善梨果出口行业商会、协会与中介组织，制定行业无公害生产标准和行业规章，规范行业的经营秩序，并进行协调管理，加强自律机制；同时，加强与国外同行的交流与沟通，对出口梨果的卫生安全状况进行全面调查，结合中国实际，制定新的卫生安全标准，发布供出口企业参考的国际标准；加快组建产品或产业联合会，鼓励生产企业、行业协会与出口商会联合，避免国内企业之间的恶性竞争，建立利益共同体和协调机制，加强行业自律和协调对外，在发生贸易争端时，行业协会应组织企业积极起诉或应诉。

九、加大科研投入，增强企业科技创新及研发能力

要加大财政性科研资金投入，针对水果加工业存在的一些技术难题，组织生产企业、科研院所、设备设计部门等进行多行业、多学科的联合攻关。深入开展水果加工工艺、技术、品种与功能等方面的创新研究，做到理论与实践相结合，加快科研成果的转化，促进行业技术进步，增强整个行业的科技创新能力和研发能力，要有针对性地加强人才培养，特别是加强营销队伍的建设和技术培训，以此加快新技术的引进以及对新技术的推广。

依靠科技进步提高梨的品质、降低梨生产成本是我国梨产业长远发展的保证。应加大对梨科研的投入力度，尽快培育优良的新品种，特别是不同成熟期的新品种，适宜用作加工的专用品种；应加快研究无公害栽培的一整套技术体系，尤其是无病苗木的繁育技术；应加快研究优质高产的生产技术，同时能降低生产成本；应尽快研究出适我国广大梨农使用的分级包装处理技术，研制既能保鲜又能增色的优质蜡液，替代对国外蜡液的进口；应加快对梨深加工和综合利用的研究；应尽快改革农业科技投入和推广制度，建立主体多元化的投入体系；建立分工明确、层次分明的多元化农业技术推广体系。

切实把梨基础性和应用性的重点研发项目列入经常性国家和地方财政预算项目中，确保梨新品种繁育、栽培管理、储藏保鲜、精深加工等核心技术研发工作的顺利进行。同时，建立一批由科研院校、专业合作经济组织和果园联合创办的梨科技成果试验、示范、推广基地，重点示范推广梨新品种、栽培新技术，使梨科技成果迅速转化为生产力，真正把"科技兴梨"落到实处。建立梨农技术培训从业证书制度，大力实施"新型农民科技培训工程"，全面提高梨生产者的科技文化素质和生产经营管理水平，真正把"教育强梨"落到实处。

十、优化农业投入品资源配置

合理调整化肥、农药投入结构，降低梨生产物质费用。①加大梨产区测土配方施肥技术的推广力度，有效改变沃土结构。梨主产区相关部门应该结合本地实际、改进工作方法，通过梨种植大户带动，典型示范，使广大梨农了解和使用科学施肥技术；同时要建立有效的激励机制，鼓励和支持化肥、农药生产企业和农技推广部门深入乡村、果园和农户，通过开展技术培训和咨询服务把测土配方技术落到实处。②积极调整化肥产品结构，大力发展有机肥。优化化肥产品结构、控制生产总量，着力发展生物肥、生化有机肥和农家肥，鼓励梨生产企业和农户通过制造农家肥、沤制肥、扩大绿肥种植面积和提高秸秆过腹还田比例，从根本上改变我国梨肥料投入结构，有效降低梨生产物质费用。③加大农药市场调控力度，严格控制国内农药生产总量和国外进口，提高农药登记门槛，加强农药安全管理，引导梨生产企业和农户科学使用农药，有效控制盲目用药可能造成的危害。同时要大力研发和推广使用低毒、高效农药和生物农药，重视选育、培育抗体强的梨新品种，严格控制农药过量施用，确保梨果品质量与安全。

加快推进梨生产机械化，有效降低梨生产人工成本。由于现阶段我国梨主产区在施肥、喷药、剪枝、采摘等生产环节均以人工劳作为主，梨生产中的劳动力机会成本越来越高，广大梨农为降低生产成本不得不减少梨果园管理的人工投入，势必影响梨果品的产量和质量，弱化梨的国际竞争力。为此，必须加快梨生产机械化步伐，一方面要改变原有的生产经营方式，通过梨生产布局的区域化、农地经营的规模化、生产环节的标准化来推进梨果园管理的机械化。另一方面要加大农机推广扶持力度，切实让梨生产者"买得起、用得好、有效益"；同时还要鼓励农机企业和科研院所研制节约型、环保型梨专用机械设备和技术，促进梨生产节本增效。

稳步推行梨适度规模经营，提高梨规模经济效益。①完善农村土地承包制度，赋予农民充分的土地财产权和发展权，加强对农户土地承包权的物权保护，提高土地要素的流动性，促进农地资本化运作和规模化经营。②建立健全农村土地流转市场及其信息服务平台，培育农地流转中介服务组织，实行土地流转合同备案和鉴证制度，加强农地流转用途监管，规范土地流转行为，为农地适度规模经营提供快速、高效的聚集制度保障。③培育壮大经营主体，稳步推进梨产业化、规模化经营。加快发展梨专业合作经济组织，为农户提供产销一条龙服务，通过产权结构明晰化、分配形式多样化、控制权结构合理化的制度创新，把千家万户分散的小农组织起来，形成一村一品或一乡一品的区域性的梨专业化生产、规模化经营，以获得外部规模经济效益。同时，大力推进"公司＋基地＋农户"

的梨产业化经营模式，以龙头企业为依托，企业带基地、基地联农户，通过产加销、贸工农一体化运作，形成跨地区的专业化生产、企业化经营、系列化服务，以获得企业规模经济效益。④探索建立土地经营权流转补贴制度，对转出农地农户和具有一定规模以上的转入主体实行财政补贴政策，鼓励小规模兼业农户转让承包地，引导已在城镇就业定居的农户退还承包地，以扩大梨专业农户的经营规模。

十一、完善相关政策法规

建立健全梨产业持续发展的激励政策，增强梨产业的比较优势。①充分利用WTO农业框架支持空间，加大财税支持力度。一是在梨良种苗木繁育、基地建设、质量标准、病虫害防治、产学研合作、科技成果转化、科普教育、技术推广、市场促销、检验检疫等基础性、公益性项目方面加大财政投入，逐步建立稳定的梨产业投入机制；二是加大对梨良种繁育体系、无公害梨生产基地建设、科研教育、技术推广等公益性项目的无偿投资，对梨采后商品化处理、冷藏加工、产地批发市场升级、冷链物流设施建设等经营性项目给予贴息贷款。②加强梨产业风险防范，建立健全梨生产保险制度。支持地方政府设立梨生产风险基金，鼓励梨农自愿参加生产保险，以降低不确定的自然风险和市场风险造成的经济损失，保障梨农有稳定的基本收入并逐年有所增长。③建立高效畅通融资渠道，适应梨产业发展信贷需求。各涉农金融机构要拓宽信贷业务范围，切实解决梨农小额信贷难问题，尽量满足农村剩余劳动力就业创业信贷需求；各商业银行要不断扩大对梨产业发展的信贷规模，支持梨产、加、销一体化龙头企业做大做强。④科学把握人民币汇率变动幅度。在我国经济持续快速发展和人民币升值压力增大的背景下，政府相关部门应该根据国内外经济和金融发展形势，以市场为基础，参考篮子货币汇率变动，保持人民币汇率水平基本稳定，并采取相应的配套政策措施，以减少人民币趋势性升值对我国农产品（梨）国际竞争力的负面影响。

加强梨产业发展的立法与监督，增强梨的综合竞争力。①按照WTO规则和我国农业法律框架修改、完善现行的相关法规，制定和修改国家和地方颁布的有关梨苗木和果品质量管理方面的法律法规，制定或修订梨栽培技术规范和标准化生产细则，建立健全梨苗木与果品质量安全检验、检测、检疫及溯源制度；加强梨苗木和果品的生产、流通与市场管理。②参照国际标准修改和完善梨苗木、果品质量与安全的不同品种、不同类别、不同等级、不同包装的国家标准和行业标准以及绿色环境标识、绿色技术标准、绿色包装、绿色卫生检疫等技术体系框架并纳入法制轨道；制定或修订梨苗木生产技术规程，建立健全梨苗木、果品质量认证制度和市场准入制度，对出口梨产品推行国际标准；按照国际惯例制定完善的梨质量与安全标准体系和严格的检验检测制度与质量安全认证制度，加强梨产品质量卫生与植物检疫 SPS 管理，强化出口质量检测，减少出口贸易障碍；同时也要制定严格和灵活的 SPS 标准，加强对进口梨产品的检测等，有效防止国外果品过多地涌入国内市场。

参 考 文 献

［1］ Balistreri E J, McDaniel C A, Wong E V. An estimation of US industry – level capital – labor substitution elasticities: support for Cobb – Douglas ［J］. The North American Journal of Economics and Finance, 2003, 14 （3）: 343 – 356.

［2］ Bergstrand J H. The generalized gravity equation, monopolistic competition, and the factor – proportions theory in international trade ［J］. The review of economics and statistics, 1989: 143 – 153.

［3］ Bergstrand J H. The gravity equation in international trade: some microeconomic foundations and empirical evidence ［J］. The review of economics and statistics, 1985: 474 – 481.

［4］ Frochot I. A benefit segmentation of tourists in rural areas: a Scottish perspective ［J］. Tourism Management, 2005, 26 （3）: 335 – 346.

［5］ Green, Pauel E. Wind, Yoram and Jain, Arun K. Benefit Bundle analysis ［J］. Journal of Advertising Research, 2000, 40 （6）: 32.

［6］ Haley R I. Benefit segmentation: a decision – oriented research tool ［J］. The Journal of Marketing, 1968: 30 – 35.

［7］ Haley, Russell I. Benefit segmentation: a decision – oriented research tool ［J］. Marketing Management, 1995, 4 （1）: 59 – 62.

［8］ Isabelle Frochot. Benefit segmentation of tourists in rural areas: a Scottish perspective ［J］. TourismManagement, 2005 （26）: 355 – 346.

［9］ Joby, John and Miaoulis, George. A model for understanding benefit segmentation in preventive health Care ［J］. Health CareManagement Review, 1992, 17 （2）: 21 – 32.

［10］ Kim S. Environment – friendly adhesives for surface bonding of wood – based flooring using natural tannin to reduce formaldehyde and TVOC emission ［J］.

Bioresource Technology, 2009, 100 (2): 744 - 748.

[11] McCallum J. National borders matter: Canada - US regional trade patterns [J]. The American Economic Review, 1995: 615 - 623.

[12] Rubtsov G A. Geographical distribution of the genus Pyrus and trends and factors in its evolution [J]. American Naturalist, 1944: 358 - 366.

[13] Shove G F. Review of Hicks (1932) [J]. Economic Journal, 1933 (43): 460 - 472.

[14] Tinbergen J. Shaping the world economy: suggestions for an international economic policy [J]. Books (Jan Tinbergen), 1962.

[15] Wind, Yoram, Issues and advances in segmentation research [J]. Journal of Marketing Research, August, 1978: 317 - 337.

[16] 曹玉芬. 中国梨品种 [M]. 北京: 中国农业出版社, 2014.

[17] 曾福生. 中国现代农业经营模式及其创新的探讨 [J]. 农业经济问题, 2011 (10): 4 - 10.

[18] 曾骧. 果树生理学 [M]. 北京: 北京农业大学出版社, 1992.

[19] 陈丽芬, 安玉发, 王寒笑. 日本蔬菜消费市场利益细分探讨 [J]. 中国农村经济, 2008 (2): 66 - 64.

[20] 陈书章. 中国小麦生产增长方式及要素需求行为 [D]. 河南农业大学博士学位论文, 2013.

[21] 但斌, 陈军. 基于价值损耗的生鲜农产品供应链协调 [J]. 中国管理科学, 2008, 16 (5): 42 - 49.

[22] 杜淑芳. 河北省梨产业供应链研究 [D]. 河北农业大学硕士学位论文, 2011.

[23] 冯双庆. 果蔬贮运学 [M]. 北京: 化学工业出版社, 2008.

[24] 耿献辉, 周应恒. 小农户与现代销售渠道选择——来自中国梨园的经验数据 [J]. 中国流通经济, 2012, 26 (6): 82 - 87.

[25] 耿献辉, 卢华, 周应恒. 劳动力成本上升对我国水果产业的影响——以梨产业为例 [J]. 农林经济管理学报, 2014 (5): 461 - 466, 489.

[26] 耿献辉, 卢华, 周应恒. 我国梨生产布局变迁及其影响因素——基于省级面板数据分析 [J]. 农业经济与管理, 2014 (4): 67 - 77.

[27] 耿献辉, 周应恒. 从集中走向分散: 我国梨生产格局变动解析 [J]. 南京农业大学学报 (社会科学版), 2010 (3): 38 - 44.

[28] 耿献辉, 周应恒. 现代销售渠道增加农民收益了吗? ——来自我国梨主产区的调查 [J]. 农业经济问题, 2012 (8): 90 - 97.

［29］郭芳，王咏红，高瑛．技术壁垒影响中国水产品出口的实证分析［J］．中国农村经济，2008（11）：45－51．

［30］郭新旺．马铃薯供应链、市场参与和小农户：基于甘肃定西到北京相关参与主体的调研［J］．中国农业科学院，2010：69－70．

［31］韩雪梅．烟台莱阳梨网上卖出3万斤［J］．科技致富导向，2015（2）．

［32］何志毅．中国消费者的产品利益偏好研究［J］．管理世界，2005（2）：115－121．

［33］洪银兴，江淮．反哺农业的产业组织与市场组织——基于农产品价值链的分析［J］．管理世界，2009（5）：67－79．

［34］胡昌炽．中国栽培梨之品种与分布［M］．南京：金陵大学农学院，1937．

［35］胡求光，霍学喜．基于比较优势的水产品贸易结构分析［J］．农业经济问题，2008（12）：20－26．

［36］黄季焜．六十年中国农业的发展和三十年改革奇迹——制度创新、技术进步和市场改革［J］．农业技术经济，2010（1）：4－18．

［37］黄卫东，彭宜本．温带果实结实生理［M］．北京：北京农业大学出版社，1994．

［38］黄祖辉，梁巧．小农户参与大市场的集体行动——以浙江省箬横西瓜合作社为例的分析［J］．农业经济问题，2007（9）：66－71．

［39］姜卫兵，高光林．近十年来我国梨品种资源的创新与展望［J］．果树学报，2002，19（5）：314－320．

［40］李国祥．2003年以来中国农产品价格上涨分析［J］．中国农村经济，2011（2）：11－21．

［41］李秀根，张绍铃．世界梨产业现状与发展趋势分析［J］．中国果业信息，2006（11）：1－5．

［42］李志霞，聂继云，李静，李海飞，徐国锋，闫震，毋永龙，匡立学．梨产业发展分析与建议［J］．中国南方果树，2014（5）：144－147．

［43］梁江川，陈南江．广东省高档温泉度假区游客利益细分研究［J］．旅游学刊，2006（5）：68－74

［44］刘瑞涵，李先德．北京果品市场顾客价值分析与市场细分研究［J］．农业技术经济，2008（3）：93－99

［45］陆秋农，贾定贤．中国果树志［M］．北京：中国农业科技出版社，中国林业出版社，1999．

［46］罗正德，杨谷良．中国梨栽培和选育的历史与现状［J］．北方园艺，2006（5）：58－60．

［47］吕建兴，祁春节．基于引力模型的中国柑橘出口贸易影响因素研究［J］．林业经济问题，2011，31（3）：252－257．

［48］蒲富慎，黄礼森，孙秉钧，李树玲．梨品种［M］．北京：中国农业出版社，1989．

［49］屈四喜．中国对东盟农产品出口的影响因素分析［J］．农业技术经济，2011（3）：119－125．

［50］屈小博，霍学喜．我国农产品出口结构与竞争力的实证分析［J］．国际贸易问题，2007（3）：9－15．

［51］史朝兴，顾海英．贸易引力模型研究新进展及其在中国的应用［J］．财贸研究，2005（3）：27－32．

［52］帅传敏．基于引力模型的中美农业贸易潜力分析［J］．中国农村经济，2009（7）：48－58．

［53］孙艳华，周发明，周军．蔬菜消费市场细分及营销策略分析［J］．消费经济，2009（3）：25－29．

［54］藤葳，柳琪，陈琦，张丽华，张卉，祁国栋．我国40种主要优良梨品种的地域分布及感官性状研究（二）［J］．农业科技与信息，1997（9）．

［55］藤葳，柳琪，陈琦，张丽华，张卉，祁国栋．我国40种主要优良梨品种的地域分布及感官性状研究（三）［J］．农业科技与信息，1997（10）．

［56］佟屏亚．果树史话［M］．北京：中国农业出版社，1983．

［57］王川，赵俊晔，王克．基于引力模型的中印自由贸易区对双边农产品贸易的影响分析［J］．中国食物与营养，2009（3）：36－38．

［58］王会昌．新型工程材料——聚苯硫醚［J］．化工商品科技情报，1992，15（1）：19－20．

［59］王杰．梨历史与产业发展研究［D］．福建农林大学硕士学位论文，2011．

［60］王太祥，周应恒，"合作社＋农户"模式真的能提高农户的生产技术效率吗——来自河北、新疆两省份387户梨农的证据［J］．石河子大学学报（哲学社会科学版），2012，26（1）．

［61］王田利．我国梨产业发展浅析［J］．山西果树，2013（4）：39－41．

［62］王伟东，王文辉，杨振锋，曹玉芬，李莹，巩文红．入世后中国梨产业形势与发展对策［J］．世界农业，2003（4）：14－16，42．

［63］王伟东．我国梨产业形势与发展对策［J］．果农之友，2005（12）：4－5．

［64］王文辉，杜艳民，贾晓辉，于强，王志华，王少敏，李元军.2013 年我国梨产销和收贮情况调查分析［J］.中国果树，2014（2）：71－75.

［65］王文辉，贾晓辉，杜艳民，王志华.我国梨果生产与贮藏现状、存在的问题与发展趋势［J］.保鲜与加工，2013（5）：1－8.

［66］夏玉静，王文辉，贾晓辉，姜云斌，申春苗，王志华.梨果加工制品市场调查情况分析［J］.中国农学通报，2009（22）：340－343.

［67］辛树帜，伊钦恒.中国果树史研究［M］.北京：中国农业出版社，1983.

［68］徐雪高.农户粮食销售时机选择及其影响因素分析［J］.财贸研究，2011（1）：34－38.

［69］俞德浚，张鹏.我国梨品种的一个新系统［J］.园艺学报，1979，6（1）：27－32.

［70］张海森，谢杰.中国—东欧农产品贸易：基于引力模型的实证研究［J］.中国农村经济，2008（10）：45－53.

［71］张海森，谢杰.中国—非洲农产品贸易的决定因素与潜力——基于引力模型的实证研究［J］.国际贸易问题，2011（3）：45－51.

［72］张静.交易费用与农户契约选择——来自梨农调查的经验证据［D］.浙江大学博士学位论文，2009.

［73］张绍龄.梨学［M］.北京：中国农业出版社，2013.

［74］张兴旺.我国梨业发展历程、存在的问题与对策［J］.中国果业信息，2009（8）：4－8.

［75］张宇和.除草务尽？——农业杂草的再认识［J］.世界农业，1982（4）：25－29.

［76］章喜为.水果卖难引起的思考［J］.农业技术经济，1998（6）：53－54.

［77］赵德英，程存刚，曹玉芬等.我国梨果产业现状及发展战略研究［J］.江苏农业科学，2010（5）：501－504.

［78］赵志军.有关农业起源和文明起源的植物考古学研究［J］.社会科学管理与评论，2005（2）：82－91.

［79］郑琦.利益细分变量研究与消费者市场细分［J］.南开管理评论，2008（4）：60－63.

［80］周井娟，林坚.中国水产品出口增长的源泉分析［J］.国际贸易问题，2008（9）：14－18.

［81］周应恒.农产品运销学［M］.北京：中国农业出版社，2006.

［82］周应恒等．现代农业发展战略研究［M］．北京：经济科学出版社，2012.

［83］周振鹤．中国历史文化区域研究［M］．上海：复旦大学出版社，1997.